O PROCEDIMENTO CAUTELAR COMUM
NO DIREITO PROCESSUAL DO TRABALHO

PAULO SOUSA PINHEIRO
Advogado Especialista
Docente de Direito Processual Civil
Mestre em Direito pela Faculdade de Direito da Universidade de Coimbra
Licenciado em Direito pela Universidade Católica Portuguesa (Centro Regional do Porto)

O PROCEDIMENTO CAUTELAR COMUM NO DIREITO PROCESSUAL DO TRABALHO

2.ª EDIÇÃO

Revista, Actualizada e Aumentada

O PROCEDIMENTO CAUTELAR COMUM
NO DIREITO PROCESSUAL DO TRABALHO

AUTOR
PAULO SOUSA PINHEIRO

EDITOR
EDIÇÕES ALMEDINA, SA
Avenida Fernão de Magalhães, n.º 584, 5.º Andar
3000-174 Coimbra
Tel.: 239 851 904
Fax: 239 851 901
www.almedina.net
editora@almedina.net

PRÉ-IMPRESSÃO • IMPRESSÃO • ACABAMENTO
G.C. – GRÁFICA DE COIMBRA, LDA.
Palheira – Assafarge
3001-453 Coimbra
producao@graficadecoimbra.pt

Maio, 2007

DEPÓSITO LEGAL
258886/07

Os dados e as opiniões inseridos na presente publicação
são da exclusiva responsabilidade do(s) seu(s) autor(es).

Toda a reprodução desta obra, por fotocópia ou outro qualquer processo,
sem prévia autorização escrita do Editor,
é ilícita e passível de procedimento judicial contra o infractor.

À memória de meu Pai

NOTA PRÉVIA – 2.ª EDIÇÃO

Esgotada que se encontra a 1.ª edição deste *O Procedimento Cautelar Comum no Direito Processual do Trabalho*, decidiu-se lançar uma 2.ª edição, que, para além das inevitáveis e incontornáveis actualizações (de ordem legislativa, doutrinal e jurisprudencial), foi integralmente revista e, de igual modo, aumentada.

As actualizações, mormente as legislativas, resultaram, sobremaneira, do facto de, entre o momento de lançamento da 1.ª edição e a presente data, ter entrado em vigor, e no que mais de perto toca a este trabalho, a Lei n.º 35/2004, de 29 de Julho, diploma legal que, como é por demais sabido, veio regulamentar o Código do Trabalho.

O Código de Processo Civil, o Código das Custas Judiciais e, entre tantos outros, o Regime de Acesso ao Direito e aos Tribunais também foram, entretanto, sofrendo alterações que se repercutem, de modo directo, neste texto, razão pela qual importa proceder às devidas adaptações.

Para além do aumento do leque de hipóteses concretas de aplicação do *procedimento cautelar comum* ao foro laboral, optou-se ainda por introduzir algumas alterações, consideradas pertinentes, e de acrescentar uma série de outras referências de ordem doutrinal relacionadas com a temática *sub judice*.

Oxalá tenha valido a pena.

Porto, Março de 2007

NOTA PRÉVIA – 1.ª EDIÇÃO

O trabalho que ora se dá à estampa corresponde, com algumas alterações, à nossa tese de Mestrado em Ciências Jurídico-Processuais, apresentada na Faculdade de Direito da Universidade de Coimbra em Outubro de 2001 e discutida e aprovada, em provas públicas, em 02 de Junho de 2003.

O nosso reconhecimento aos membros do júri, Exmos. Senhores Professores Manuel Henrique Mesquita, orientador da tese, Pedro Romano Martinez, notável arguente, e João Álvaro Dias.

Uma palavra de profundo agradecimento à nossa *casa-mãe*, Universidade Católica Portuguesa (Centro Regional do Porto), sem a qual nada disto teria sido possível.

Uma palavra, outrossim, de gratidão a todos os amigos, a todos os colegas de Mestrado (em especial, à Cristina Araújo Dias e ao José da Silva Lopes) e ao Exmo. Senhor Dr. J. M. Goiana Mesquita.

Uma nota final, mas nem por isso menos importante, para ti Mãe e para ti Teresa, para quem as angustiosas horas de estudo e de escrita foram horas de sofrimento e de solidão.

Porto, Outubro de 2003

ABREVIATURAS

Ac.	– Acórdão
ADSTA	– Acórdãos Doutrinais do Supremo Tribunal Administrativo
BMJ	– Boletim do Ministério da Justiça
BTE	– Boletim do Trabalho e Emprego
CC	– Código Civil
CCJ	– Código das Custas Judiciais
CJ	– Colectânea de Jurisprudência
CPC	– Código de Processo Civil
CPT	– Código de Processo do Trabalho
CRP	– Constituição da República Portuguesa
CT	– Código do Trabalho (aprovado pela Lei n.º 99/2003, de 27 de Agosto)
DL	– Decreto-Lei
DR	– Diário da República
LCT	– Lei do Contrato de Trabalho (DL n.º 49.408, de 24.11.1969)
LOFTJ	– Lei de Organização e Funcionamento dos Tribunais Judiciais (Lei n.º 3/99, de 13.01)
LSA	– Lei dos Salários em Atraso (Lei n.º 17/86, de 14.06)
RC	– Tribunal da Relação de Coimbra
RCT	– Regulamentação do Código do Trabalho (aprovada pela Lei n.º 35//2004, de 29 de Julho)
RE	– Tribunal da Relação de Évora
RJCCT	– Regime Jurídico da Cessação do Contrato Individual de Trabalho e da Celebração e Caducidade do Contrato de Trabalho a Termo (aprovado pelo DL n.º 64-A/89, de 27 de Fevereiro)

RL	– Tribunal da Relação de Lisboa
RLJ	– Revista de Legislação e de Jurisprudência
ROA	– Revista da Ordem dos Advogados
RP	– Tribunal da Relação do Porto
STJ	– Supremo Tribunal de Justiça
TC	– Tribunal Constitucional
UC	– Unidade de Conta

SUMÁRIO

INTRODUÇÃO
 1. Algumas considerações iniciais
 2. Alguns aspectos introdutórios em torno dos procedimentos cautelares
   2.1. Breve referência histórica
   2.2. Características gerais dos procedimentos cautelares

I – O PROCEDIMENTO CAUTELAR COMUM
 1. A sua génese; as influências e a evolução por si sofridas
   1.1. Razões que contribuíram para o seu aparecimento
   1.2. A influência da doutrina italiana e do art. 700.º do CPC italiano –"provvedimenti d'urgenza"
   1.3. A evolução legislativa sofrida
 2. Requisitos para o seu decretamento
   2.1. Probabilidade séria de existência do direito – o *fumus boni iuris*
   2.2. Fundado receio de lesão grave e dificilmente reparável – o *periculum in mora*
   2.3. Adequação da providência solicitada
   2.4. Prejuízo resultante da providência inferior ao dano que se pretende evitar
   2.5. Carácter subsidiário do procedimento cautelar comum
 3. A sua inserção no direito processual do trabalho

II – TRAMITAÇÃO PROCESSUAL
 1. O regime processual civil – a sua aplicação ao foro laboral
   1.1. Algumas considerações introdutórias
   1.2. Competência
   1.3. Petição/requerimento inicial
   1.4. Despacho do juiz
   1.5. Citação/notificação do requerido
   1.6. Oposição
   1.7. Audiência final
   1.8. Decisão
   1.9. Impugnação da decisão
   1.10. Caducidade da providência
   1.11. Algumas referências finais
 2. As especialidades do processo do trabalho
   2.1. Breve referência a alguns ordenamentos jurídicos estrangeiros
   2.2. Especialidades previstas no CPT (artigo 32.º do CPT)
   2.3. Um caso particular – a prestação de caução

III – ALGUMAS HIPÓTESES CONCRETAS DE APLICAÇÃO AO FORO LABORAL
 1. Notas prévias
 2. Algumas hipóteses de aplicação
   2.1. Transferência ilegítima do trabalhador para outro local de trabalho
   2.2. Violação do direito do trabalhador à ocupação efectiva
   2.3. Aplicação de sanções disciplinares proibidas por lei e abusivas
   2.4. Alteração das coordenadas temporais da prestação de trabalho
   2.5. Exercício ilegítimo do *ius variandi*
   2.6. Privação, total ou parcial, da retribuição
   2.7. Ofensas aos direitos de personalidade do trabalhador
   2.8. Violação das normas sobre protecção da maternidade
   2.9. Violação das regras sobre liberdade sindical
   2.10. O empregador como requerente e o trabalhador como requerido

EPÍLOGO

INTRODUÇÃO

1. ALGUMAS CONSIDERAÇÕES INICIAIS

Citado o réu, a acção distribuida
Of'rece-se o libelo na audiência;
Entra logo uma cota, uma incidência,
Apenas em dez anos discutida.

Contraria-se tarde; ou recebida
Uma excepção, faz nova dependência;
Crescem as dilações, a paciência
Uma das partes perde, ou perde a vida.

I – De estranha actualidade se reveste este escrito de um poeta satírico do século XVIII.[1] Confrontados com o seu teor, depressa nos apercebemos que a questão da *morosidade da justiça* –[2] mais concretamente, e no que concerne ao objecto da investigação que decidimos empreender, da *morosidade processual* – desde sempre assumiu contornos de uma verdadeira problemática a que urgia e urge hoje, de forma ainda mais acentuada, dar uma resposta cabal.

Não se pense, contudo, que esta problemática é apanágio, tão-somente, do nosso País. Com efeito, "*o problema da morosidade*

---

[1] PAULINO ANTÓNIO CABRAL (n. 1719 – f. 1789), Abade de Jazente, "A Justiça Humana", *Poesias (Séc. XVIII)*, texto integral da 1.ª edição, s.l., Imprensa Nacional Casa da Moeda, s.d., p.157.

[2] Para maiores desenvolvimentos acerca desta matéria, *cfr.* o importante estudo sociológico de BOAVENTURA SOUSA SANTOS, MARIA MANUEL LEITÃO MARQUES, JOÃO PEDROSO e PEDRO LOPES FERREIRA, *Os Tribunais nas Sociedades Contemporâneas – O Caso Português*, 2.ª edição, Porto, Edições Afrontamento, 1996, pp. 387-482.

da justiça é, numa perspectiva comparada, talvez o mais universal de todos os problemas com que se defrontam os tribunais nos nossos dias. Não assumindo a mesma acuidade em todos os países é, no entanto, sentido em todos eles e, virtualmente, também em todos é objecto de debate público."[3]

Encontra-se generalizado em inúmeros – senão em todos – sistemas judiciários o sentimento de que é imperioso encontrar soluções que permitam debelar e combater a tão propalada morosidade processual.

A justiça, para além de ter de ser independente e eficaz, deve ser célere, atributos sem os quais não se torna legítimo falarmos de uma autêntica justiça. A celeridade processual é, assim, das mais importantes vertentes do direito fundamental do *acesso à justiça*.[4]

Não obstante, em face de determinadas razões que se prendem com o modo de funcionamento dos tribunais e com a salvaguarda e o respeito de certos direitos e princípios (o direito à defesa e o princípio do contraditório), é difícil – e, por vezes, até impossível – que se obtenha a prolação de sentenças finais céleres.

Temos, outrossim, de tomar em linha de conta que, tal como já ensinava o ilustre Professor MANUEL DE ANDRADE,[5] *"(...) pretendeu a lei seguir uma linha média entre dois interesses conflituantes: o de uma justiça pronta, mas com risco de ser precipitada; e o de uma justiça cauta e ponderada, mas com o risco de ser platónica, por chegar a destempo."*

Para as pessoas que recorrem à justiça, a delonga excessiva de um processo pode ser deveras prejudicial. É aqui que faz a sua aparição a tutela cautelar que, através da figura dos *procedimentos*

---

[3] BOAVENTURA SOUSA SANTOS, *et. al.*, *Os Tribunais...*, cit., p. 387.

[4] *Vide*, para o efeito, o artigo 20.º da CRP (sob a epígrafe *Acesso ao direito e tutela jurisdicional efectiva*) que, no seu n.º 5, refere o seguinte: "Para defesa dos direitos, liberdades e garantias pessoais, a lei assegura aos cidadãos procedimentos judiciais caracterizados pela celeridade e prioridade, de modo a obter tutela efectiva e em tempo útil contra ameaças ou violações desses direitos."

[5] MANUEL DE ANDRADE, *Noções Elementares de Processo Civil*, com a colaboração do Prof. ANTUNES VARELA, edição revista e actualizada pelo Dr. HERCULANO ESTEVES, Coimbra, Coimbra Editora, 1979, pp. 09, *in fine*, e 10.

cautelares, visa obviar e, se possível, neutralizar os prejuízos derivados da duração descomedida de um processo judicial.

II – Pese embora o facto de o panorama ao nível da jurisdição laboral – e no que respeita à *morosidade processual* – não ser dos mais agonizantes,[6] a figura dos procedimentos cautelares[7-8] reveste-se de enorme utilidade, sendo, por diversas vezes, e de forma algo incompreensível, esquecida.

O périplo investigatório que decidimos levar a cabo – *O Procedimento Cautelar Comum no Direito Processual do Trabalho* – não tem outra pretensão que não seja a de dar um pequeno contri-

---

[6] Posição sustentada face a alguma dose de experiência que foi sendo, por nós, adquirida através do mero contacto profissional com os tribunais do trabalho; e corroborada, aliás, por Vítor Ribeiro, "Trabalhadores e Justiça – Por Uma Afirmação Ética do Cidadão Trabalhador", *Revista do Ministério Público*, Ano 12.º, n.º 46, p. 11: "Poderia até, finalmente, deter-me em algumas contemplações gratificantes, por exemplo, a de que os tribunais do trabalho deixaram de ser, como eram no princípio da década de 80, o exemplo crónico e superlativo da morosidade, para o qual toda a gente apontava o dedo acusador. E que, ao contrário, pese embora alguma contracção passageira na judicialização dos conflitos, são hoje os que patenteiam uma recuperação mais espectacular em termos de celeridade."

[7] No CPT actual (aprovado pelo DL n.º 480/99, de 09 de Novembro), no Livro I (*Do Processo Civil*), Título III (*Processo*), Capítulo IV (*Dos procedimentos cautelares*), são consagrados vários procedimentos cautelares. Destarte, somos confrontados com uma divisão inicial entre o *procedimento cautelar comum* (Secção I) e os *procedimentos cautelares especificados* (Secção II) que, por seu turno, são os seguintes: o de *suspensão de despedimento individual* (Subsecção I – artigos 34.º a 40.º), o de *suspensão de despedimento colectivo* (Subsecção II – artigos 41.º a 43.º), o de *protecção da segurança, higiene e saúde no trabalho* (Subsecção III – artigos 44.º a 46.º) e, em face da *disposição final* inserta na Subsecção IV, no artigo 47.º, *os procedimentos cautelares especificados regulados no Código de Processo Civil que forem aplicáveis ao foro laboral*.

[8] Recorde-se que o CPT de 1981 (aprovado pelo DL n.º 272-A/81, de 30 de Setembro) apenas consagrava, na legislação laboral, um único procedimento cautelar – a *suspensão do despedimento* (no Capítulo IV, do Título III, do Livro I; e, também, no artigo 14.º do RJCCT). Através do DL n.º 315/89, de 21 de Setembro, o legislador veio aditar duas secções a este mesmo Capítulo IV – a Secção I, sob a epígrafe *Despedimento individual* (artigos 38.º a 45.º) e a Secção II, sob a epígrafe *Despedimento colectivo* (artigos 45.º-A, 45.º-B e 45.º-C).

buto para o estudo e compreensão desta figura adjectiva que está, sobretudo, ligada ao processo civil mas que, no âmbito processual laboral, goza de um vasto campo de aplicação que, segundo a nossa opinião, ainda se encontra muito pouco explorado.[9]

III – A investigação em apreço iniciar-se-á por duas breves referências em torno dos procedimentos cautelares, uma das quais incidindo em alguns aspectos de natureza histórica e a outra em redor de algumas das características mais importantes destes autênticos baluartes de direito adjectivo.

Logo de imediato entraremos na análise do *procedimento cautelar comum* focando alguns pormenores que se prendem com a sua génese e com o seu antecedente próximo – as *providências cautelares não especificadas*.

Acostaremos, por breves instantes, no direito comparado, mais especificamente no artigo 700.º do CPC italiano (*provvedimenti d'urgenza*), para depois retornarmos ao direito pátrio onde constataremos a evolução legislativa sofrida, ao nível processual civil, pelas *providências cautelares não especificadas* que, posteriormente, viriam a desembocar no nosso *procedimento cautelar comum*.[10]

Referiremos, outrossim, os requisitos gerais exigidos para que o tribunal possa decretar a providência que, no caso concreto, seja a mais adequada para garantir a efectividade do direito ameaçado.

Posteriormente, estabelecer-nos-emos no terreno da tramitação processual do *procedimento cautelar comum* em sede de processo civil. E isto face ao que se encontra preceituado no CPT: *"Aos procedimentos cautelares aplica-se o regime estabelecido no Código de Processo Civil para o procedimento cautelar comum (...)"*.[11] Não se pense, contudo, que o direito processual do trabalho não tem as suas próprias especialidades. Tem-nas e, obviamente, elas serão alvo da nossa atenção.

---

[9] Opinião sustentada face ao exíguo número de acórdãos que, no âmbito da jurisprudência nacional, têm versado sobre esta temática.

[10] Instituído pela revisão do CPC de 1995 – efectuada através do DL n.º 329-A/95, de 12 de Dezembro.

[11] Artigo 32.º, n.º 1, do CPT.

Concluiremos com várias hipóteses concretas de aplicação do *procedimento cautelar comum* no âmbito das relações jurídico--laborais, pretendendo, desta forma, soltar um grito de alerta para que se comece a lançar mão, de uma vez por todas, de uma figura processual que continua a ser, por muitos, injustamente olvidada.

2. ALGUNS ASPECTOS INTRODUTÓRIOS EM TORNO DOS PROCEDIMENTOS CAUTELARES

2.1. Breve referência histórica[12]

I – Não se pense que a tutela cautelar é algo de muito recente. Vasculhando nos anais da história, verificamos que a tutela preventiva dos direitos, inspirada no velho brocardo latino *melius est ante tempus occurrere quam post remedium quaerere*, desde sempre inquietou os espíritos dos cultores do Direito. Embora sob formas e com funções algo diversificadas relativamente às que, contemporaneamente, são assumidas e perseguidas pelo direito adjectivo hodierno, as figuras cautelares encontram os seus antecedentes mais remotos no louvável génio imaginativo dos juristas romanos.

Estes antecedentes remotos constituíam autênticos meios de garantia convencionais – na maior parte das vezes de natureza privada – e actuavam fora do âmbito de um processo judicial. Institutos como o penhor, a caução e a hipoteca são apontados por GIOVANNI ARIETA[13] como exemplos que, já no direito romano, tinham o firme propósito de garantir o direito, independentemente de um posterior exercício da função jurisdicional (visavam, tão-somente, assegurar a eficácia prática dessa posterior intervenção jurisdicional).

---

[12] Para uma panorâmica mais satisfatória, a propósito dos precedentes históricos da tutela cautelar, *vide* MARIO DINI, *I Provvedimenti d'Urgenza – Nel Diritto Processuale Civile*, Milano, Giuffrè, 1961, pp. 03 e ss.; e GIOVVANI ARIETA, *I Provvedimenti d´Urgenza – Ex Art. 700 C.P.C.*, Padova, Cedam, 1982, pp. 03 e ss..

[13] *I Provvedimenti...*, *cit.*, pp. 03 e 04.

Para além destas verdadeiras garantias especiais das obrigações, e continuando a seguir de perto a lição de GIOVANNI ARIETA, cabe-nos fazer agora uma pequena referência a duas medidas cautelares *pretorianas*:[14] a *operis novi nuntiatio* e a *cautio damni infecti*. A primeira cindia-se, por seu turno, em duas fases: uma fase *extrajudicial*, na qual se intimava o proprietário para que ele se abstivesse de prosseguir uma obra já iniciada mas ainda não finalizada; e uma fase *judicial*, fundada no *imperium* do pretor, que impunha uma interdição proibitória ou até mesmo uma demolição da obra, caso o proprietário persistisse nos seus intentos.

A *cautio damni infecti* caracterizava-se por um recurso imediato ao pretor e consistia na prestação de uma caução que serviria como garantia de ressarcimento, caso um perigo de dano se traduzisse e viesse a concretizar num dano efectivamente sofrido.

II – Após as invasões bárbaras começa a denotar-se, mercê de uma completa ineficácia por parte dos órgãos a quem estava adstrita a espinhosa tarefa de administrar a justiça, uma enorme prevalência do princípio da autodefesa privada – que chegava a roçar o limiar da vingança – em detrimento óbvio dos meios de tutela cautelar de direitos.

O hiato de tempo que medeia o séc. XII e finais do séc. XVIII é marcado essencialmente pela execução privada sobre a própria pessoa do devedor. Para assegurar o cumprimento integral e efectivo das obrigações assumidas, utilizava-se aquilo a que a doutrina italiana apelidou de *"esecuzione anticipata"*[15] que era dotada de todas as características de um autêntico meio cautelar (embora, de novo, no seio da autotutela privada).

III – Para que se lograsse alcançar a tão almejada tutela cautelar de natureza exclusivamente jurisdicional, haveria que se espe-

---

[14] A propósito da figura do *pretor*, e para um maior desenvolvimento, *vide* SEBASTIÃO CRUZ, *Direito Romano (Ius Romanum)*, vol. I, 4.ª edição, Coimbra, 1984, pp. 67 e ss..

[15] GIOVANNI ARIETA, *I Provvedimenti...*, *cit.*, p. 07.

rar pelo séc. XIX, altura em que grande parte dos ordenamentos jurídicos disciplinou esta matéria de particular importância.

O primeiro dos ordenamentos a consagrar uma tutela cautelar terá sido o francês. Através do decreto de 30 de Março de 1808, designadamente no seu artigo 54.º, estabelecia-se que *"toutes requêtes à fin d'arrêt ou de revendication de meubles ou de marchandises ou autres mesures d'urgence, seront présentées au président du tribunal qui les reprendra par son ordonnance."*[16]

Outros ordenamentos jurídicos seguiram esta mesma tendência de consagração de uma tutela cautelar. Foi o caso dos ordenamentos inglês, norte-americano (com os institutos do *Contempt of Court* e das *Injunctions*),[17] brasileiro (a primeira sistematização da tutela cautelar é feita com o regulamento n.º 737, de 21.11.1850, que trata, no seu título VII, dos processos preparatórios, preventivos e incidentes) alemão (*Einstweilige Verfügungen* - § 935 e § 940 Z.P.O.) e austríaco.

Não poderíamos deixar de fazer uma especial referência ao ordenamento jurídico italiano. Por intermédio do *Codice di Procedura Civile* de 1865 deduzia-se, de forma clara, de algumas das expressões utilizadas em várias disposições – *"di provvedimenti d'urgenza"* (artigos 182.º e 275.º), *"di provvedimenti conservatori o interinali"* (artigo 389.º), *"di provvedimenti opportuni"* (artigos 578.º e 839.º), *"di provvedimenti temporanei urgenti"* (artigo 808.º) – que a tutela cautelar era algo que tinha acabado de emergir das profundezas de um imenso mar.[18]

---

[16] *Apud* MARIO DINI, *I Provvedimenti...*, cit., p. 19.

[17] Para maiores desenvolvimentos, *vide* MARIO DINI, *I Provvedimenti...*, cit., pp. 09-12.

[18] A investigação em torno dos *procedimentos cautelares* iniciou-se, sobretudo, em Itália. Nomes como ALLORIO, CHIOVENDA, CONIGLIO E CARNELUTTI travaram apaixonantes discussões doutrinais. Seria, contudo, com CALAMANDREI que se atingiria o auge na análise da tutela cautelar. Na sua obra *Introduzione Allo Studio Sistematico dei Provvedimenti Cautelari*, Padova, Cedam, 1936 (verdadeiro marco para qualquer processualista que se interesse pelo tema em apreço), CALAMANDREI começa por fixar o carácter típico das providências cautelares, organizando depois a sua classificação sistemática e estudando, por último, os requisitos de que depende a emissão da providência.

IV – No que ao direito pátrio diz respeito, verificamos que no CPC de 1876 se encontram já inúmeras referências quanto aos procedimentos cautelares. Com efeito, no Título 3.º do Livro 2.º, e sob a epígrafe *Dos actos preventivos e preparatórios para algumas causas*, o nosso primeiro Código de Processo Civil regulava, nos artigos 357.º a 393.º, a *conciliação*, o *embargo* ou *arresto*, o *embargo de obra nova*, as *denúncias* e *tomadias*, os *depósitos* e *protestos* e os *alimentos provisórios*.

Pese embora o inegável mérito do seu antecessor, foi com o CPC de 1939[19] que se procedeu à ordenação e à disciplina dos procedimentos cautelares, consagrando-lhes o Capítulo IV do Título I do Livro III, subordinado à epígrafe *Dos processos preventivos e conservatórios.*[20]

A nível doutrinal, pouco ou nada havia sido feito antes de 1939. Porém, após esta data temos que referir os importantes estudos quer do Prof. ALBERTO DOS REIS, quer do Prof. BARBOSA DE MAGALHÃES.[21] Fazendo nossas as palavras de ADELINO DA PALMA CARLOS,[22] *"(...) a elaboração doutrinal que entre nós se não realizara antes de 1939, foi ulteriormente feita, em termos lapidares, pelo autor do projecto do Código naquele ano publicado, o sábio Prof. José Alberto dos Reis, no seu notável trabalho A Figura (...); pelo não menos ilustre Prof. Barbosa de Magalhães, na sua con-*

---

[19] Aprovado pelo DL n.º 29.637, de 28 de Maio de 1939. Entrou em vigor em 01 de Outubro do mesmo ano e resultou de um projecto de novo Código de Processo Civil que o então Ministro da Justiça – Prof. MANUEL RODRIGUES – encarregou o Prof. ALBERTO DOS REIS de efectuar.

[20] Dele fazendo parte: a) *alimentos provisórios* (artigos 393.º a 399.º); b) *restituição provisória de posse* (artigos 400.º a 402.º); c) *suspensão de deliberações sociais* (artigos 403.º e 404.º); d) *providências cautelares* (artigos 405.º a 408.º); e) *arresto* (artigos 409.º a 419.º); f) *embargo de obra nova* (artigos 420.º a 428.º); g) *imposição de selos e arrolamento* (artigos 429.º a 435.º); h) *cauções* (artigos 436.º a 452.º); e i) *depósitos e protestos* (artigos 453.º a 455.º).

[21] BARBOSA DE MAGALHÃES, "Natureza Jurídica dos Processos Preventivos e seu Sistema no Código de Processo Civil", *ROA*, Lisboa, Ano 5.º, n.ºs 03 e 04, 1945, pp. 14-35; ALBERTO DOS REIS, "A Figura do Processo Cautelar", *BMJ*, 3.º, 1947, pp. 27-91.

[22] ADELINO DA PALMA CARLOS, "Procedimentos Cautelares Antecipadores", *O Direito*, 105.º, 1973, p. 239.

ferência Natureza (...), e, depois, aceita e seguida por toda a jurisprudência."

O CPC de 1961[23] alterou, de forma profunda, o Capítulo IV do Título I do Livro III do CPC de 1939. Esta alteração visou, inclusive, a própria nomenclatura destes processos que passaram a apelidar-se de *Procedimentos Cautelares*. Os *alimentos provisórios*,[24] a *restituição provisória de posse*,[25] a *suspensão de deliberações sociais*,[26] o *arresto*,[27] o *embargo de obra nova*[28] e o *arrolamento*[29] mantiveram-se com a mesma designação de 1939. A *imposição de selos*, as *cauções*, os *depósitos e os protestos* desapareceram do leque dos procedimentos cautelares. E, por último, as *providências cautelares* passaram a designar-se por *providências cautelares não especificadas*.[30-31]

Com a revisão do processo civil de 1995 – reitera-se, operada com a publicação do DL n.º 329-A/95, de 12 de Dezembro – profundas foram também as alterações introduzidas ao nível dos procedimentos cautelares. Especial realce[32] merece a instituição, em substituição das antigas *providências cautelares não especificadas*, de um verdadeiro processo cautelar comum – o *procedimento cautelar comum*.[33] Este visa comportar, em si mesmo, a regulamentação dos aspectos comuns a toda a justiça cautelar, aplicando-se subsidiariamente a todos os procedimentos cautelares nominados.[34]

---

[23] Aprovado pelo DL n.º 44.129, de 28 de Dezembro de 1961.
[24] Artigos 388.º a 392.º do CPC de 1961.
[25] Artigos 393.º a 395.º do CPC de 1961.
[26] Artigos 396.º a 398.º do CPC de 1961.
[27] Artigos 402.º a 411.º do CPC de 1961.
[28] Artigos 412.º a 420.º do CPC de 1961.
[29] Artigos 421.º a 427.º do CPC de 1961.
[30] Artigos 399.º a 401.º do CPC de 1961.
[31] A elas retornaremos mais adiante.
[32] Mais que não seja por constituir o objecto da presente investigação.
[33] Artigos 381.º a 392.º do actual CPC (a reforma do processo civil operada com o DL n.º 38/2003, de 08 de Março – alcunhada de *reforma da acção executiva* –, não introduziu alterações de monta no que concerne ao *procedimento cautelar comum*. Espaço apenas para referir a inclusão do actual n.º 3 do artigo 385.º do CPC, correspondendo os actuais n.ᵒˢ 4 a 7 aos anteriores n.ᵒˢ 3 a 6).
[34] Face ao preceituado no artigo 392.º do CPC.

Quanto a estes últimos há que referir, de igual forma, a introdução do inovador procedimento cautelar de *arbitramento de reparação provisória*.[35]

2.2. Características gerais dos Procedimentos Cautelares

I – Após termos percorrido, embora de forma bastante sucinta, os anais que compõem a história dos procedimentos cautelares, é chegada a hora de nos determos perante os traços e sinais distintivos que caracterizam estes meios de tutela do direito.

II – Previstos em tese geral no artigo 2.º, n.º 2, *in fine*, do CPC,[36] os procedimentos cautelares retiram a sua importância prática não da capacidade autónoma e definitiva, de *per si*, colocarem termo a um conflito de interesses, mas antes da enorme utilidade que revestem em ordem a prevenir violações de direitos, graves ou de difícil reparação, ou ainda da possibilidade conferida de antecipação de determinados efeitos das decisões judiciais ou, por último, da prevenção de prejuízos que, não raras vezes, advêm da demora da decisão definitiva.

Meios judiciais destinados à obtenção de uma composição provisória de um litígio, por forma a expurgar o perigo de inutilização prática de um direito, perigo este derivado da *morosidade necessária*[37] da acção dirigida à sua tutela, os procedimentos cautelares[38]

---

[35] Artigos 403.º a 405.º do CPC.

[36] Artigo 2.º (*Garantia de acesso aos tribunais*), n.º 2, do CPC: "A todo o direito, excepto quando a lei determine o contrário, corresponde a acção adequada a fazê-lo reconhecer em juízo, a prevenir ou reparar a violação dele e a realizá-lo coercivamente, *bem como os procedimentos necessários para acautelar o efeito útil da acção* [itálico nosso]."

[37] Para uma definição de *morosidade necessária*, ver BOAVENTURA SOUSA SANTOS, et. al., *Os Tribunais*..., cit., p. 390, onde esta se define como "(...) o tempo ideal de duração de um processo, que será aquele em que a rapidez e a eficiência do Tribunal se harmonizam com o tempo necessário à protecção dos direitos de todos os intervenientes no processo (...)".

[38] Para uma noção mais exacta de *procedimento cautelar*, *cfr.*, entre outros, PIERO CALAMANDREI, *Introduzione*..., cit., p. 22, para quem o *provvedimento cautelare* mais não é do que a "anticipazione provvisoria di certi effeti del provvedimento

encontram no âmago do seu próprio conceito a primeira das suas características – *a falta de autonomia*.

É por esta mesma característica que se apelidam de *procedimentos* e não de *acções*.[39] *"Não se lhes chama acções por carecerem de autonomia, enquanto pressupõem uma acção de outro tipo – já pendente ou a propor em curto prazo"*, refere, a este propósito, MANUEL DE ANDRADE.[40] Afirmação tanto mais verdadeira porquanto, se a acção ainda não tiver sido proposta, o procedimento é um mero preliminar dela e extinguir-se-á se a mesma não for proposta dentro dos prazos respectivos.[41] Da mesma forma, e encontrando-se a

---

definitivo, volta a prevenire il danno che potrebbe derivare dal ritardo del medesimo". Entre nós, *cfr.* MANUEL BAPTISTA LOPES, *Dos Procedimentos Cautelares*, Coimbra, Almedina, 1965, p.13, para quem os *procedimentos cautelares* são "medidas provisórias que correspondem à necessidade efectiva e actual de remover o receio de um dano jurídico, implicando, por isso, uma antecipação de providência, sendo emitidas com vista a uma decisão definitiva, cujo resultado garantem provisòriamente." Para ADELINO DA PALMA CARLOS, "Procedimentos...", *cit.*, p. 239, os *procedimentos cautelares* "são meios por essência destinados a garantir quem invoca a titularidade de um direito contra uma ameaça ou um risco que sobre ele paira, e que é tão iminente que o seu acautelamento não pode aguardar a decisão de um moroso processo declarativo ou a efectivação do interesse juridicamente relevante através de um processo executivo, se for caso de instaurá-lo." *Cfr.*, também, a noção dada por ABRANTES GERALDES, *Temas da Reforma do Processo Civil – Procedimento Cautelar Comum*, vol. III, 3.ª edição (revista e actualizada), Coimbra, Almedina, 2004, p. 36: "(…) simples instrumentos jurídicos destinados a acautelar o efeito útil das acções ou execuções de que dependem (…)".

[39] Apesar de no Relatório do DL n.º 329-A/95, de 12 de Dezembro, se referir, a propósito do *procedimento cautelar comum*, que "institui[u]-se, por esta via, uma verdadeira *acção cautelar geral* [itálico nosso] para a tutela provisória de quaisquer situações não especialmente previstas e disciplinadas (…)", somos em crer que se trata de uma *imprecisão terminológica*. E fazemos esta afirmação porque se confrontarmos o artigo 4.º do CPC (sob a epígrafe *Espécies de acções, consoante o seu fim*), verificamos que, no elenco dos diversos tipos de acções, não figura, a par das acções declarativas e das acções executivas, qualquer tipo de *acção cautelar*.

[40] MANUEL DE ANDRADE, *Noções Elementares...*, *cit.*, p. 08.

[41] De acordo, respectivamente, com os artigos 389.º, n.º 1, e 389.º, n.º 2, do CPC, "o procedimento cautelar extingue-se e, quando decretada, a providência caduca: a) se o requerente não propuser a acção da qual a providência depende

acção já pendente, o procedimento extingue-se – e a *providência*,[42] se já tiver sido decretada, caduca – se a acção vier a ser definitivamente julgada improcedente.[43]

III – A segunda das características aparece ligada à primeira chegando, inclusive, por vezes, a confundir-se com aquela. Assim sendo, pode dizer-se que os procedimentos cautelares são *instrumentais*[44] (e *dependentes*), visto que não tutelam direitos, antes visando, tão-só, acautelar os efeitos úteis da decisão (final e definitiva) que vier a ser emitida na acção de que dependem.

Tal como ensina, magistralmente, ALBERTO DOS REIS,[45] "*o processo cautelar é um instrumento apto para assegurar o pleno rendimento do processo definitivo ou principal. Não satisfaz, por si mesmo, o interesse da justiça; não resolve definitivamente o litígio; limita-se a preparar terreno, a tomar precauções para que o processo principal possa realizar completamente o seu fim.*"[46]

---

dentro de trinta dias, contados da data em que lhe tiver sido notificada a decisão que a tenha ordenado;" ou "se o requerido não tiver sido ouvido antes do decretamento da providência, o prazo para a propositura da acção de que aquela depende é de dez dias, contados da notificação ao requerente de que foi efectuada ao requerido a notificação prevista no número 6 do artigo 385.º."

[42] O CPC português utiliza quer a expressão *providências cautelares* quer a expressão *procedimentos cautelares*. Não se pense, contudo, que são sinónimos. O legislador processual civil português pretendeu atribuir às duas expressões conteúdos e consequências diversos, pois por *providências cautelares* dever-se-á entender a pretensão de direito material que é deduzida ou decretada pelo tribunal (*verbi gratia*, o pagamento de dada quantia – nos alimentos provisórios), enquanto que por *procedimentos cautelares* se pretende aludir à vertente adjectiva ou procedimental (conjunto dos actos processuais) das medidas cautelares. Para maiores desenvolvimentos sobre o assunto, *vide* ABRANTES GERALDES, *Temas da Reforma...*, *cit.*, vol. III, pp. 36-39.

[43] É o que nos diz o artigo 389.º, n.º 1, alínea c), do CPC.

[44] Para um maior aprofundamento acerca desta característica, *vide*, em especial, PIERO CALAMANDREI, *Introduzione...*, *cit.*, p. 21; MARIO DINI, *I Provvedimenti...*, *cit.*, pp. 49-55; e GIOVVANI ARIETA, *I Provvedimenti...*, *cit.*, pp. 39-42.

[45] "A Figura...", *cit.*, p. 45.

[46] Conferir, na mesma linha de raciocínio, vária jurisprudência, da qual se pode citar, a título meramente exemplificativo, o Ac. STJ de 27.07.1982, *BMJ*, 319.º, p. 293; o Ac. RE de 11.06.1987, *BMJ*, 368.º, p. 631; e o Ac. RP de 21.04.1992, *BMJ*, 416.º, p. 713.

Todavia, e face à constatação de que todo o processo é instrumental,[47] podemos ser levados a concluir que esta característica não é específica do processo cautelar. Por esta razão, acrescenta a doutrina que este tem uma *instrumentalidade hipotética*.[48] E isto porque o procedimento cautelar é, nas simples mas elucidativas palavras do Professor ALBERTO DOS REIS, *"emitido na pressuposição ou na previsão da hipótese de vir a ser favorável ao autor a decisão a proferir no processo principal."*[49]

IV – Os procedimentos cautelares são, de igual forma, *provisórios*.[50] A composição do litígio que visam obter tem uma duração limitada no tempo – subsistem, apenas, até à prolação da decisão definitiva, cujo efeito útil pretendiam acautelar.

> *"(...) Los efectos jurídicos de las providencias cautelares tienen duración limitada a aquel período de tiempo que deberá transcurrir entre la emanación de la providencia cautelar y la emanación de otra providencia jurisdiccional que en la terminología común se indica – en contraposición a la calificación de cautelar dada a la primera –, con la calificación de definitiva."*[51]

---

[47] Veja-se, a este propósito, ABRANTES GERALDES, *Temas da Reforma do Processo Civil – Princípios Fundamentais; Fase Inicial do Processo Declarativo*, vol. I, 2.ª edição revista e ampliada (2.ª reimpressão da edição de 1998), Coimbra, Almedina, 2006, p. 34, onde o autor refere que "(...) tendo em consideração a génese e fundamentos do direito processual, é fácil concluir que deverá estar subordinado à concretização e realização do direito substantivo. O direito adjectivo só existe porque existe o direito substantivo."

[48] *Vide* PIERO CALAMANDREI, *Introduzione...*, cit., pp. 62, 74, 110, entre outras, páginas estas onde o autor faz referência a uma *"strumentalità ipotetica"*. Entre nós, *vide,* por exemplo, ADELINO DA PALMA CARLOS, "Procedimentos...", *cit.*, p. 240; e MANUEL DE ANDRADE, *Noções Elementares...*, *cit.*, p. 08.

[49] ALBERTO DOS REIS, "A Figura...", *cit.*, p. 45.

[50] Para maiores desenvolvimentos, e no que toca à *provisoriedade*, ver PIERO CALAMANDREI, *Introduzione...*, *cit.*, pp. 09 e ss.; CARMELO SAPIENZA, *I Provvedimenti d´Urgenza – Ex Art. 700 Cod. Proc. Civ.*, Milano, Giuffrè, 1957, pp. 12 e ss., e MARIO DINI, *I Provvedimenti...*, *cit.*, pp. 55 e ss..

[51] MARIO ROJAS RODRÍGUEZ, "Concepto de las Medidas Precautorias en el Derecho Procesal Civil", *Revista de Derecho*, Ano XXVII, n.º 107, 1959, p. 11.

V – Resta-nos, por último, fazer uma pequena abordagem a duas características essenciais para a compreensão e para o enquadramento jurídico-processual dos procedimentos cautelares – sendo medidas de carácter urgente, impõem a *celeridade* (e, portanto, uma *summaria cognitio*) e revestem-se, consequentemente, de uma *estrutura simplificada*.

Conforme é referido por BARBOSA DE MAGALHÃES,[52] *"as providências (...) têm de ser urgentemente decretadas e urgentemente executadas; o respectivo processo tem de ser organizado por forma tão simples e rápida quanto se faz mister para se atingirem êsses objectivos."*

Não se pense, todavia, que esta exigência de *celeridade* é atributo, único e exclusivo, dos procedimentos cautelares.[53] A *celeridade processual*[54-55] – elevada à categoria de verdadeiro princípio

---

[52] "Natureza...", *cit.*, p. 27.

[53] Tal como é referido, de modo sucinto mas exímio, por MIGUEL TEIXEIRA DE SOUSA, *Estudos Sobre o Novo Processo Civil*, 2.ª edição, Lisboa, Lex, 1997, p. 26: "De uma legislação processual civil espera-se que ela permita uma rápida realização do direito material através dos tribunais e, quando for esse o caso, uma adequada solução dos litígios e um pronto restabelecimento da paz jurídica. Justiça e eficiência devem ser as orientações fundamentais de qualquer legislação processual civil."; *cfr.*, no mesmo sentido, J. F. SALAZAR CASANOVA, "Celeridade e Eficácia no Processo Civil", *Direito Processual Civil – Estudos Sobre Temas de Processo Civil*, coordenação de RUI MANUEL DE FREITAS RANGEL, 1.ª edição, Lisboa, SFN Editores, 2001, p. 60: "O princípio da celeridade recebeu expressa consagração legal no Código de Processo Civil a partir da Revisão de 1995/1996 (...). Trata-se de um princípio estruturante no sentido de que ele deve estar presente em todas as tomadas de posição ao nível do processo, seja quando se pensa a norma ou a regulamentação a editar, seja quando se actua no âmbito da mera aplicação da lei."

[54] Para se alcançar este verdadeiro objectivo da reforma processual levada a cabo em 1995 foram adoptadas uma série de medidas, entre as quais cumpre destacar a regulamentação inovadora da fase da audiência preliminar, a abolição de entraves de natureza fiscal ao andamento do processo, a regra da continuidade dos prazos processuais, entre tantas outras. Para uma enumeração completa, *vide* ABRANTES GERALDES, *Temas da Reforma..., cit.*, vol. I, pp. 42-46.

[55] Objectivo que, a par do da simplificação, continua a estar na base de várias alterações legislativas levadas a cabo pelo legislador processual civil (operadas através dos DL n.º 183/2000 e n.º 184/2000, ambos, de 10 de Agosto) – para uma apreciação exaustiva à bondade destas alterações, *cfr.* os interessantíssimos artigos de JOSÉ LEBRE DE FREITAS, "As Novas Alterações ao Código de Processo

de direito adjectivo – mais não é do que uma resposta às exigências de adequação do direito adjectivo a preceitos constitucionais (*maxime*, ao artigo 20.º da CRP)[56] ou a determinadas normas insertas quer em convenções internacionais subscritas pelo Estado Português (designadamente a Convenção Europeia dos Direitos do Homem, no seu artigo 6.º, n.º 1),[57-58] quer em textos emanados pela União Europeia (*vide* artigo 47.º da Carta dos Direitos Fundamentais da União Europeia).

Assume, contudo, e no que aos procedimentos cautelares diz respeito, papel de suma importância. Obtendo clara e inequívoca consagração no artigo 382.º do CPC,[59] a celeridade processual tem, por detrás de si, várias medidas tendentes a alcançá-la, quais sejam: a natureza urgente dos *procedimentos* que, por seu turno, conduz a que estes corram mesmo durante as férias judiciais;[60] a dispensa de

---

Civil", *ROA*, Lisboa, Ano 60.º, 2000, pp. 615-645; e de MIGUEL TEIXEIRA DE SOUSA, "As Recentes Alterações na Legislação Processual Civil", *ROA*, Lisboa, Ano 61.º, 2001, pp. 49-99.

[56] Mais concretamente ao seu n.º 4 e ao, já citado *supra* na nota de rodapé 4, n.º 5: "4 – Todos têm direito a que uma causa em que intervenham seja objecto de decisão em prazo razoável e mediante processo equitativo."

[57] Que, no seu artigo 6.º (sob a epígrafe *Direito a um processo equitativo*), n.º 1, enuncia que "qualquer pessoa tem direito a que a sua causa seja examinada, equitativa e publicamente, *num prazo razoável* [itálico nosso] por um tribunal independente e imparcial, estabelecido pela lei, o qual decidirá, quer sobre a determinação dos seus direitos e obrigações de carácter civil, quer sobre o fundamento de qualquer acusação em matéria penal dirigida contra ela (...)".

[58] Conferir, a propósito do *direito à Justiça em prazo razoável* preconizado pela Convenção Europeia dos Direitos do Homem, JOAQUIM PIRES DE LIMA, "Considerações Acerca do Direito à Justiça em Prazo Razoável", *ROA*, Lisboa, Ano 50.º, 1990, pp. 671-701; a anotação de JOÃO CAUPERS, "A Pretexto do Acórdão do STA, de 15 de Outubro de 1998 (recurso 36.811)", *Justiça Administrativa*, n.º 17, Setembro/Outubro 1999, pp. 17-31; e JOSÉ LEBRE DE FREITAS, *Introdução ao Processo Civil – Conceito e Princípios Gerais*, 2.ª edição, s.l., Coimbra Editora, 2006, pp. 125-127.

[59] Artigo 382.º do CPC, sob a epígrafe *Urgência do procedimento cautelar*: "1. Os procedimentos cautelares revestem sempre carácter urgente, precedendo os respectivos actos qualquer outro serviço judicial não urgente. 2. Os procedimentos instaurados perante o tribunal competente devem ser decididos, em 1.ª instância, no prazo máximo de dois meses ou, se o requerido não tiver sido citado, de 15 dias."

[60] *Cfr.* artigos 144.º, n.º 1, e 382.º, ambos, do CPC.

distribuição dos procedimentos cautelares;[61] a inadmissibilidade da citação edital;[62] a apresentação dos meios de prova logo com o requerimento inicial e, quando a houver, com a oposição;[63] entre outras.

Exactamente pelo facto de serem, conforme vimos *supra*, medidas de carácter urgente, os procedimentos cautelares necessitam de ter uma *estrutura bastante mais simplificada* – e consubstanciada numa *"tramitação processual brevíssima"*.[64] Para que a providência solicitada seja concedida, bastará que o requerente demonstre a probabilidade séria da existência do direito que invoca (o *fumus boni iuris*) e o justificado receio da sua lesão. Para que a medida solicitada seja eficaz, torna-se, por vezes, necessário que o princípio do contraditório seja relegado para segundo plano e que aquela seja decretada sem a prévia audição do requerido.

VI – Face ao aduzido anteriormente, torna-se lógico constatar que sobre o requerente impenda um autêntico ónus que surge como contrapartida do benefício obtido (alicerçado na mera apreciação jurisdicional sumária e provisória) sobre o requerido. Destarte, podemos falar de um *ónus da proposição da acção*. Pegando novamente nas palavras de Alberto dos Reis,

> *Importa que ao julgamento ligeiro e sumário se substitua o julgamento definitivo; importa que a relação substancial seja apreciada e definida com todas as garantias de ponderação e justiça, a fim de que o réu seja libertado do peso que se lhe impôs, se a análise profunda e amadurecida da lide reconhecer que o autor não tem razão. Pois que a decisão é provisória, convém que, o mais depressa possível, se obtenha a decisão definitiva; pois que a providência foi tomada para servir de instrumento ao processo principal, está naturalmente indicado que este se instaure sem demora.* [65]

---

[61] Face ao artigo 212.º do CPC.
[62] Artigo 385.º, n.º 4, do CPC.
[63] Por força da remissão operada pelo artigo 384.º, n.º 3, do CPC, para o artigo 303.º, n.º 1, do mesmo Código.
[64] António Montalvão Machado/Paulo Pimenta, *O Novo Processo Civil*, Porto, TSE Editores, 1997, p. 338.
[65] Alberto dos Reis, "A Figura...", *cit.*, p. 72.

I
O PROCEDIMENTO CAUTELAR COMUM

1. A SUA GÉNESE; AS INFLUÊNCIAS E A EVOLUÇÃO POR SI SOFRIDAS

1.1. Razões que contribuíram para o seu aparecimento

I – O *procedimento cautelar comum* não fez a sua aparição no ordenamento jurídico-processual português, mais especificamente em sede de justiça cautelar, de forma abrupta, instantânea ou repentina. Aliás, em bom rigor, podemos asseverar que, tal como já foi referido anteriormente, ele só se implantou no nosso direito adjectivo com a reforma processual civil operada no ano de 1995 (através do propalado DL n.º 329-A/95, de 12 de Dezembro).

E dissemos *"em bom rigor"*, pois se é verdade que com esta designação ele só se implantou no CPC em 1995, também não deixa de ser menos verdade referir que esta figura processual, embora sob outra roupagem e outra inserção sistemática, foi introduzida pelo legislador processual civil de 1939 com a designação de *providências cautelares*,[66-67] sendo posteriormente alvo de vários reto-

---

[66] Disciplinadas nos artigos 405.º a 408.º do CPC de 1939 (*vide* nota de rodapé 19). As *providências cautelares* não faziam parte do leque dos *actos preventivos e preparatórios para algumas causas* (estoutros, recorde-se, eram a *conciliação*, o *embargo ou arresto*, o *embargo de obra nova*, as *denúncias e tomadias*, os *depósitos e protestos* e os *alimentos provisórios*) que o CPC de 1876 (foi o primeiro CPC português, e teve na sua base o projecto do ilustre advogado ALEXANDRE DE SEABRA) disciplinava.

[67] Artigo 405.º do CPC de 1939: "Quando uma pessoa tenha justo receio de que alguém cometa violências ou pratique factos susceptíveis de causar lesão

ques pelo seu congénere de 1961,[68] adoptando, desta feita, a denominação de *providências cautelares não especificadas*.

II – Independentemente da mudança do *nomen iuris* pelo qual foi sendo conhecida e estudada esta autêntica figura proteiforme do nosso sistema processual, podemos depreender, com alguma dose de verosimilhança, quais foram as razões que estiveram na base do seu aparecimento.

Realidade inquestionável através dos tempos – assumindo, inicialmente, uma natureza convencional e só mais tarde a natureza exclusivamente jurisdicional – a tutela cautelar assume-se, hodiernamente, como um dos pilares de um direito adjectivo que tarda em pronunciar-se, de forma definitiva, relativamente às várias questões controvertidas que lhe são submetidas.

Prova evidente e cabal para o que vai afirmado foi a criação, em vários ordenamentos jurídicos, mormente a partir do século XIX, de uma panóplia de procedimentos cautelares típicos ou nominados destinados a impedir a verificação de situações concretas de perigo que pudessem comprometer, a final, a eficácia e a utilidade da decisão que tivesse de ser proferida no processo principal.

Porém, tornou-se óbvio constatar que a tutela cautelar, por mais boa vontade que demonstrasse no sentido de abranger e enumerar, de forma exaustiva, todas as situações da vida susceptíveis de justificar o emprego de uma providência cautelar, não podia – nem sequer devia – ter a veleidade de o fazer.[69] Estava assim encontrada

---

grave e de difícil reparação ao seu direito, pode requerer as providências que forem adequadas para se evitar o prejuízo, tais como a posse, o sequestro ou o depósito da coisa litigiosa, a proibição ou a autorização de certos actos."

[68] Artigos 399.º a 401.º do CPC de 1961.

[69] Talvez tenha sido esta a razão pela qual o legislador processual civil de 1995 decidiu cortar com a tradição que vinha sendo mantida pelos seus predecessores de 1939 e de 1961, no sentido de enumerar – embora de uma forma meramente exemplificativa – algumas das providências inominadas que poderiam ser utilizadas por quem tivesse fundado receio de que outrem causasse, a um seu direito, lesão grave e de difícil reparação. Com efeito, no artigo 405.º do CPC de 1939 estabelecia-se que dada "(...) pessoa (...) pod[ia] requerer as providências que fo[ssem] adequadas para se evitar [um] prejuízo, *tais como a*

a porta para a instituição daquilo a que a doutrina apelidou, posteriormente, de "*poder cautelar geral*".[70]

Esta explicação vai ao encontro daquilo que também é preconizado por MOITINHO DE ALMEIDA: "*analogamente ao que sucedeu no direito romano com a criação da* condictio sine causa, *houve necessidade, no direito adjectivo moderno, de criar uma providência destinada a operar subsidiariamente sempre que houvesse de tutelar cautelarmente situações dignas dessa tutela sem que todavia fosse aplicável ao caso concreto qualquer das várias providências cautelares especificadas: arresto, embargo de obra nova, etc. etc..*"[71]

1.2. A influência da doutrina italiana e do artigo 700.º do CPC italiano – "provvedimenti d'urgenza"

I – Pela enorme influência que exerceram sobre o direito pátrio – mormente no que diz respeito às medidas cautelares atípicas – é chegada a altura de abrirmos um breve parêntesis e fazer-

---

posse, o sequestro ou o depósito da coisa litigiosa, a proibição ou a autorização de certos actos [itálico nosso]". Esta tradição haveria, de igual forma, de ser seguida pelo artigo 399.º do CPC de 1961 – "(...) pod[ia-se] requerer as providências adequadas à situação, *nomeadamente a autorização para a prática de determinados actos, a intimação para que o réu se abst*[ivesse] *de certa conduta, ou a entrega dos bens móveis ou imóveis, que constitu*[íssem] *objecto da acção, a um terceiro seu fiel depositário* [itálico nosso]."

[70] PIERO CALAMANDREI, *Introduzione...*, *cit.*, p. 47; e ALBERTO DOS REIS, "A Figura...", *cit.*, p. 29.

[71] L. P. MOITINHO DE ALMEIDA, *Providências Cautelares Não Especificadas*, Coimbra, Coimbra Editora, 1981, p. 12. Este autor, partindo da criação pelo direito romano justinianeu – em matéria de direito substantivo – de algumas *condictiones* ou acções pessoais com uma dada função específica (a *indebiti*, a *causa data non secuta*, a *ob turpem vel injustam*), refere que existiam certos casos merecedores de protecção que escapavam a esta função específica das *condictiones* existentes. Como forma de tornear esta situação, foi criada pelos juristas romanos uma figura (a *condictio sine causa* – "antepassado da actual *acção de enriquecimento sem causa* ou acção *de in rem verso*") "destinada a operar *subsidiariamente* se não houvesse causa que justificasse qualquer das restantes *condictiones*."

mos uma ligeira incursão pela doutrina e pelo ordenamento jurídico italianos.

Com efeito, não se torna despiciendo afirmar que, em matéria de procedimentos cautelares, o direito processual civil português tem colhido alguns dos seus ensinamentos no direito processual transalpino. Apesar de não corroborarmos a posição que é assumida por MOITINHO DE ALMEIDA,[72] segundo a qual as *providências cautelares*[73] (que apareceram pela primeira vez entre nós no CPC de 1939) teriam *"tido indiscutivelmente como fonte o já referido artigo 700.º do C.P.C. italiano"*,[74] não podemos olvidar que o legislador processual civil português de 1939 foi, decerto, fortemente influenciado pelos processualistas italianos do início do século XX.

II – A nossa primeira referência terá, necessariamente, que recair na pessoa de GIUSEPPE CHIOVENDA.[75] Com um pensamento, no que à tutela cautelar concerne, em constante evolução,[76] é a este

---

[72] L. P. MOITINHO DE ALMEIDA, *Providências...*, cit., p. 14.

[73] Entendidas como as figuras cautelares que se destinavam a operar, de forma subsidiária, sempre que fosse necessário tutelar situações dignas de tutela e sem que ao caso em apreço fosse aplicável qualquer das outras espécies de *processos preventivos e conservatórios*.

[74] E isto por uma mera questão cronológica. MOITINHO DE ALMEIDA esquece-se que a tutela cautelar atípica regulada no artigo 700.º do CPC italiano – mais exactamente na "sezione IV del capo III del titolo I del quarto libro" – só foi introduzida no CPC italiano no ano de 1942. Neste sentido *cfr.*, entre tantos outros, ANDREA PROTO PISANI, "Provvedimenti d'Urgenza", *Enciclopedia Giuridica*, XXV, 1991, pp. 01-29, que refere, inclusive, a páginas 03, que "l'istituto dei provvedimenti d'urgenza *ex* art. 700 c.p.c. costituisce una innovazione, fra le più importanti, del c.p.c. del 1942".

[75] Para maiores desenvolvimentos acerca do pensamento de CHIOVENDA a propósito da tutela cautelar (sobretudo da atípica), *vide* ANDREA PROTO PISANI, "Chiovenda e la Tutela Cautelare", *Rivista di Diritto Processuale*, vol. XLIII (II Serie), 1988, pp. 16-34.

[76] Tal como nos é referido por ANDREA PROTO PISANI, "Chiovenda...", *cit.*, pp. 19 a 22. Segundo este mesmo autor, em 1903, na sua obra *L'Azione nel Sistema dei Diritti*, CHIOVENDA faz apenas, em rodapé, uma ligeira referência à tutela cautelar. Em 1906, na primeira edição de *Princìpi di Diritto Processuale Civile dal Corso di Lezioni*, a tutela cautelar já ocupa um capítulo. Em 1912, na terceira edição de *Princìpi di Diritto...*, CHIOVENDA dá, segundo ANDREA PROTO PISANI, um

insigne processualista italiano que devemos os primeiros esforços na teorização e na implementação de um *"poder cautelar geral"*. Pela via interpretativa, CHIOVENDA chega mesmo a afirmar a existência, no *Codice di Procedura Civile* de 1865, da *"figura generale del provvedimento provvisorio cautelare"*. Para além do seu inegável e intrínseco mérito, esta construção *chiovendiana* contribuiu, outrossim, para a eclosão de um interessantíssimo debate doutrinal em torno da consagração, ou não, de tal figura no ordenamento jurídico italiano de então.[77]

Apesar de refutarem, veementemente, a presença *de iure condito* (no CPC italiano de 1865) de um *poder cautelar geral*, FRANCESCO CARNELUTTI e PIERO CALAMANDREI aperceberam-se das enormes potencialidades que esta mesma presença revestiria. Destarte, começaram a suceder-se as tentativas para a introdução, *de iure condendo*, do tão propalado e almejado *poder cautelar geral*.[78-79]

---

grande salto qualitativo na abordagem da tutela cautelar. O pensamento de CHIOVENDA atinge o expoente máximo, em 1933, com a publicação da sua obra *Istituzioni di Diritto Processuale Civile*, onde se afirma a existência *de iure condito*, no direito processual italiano, de uma "figura generale del provvedimento provvisorio cautelare".

[77] Protagonizado, essencialmente, por PIERO CALAMANDREI que, na sua obra *Introduzione...*, *cit.*, p. 49, manifesta as razões da sua discordância acérrima relativamente à posição de GIUSEPPE CHIOVENDA. "Il CHIOVENDA risolve affermativamente il problema, e insegna che, come esiste in altre legislazioni una disciplina generale delle misure cautelari (...), così anche nella nostra legge deve ritenersi implicitamente esistente «la figura generale del provvedimento provvisorio cautelare; è rimesso completamente al giudice di stabilirne l'opportunità e la natura». Ma, pur riconoscendo i grandi vantaggi pratici che presenterebbe la soluzione insegnata dal nostro Maestro, non mi sembra che essa sia sostenibile nel nostro diritto positivo."

[78] FRANCESCO CARNELUTTI apresenta, em 1926, um projecto para a reforma do CPC italiano (*Il Progetto del Codice di Procedura Civile Presentato alla Sottocommissione Reale per Civ.*, Anno III, n.º 1, Padova). No artigo 324.º do projecto, CARNELUTTI defendia que "quando dallo stato di fatto di una lite sorge ragionevole timore che i litiganti commettano violenza, ovvero che si compiano prima della decisione atti tali da poter ledere in modo grave e non facilmente e sicuramente riparabile un diritto controverso, ovvero che nel processo una delle parti si trovi in condizione di grave inferiorità di fronte all'altra, il giudice può prendere i provvedimenti provvisori ad evitare che il pericolo si avveri. In particolare, può disporre il sequestro di una cosa mobile od immobile, vietare

A sua consagração legal dar-se-ia no ano de 1942, data da entrada em vigor do novo *codice di procedura civile* italiano.[80]

III – Assumindo a designação de *"provvedimenti d'urgenza"*[81] vamos encontrar tão desejada norma no artigo 700.º do CPC italiano.[82]

---

o autorizzare il compimento di certi atti, assegnare somme provvisionali, imporre cauzioni". Ainda a este propósito, e segundo o Professor ALBERTO DOS REIS, *Código de Processo Civil Explicado,* Coimbra, Coimbra Editora, 1939, p. 256, o artigo 324.º do Projecto Carnelutti foi a fonte do, já citado, artigo 405.º do nosso CPC de 1939.

[79] PIERO CALAMANDREI, *apud* GIOVANNI ARIETA, *I Provvedimenti...*, *cit.*, pp. 26 e 27, chega mesmo a propor, em 1938, a introdução de uma disposição, no novo CPC italiano, que fizesse constar "il riconoscimento di un *potere cautelare generale,* che permetta al giudice, in caso di pericolo nel ritardo, di stabilire volta per volta, all'infuori degli appositi mezzi cautelari precostituiti, le misure assicurative meglio corrispondenti alle esigenze del caso concreto."

[80] Ainda a este propósito, *vide* ANDREA PROTO PISANI, "Provvedimenti...", *cit.*, p. 03, onde o autor, através de uma simples frase, ilustra aquilo que por nós vem sendo afirmado – "La proposta interpretativa di Chiovenda, respinta *de iure condito,* trovò accoglimento nel nuovo codice di procedura del 1942 soprattuto sotto la spinta di Piero Calamandrei e Francesco Carnelutti." *Cfr.*, no mesmo sentido, MAURO BOVE, *Lineamenti di Diritto Processuale Civile,* 2.ª edizione, Torino, Giappichelli, 2006, pp. 324, *in fine,* e 325.

[81] O legislador processual italiano optou por empregar esta designação. Esta opção não é, todavia, unânime. Na doutrina italiana, há quem prefira utilizar as expressões de "misure cautelari non nominate" (CARNELUTTI), de "provvedimenti cautelari innominati" (CONIGLIO), de "provvedimenti cautelari non nominati" (APICELLA), de "provvedimenti atipici" (REDENTI), entre outras. Há, por outro lado, quem lhe teça loas (MARIO DINI, *I Provvedimenti..., cit.,* pp. 24 e 25: "Penso perciò che la denominazione più appropriata sia quella di «provvedimenti d'urgenza», sia perchè in tal modo li ha chiamati il legislatore, sia perchè tale denominazione di *species* in *genus* sta ad indicare la volontà legislativa di distinguere i provvedimenti cautelari d'urgenza dagli altri provvedimenti cautelari, formandone una sottospecie."). Entre nós, L. P. MOITINHO DE ALMEIDA, *Providências..., cit.,* pp. 15 e 16, refere que "(...) se nos afigura imprópria a designação *provvedimenti d'urgenza,* que lhe dá a doutrina italiana, já que procedimentos de urgência são também todas as demais medidas cautelares, visto todas elas visarem a esconjurar o *periculum in mora.*"

[82] Para um maior aprofundamento acerca desta temática, *vide* DYALMA FRONTERI, "Prime Applicazioni del Provvedimento Cautelare Innominato",

Fuori dei casi regolati nelle precedenti sezioni di questo capo, chi ha fondato motivo di temere che durante il tempo occorrente per far valere il suo diritto in via ordinaria, questo sia minacciato da un pregiudizio imminente e irreparabile, può chiedere con ricorso al giudice i provvedimenti d'urgenza, che appaiono, secondo le circostanze, più idonei ad assicurare provvisoriamente gli effetti della decisione sul merito.[83]

Confrontados com o teor desta norma, a primeira ilação que devemos retirar é a de que estas *providências de urgência,* insertas no CPC italiano pelo legislador de 1942, foram introduzidas com o essencial propósito de actuar como uma espécie de medidas subsidiárias, complementares das medidas cautelares típicas que se destinavam a proteger direitos e interesses bem individualizados (tais como o *sequestro conservativo*,[84] o *sequestro giudiziario*[85] ou a *denuncia di nuova opera*).[86]

Giurisprudenza Italiana e la Legge, vol. C, parte quarta, 1948, pp. 89-92; Salvatore Satta, "Limiti di Applicazione del Provvedimento di Urgenza", *Il Foro Italiano,* vol. LXXVI, parte prima, 1953, pp. 132-133; Carmelo Sapienza, *I Provvedimenti...,* cit.; Franco Mosetto, "Su Alcuni Caratteri dei Provvedimenti Cautelari d'Urgenza", *Giurisprudenza Italiana e la Legge,* vol. CIX, parte prima, 1957, col.1, pp. 197-208; Mario Dini, *I Provvedimenti...,* cit.; Crisanto Mandrioli, "Per una Nozione Strutturale dei Provvedimenti Anticipatori o Interinali", *Rivista di Diritto Processuale,* vol. XIX, 1964, pp. 551-581; Giovanni Arieta, *I Provvedimenti...,* cit.; Giovanni Arieta, "Funzione non Necessariamente Anticipatoria dei Provvedimenti ex Art. 700 C.P.C.", *Rivista di Diritto Processuale,* vol. XXXIX (II Serie), 1984, pp. 585-607; Crisanto Mandrioli, "I Provvedimenti d'Urgenza: Deviazioni e Proposte", *Rivista di Diritto Processuale,* vol. XL (II Serie), 1985, pp. 657-679; Giuseppe Tarzia, "Rimedi Processuali Contro I Provvedimenti d'Urgenza", *Rivista di Diritto Processuale,* vol. XLI (II Serie), 1986, pp. 35-69; e Andrea Proto Pisani, "Provvedimenti...", *cit.,* pp. 01-29.

[83] "Fora dos casos regulados nas secções precedentes deste capítulo, quem tiver fundado motivo para temer que, durante o tempo necessário para fazer valer o seu direito por via ordinária, este seja ameaçado por um prejuízo iminente e irreparável, pode pedir ao juiz as providências de urgência que sejam, conforme as circunstâncias, as mais idóneas para assegurar provisoriamente os efeitos da decisão de mérito".

[84] O arresto preventivo.

[85] O arrolamento.

[86] O embargo de obra nova.

Uma outra observação terá necessariamente de incidir no carácter abrangente da expressão que é utilizada para abarcar toda uma série de direitos protegidos por estas providências – "*seu direito*". Assim, "*a medida subsidiária que tinha sido prevista, por um legislador atento e prudente, numa simples «norma de cúpula» – tornou-se o remédio mais difuso entre aqueles que o direito italiano inclui na categoria das medidas cautelares.*"[87]

Destarte, são vários os direitos que, em Itália, têm encontrado tutela no artigo 700.º do CPC italiano: "*o direito de associação, de liberdade de palavra e de imprensa, o direito à saúde, à instrução, o direito à imagem, ao nome, à privacy (...)* [à] *defesa contra a concorrência desleal,* [à] *tutela dos direitos reais ou dos resultantes das relações contratuais mais variadas, incluindo certas relações com a Administração Pública.*"[88]

IV – Uma última palavra para uma tendência que, aos poucos e poucos e de forma progressiva, foi sendo difundida em Itália – ao ponto de ser consagrada, aquando da recente reforma processual civil de 2005, ao nível do *codice di procedura civile* –[89] e que se

---

[87] GIUSEPPE TARZIA, "Providências Cautelares Atípicas (Uma Análise Comparativa)", *Revista da Faculdade de Direito da Universidade de Lisboa*, vol. XL, n.ᵒˢ 01 e 02, 1999, p. 243.

[88] GIUSEPPE TARZIA, "Providências Cautelares...", *cit.*, p. 244.

[89] Com efeito, e lançando mão dos ensinamentos de GIAMPIERO BALENA, "Modifiche considerevoli riguardano, come si è avuto modo di preannunciare, il rapporto tra la tutela cautelare e quella cognitiva ordinaria. Prescindendo dall'allungamento, da trenta a sessanta giorni, del termine massimo entro cui deve iniziarsi, laddove ciò sia necessario, il giudizio di merito (...) la novità più incisiva consiste nell'introduzione di un regime di «stabilità» differenziato (e, in un certo senso, privilegiato) per ciò che attiene alla categoria dei provvedimenti cautelari che si è soliti definire «anticipatori». Più esattamente il novellato art. 669-*octies*, commi 6.º e 7.º [**6.º**: "Le disposizioni di cui al presente articolo e al primo comma dell'articolo 669-*novies* non si applicano ai provvedimenti di urgenza emessi ai sensi dell'articolo 700 e agli altri provvedimenti cautelari idonei ad anticipare gli effetti della sentenza di merito, previsti dal codice civile o da leggi speciali, nonché ai provvedimenti emessi a seguito di denunzia di nuova opera o di danno temuto ai sensi dell'articolo 688, ma ciascuna parte può iniziare il giudizio di merito." **7.º**: "L'estinzione del giudizio di merito non

prende com a chamada *autonomização da tutela cautelar*. De acordo com esta, a providência cautelar (antecipatória)[90] decretada conserva todos os seus efeitos independentemente da posterior propositura

---

determina l'inefficacia dei provvedimenti di cui al primo comma, anche quando la relativa domanda è stata proposta in corso di causa."], si riferisce testualmente, a tal proposito, «ai provvedimenti di urgenza emessi ai sensi dell'articolo 700 e agli altri provvedimenti cautelari *idonei ad antecipare gli effetti della sentenza di merito*, previsti dal codice civile o da leggi speciali, nonché ai provvedimenti emessi a seguito di denunzia di nuova opera o di danno temuto ai sensi dell'articolo 688»; e prevede che per essi non valga né l'obbligo di iniziare il giudizio di merito entro un termine perentorio (ovviamente quando si tratti di provvedimenti resi *ante causam*), né il tradizionale principio per cui l'efficacia della misura cautelare resta travolta dall'eventuale estinzione del processo a cognizione piena. Anche in questo caso si tratta di una soluzione ch'era già stata utilizzata nelle materie disciplinate dal d.lgs. n. 5/2003 e che s'ispira, ovviamente, a finalità *lato sensu* deflative; «scommettendo», cioè, sulla circostanza che in parecchi casi le parti, dopo l'emissione del provvedimento cautelare, saranno ben disposte ad accettare il nuovo assetto d'interessi determinato da quest'ultimo, prestandovi acquiescenza, e dunque non avvertirano l'esigenza di intraprendere (o di portare a compimento) il giudizio a cognizione piena." – GIAMPIERO BALENA/MAURO BOVE, *Le Riforme Più Recenti del Processo Civile*, s.l., Cacucci Editore, 2006, pp. 324-326. Veja-se, ainda a este propósito, FRANCESCO P. LUISO/BRUNO SASSANI, *La Riforma del Processo Civile – Commentario Breve Agli Articoli Riformati del Codice di Procedura Civile*, Milano, Giuffrè, 2006, p. 220: "La vera novità è contenuta nel sesto, settimo ed ottavo comma [dell'articolo 669-*octies*]: la c.d. strumentalità forte (cioè la necessità – per non perdere gli effetti del provvedimento cautelare – di tempestivamente proporre la domanda di merito e di coltivare il processo per non farlo estinguere o comunque per non farlo chiudere in rito) non si applica ai provvedimenti cautelari anticipatori."

[90] A possibilidade de aplicação deste novo regime – regime de «estabilità» – às providências cautelares conservatórias, apesar de dever ser rejeitada, ainda chegou a ser equacionada na doutrina italiana. Veja-se, GIAMPIERO BALENA, *et. al.*, *Le Riforme...*, cit., pp. 338-339: "Alla luce di tale premessa ci si deve allora chiedere se il nuovo regime di stabilità previsto dall'art. 669-*octies*, 6.º comma, debba applicarsi a *tutti* i provvedimenti d'urgenza o soltanto a quelli dal contenuto realmente anticipatorio. La lettera della norma, come ho già avuto modo di rilevare, non offre indicazioni univoche e potrebbe attagliarsi ad entrambe le soluzioni; tanto più che lo stesso legislatore, come si è visto, non ha esitato ad assoggetare al suddetto nuovo regime, con un certo arbitrio, anche provvedimenti che parrebbero essenzialmente conservativi, quali quelli resi sulle denunzie di nuova opera. A favore dell'interpretazione più restrittiva, tuttavia, giocano

ou da falta de propositura da acção principal, deixando assim esta falta de figurar entre o elenco das causas de caducidade da providência cautelar.

A consagração expressa de tal tendência constitui, como facilmente se compreende, um duro e sério revés nalgumas das principais características, classicamente apontadas, da tutela cautelar – mormente na *instrumentalidade hipotética*, na *falta de autonomia* e na *provisoriedade*.

Refira-se, em jeito de parêntesis, que, a nível do direito luso, e acompanhando os ventos que têm vindo a soprar do território transalpino, o pontapé de saída nesta matéria já foi dado com a introdução do artigo 16.º do DL n.º 108/2006, de 08 de Junho (*"Quando tenham sido trazidos ao procedimento cautelar os elementos necessários à resolução definitiva do caso, o tribunal pode, ouvidas as partes, antecipar o juízo sobre a causa principal."*).

Com a referida norma, e como explica o legislador no Preâmbulo do DL n.º 108/2006, de 08 de Junho,[91] *"no âmbito dos*

---

due argomenti. In primo luogo v'è da considerare che la formulazione divenuta legge, nel confronto col testo che era stato predisposto dal comitato ristretto della Commissione giustizia del Senato (...), parrebbe attribuire maggior risalto al carattere concretamente anticipatorio delle misure cautelari atipiche, e pertanto meglio si presta ad una soluzione che, per l'appunto, fondi su tale presupposto l'applicazione dell'art. 669-*octies*, 6.º comma. In secondo luogo tale soluzione si fa preferire poiché evita il risultato (...) di rendere potenzialmente definitive, quanto alla durata degli effetti, misure che, per propria natura, dovrebbero servire esclusivamente ad una regolamentazione provvisoria e temporanea del conflitto d'interessi insorto tra i litiganti, sicché mal conciliano con la «stabilizzazione» prevista dalla norma in esame. Ai provvedimenti d'urgenza dal contenuto conservativo, pertanto, deve ritenersi integralmente applicabile il tradizionale regime di efficacia – che potrebbe definirsi di «precarietà» – previsto dall'art. 669-*novies* c.p.c.; (...)".

[91] Diploma que procedeu à criação de um *regime processual civil de natureza experimental*, aplicável às acções declarativas entradas, a partir de 16 de Outubro de 2006, em determinados tribunais determinados por portaria do Ministro da Justiça – de acordo com o artigo único da Portaria n.º 955/2006, de 13 de Setembro, "O regime processual experimental, aprovado pelo Decreto-Lei n.º 108/2006, de 8 de Junho, aplica-se nos seguintes tribunais: a) Juízos de Competência Especializada Cível do Tribunal da Comarca de Almada; b) Juízos Cíveis do Tribunal da Comarca do Porto; c) Juízos de Pequena Instância Cível do

procedimentos cautelares, e tendo em vista, nomeadamente, as situações em que a natureza das questões ou a gravidade dos interesses envolvidos não se compadece com a adopção de uma simples providência cautelar ou, diversamente, prescinde, por absolutamente inútil, da instauração de uma acção principal, permite-se que o tribunal, ouvidas as partes, antecipe o juízo sobre a causa principal, desde que considere que foram trazidos ao processo todos os elementos necessários para uma decisão definitiva."

Na esteira de raciocínio da tendência que foi expendida *supra*, e desde que as partes se conformem com a decisão proferida pelo juiz no âmbito dos autos de procedimento cautelar, talvez não seja de todo descabido, em determinadas circunstâncias, afinar pelo diapasão da mera eventualidade da acção principal, remetendo-a para a iniciativa, a qualquer tempo, das partes, *quiçá* contribuindo assim para um decréscimo muito significativo do número de acções entradas em juízo.

1.3. A evolução legislativa sofrida

Depois de termos passado em revista o tratamento que é dado pelo ordenamento jurídico italiano à matéria de que ora nos ocupamos, é chegada a altura de regressarmos ao terreno do direito processual civil português. Tal como já referimos, o *procedimento cautelar comum* só assumiu a configuração – e a denominação – actual após ter sofrido uma série de alterações.

1.3.1. AS "PROVIDÊNCIAS CAUTELARES" (CPC DE 1939)

Foi por intermédio da figura das *providências cautelares*[92] que se procedeu à introdução expressa, ao nível do direito positivo

---

Tribunal da Comarca do Porto; d) Juízos de Competência Especializada Cível do Tribunal da Comarca do Seixal". Para maiores desenvolvimentos doutrinais acerca deste diploma legal, *vide* MARIANA FRANÇA GOUVEIA, *Regime Processual Experimental – Anotado*, Coimbra, Almedina, 2006; e LUÍS FILIPE BRITES LAMEIRAS, *Comentário ao Regime Processual Experimental*, Coimbra, Almedina, 2007.

[92] Já tivemos oportunidade para manifestar as razões da nossa discordância relativamente à expressão utilizada (*cfr.* nota de rodapé 42). Esta discordância

português, da tutela cautelar atípica ou inominada. Disciplinadas nos artigos 405.º a 408.º do CPC de 1939, as *providências cautelares* dependiam da verificação de dois requisitos: da existência de um direito e do justo receio que esse direito sofresse uma lesão grave e de difícil reparação.

A amplitude utilizada na redacção do artigo 405.º do CPC de 1939[93] levou a que as *providências cautelares* tivessem tido, na época, uma utilização indistinta e indiferenciada. Num artigo intitulado *"Emprego Abusivo de Providências Cautelares"*, TITO ARANTES chega, inclusive, a referir que *"as providências cautelares (...) poderiam, dada a forma latíssima como está redigido o preceito do art. 405.º, ter vindo substituir por completo todos os restantes processos do mesmo capítulo, salvo o dos alimentos provisórios (...) e o da restituição provisória da posse (...)."*[94]

Decerto, não terá sido essa a intenção do legislador. Torna-se quase escusado afirmar que as *providências cautelares* só deveriam ser decretadas subsidiariamente, ou seja, quando ao caso concreto não correspondesse qualquer procedimento cautelar específico.[95]

---

vai inteiramente ao encontro do que era defendido pelo ilustre Professor BARBOSA DE MAGALHÃES, "Natureza...", *cit.*, p. 15, n. 2: "(...) tendendo as acções e os processos conservatórios e preventivos a *acautelar* um prejuízo, umas e outros visam ao decretamento de *providências cautelares*, mas o Código empregou esta expressão apenas para designar as providências reguladas nos arts. 405.º a 408.º, e não tôdas a que deu a designação de providências preventivas ou conservatórias. Foi pena que o Código não tivesse empregado, para designar aquelas providências, outra expressão mais própria e correcta, e é bem que se evite a confusão entre umas e outras."

[93] *Vide* nota de rodapé 67.

[94] TITO ARANTES, "Emprego Abusivo de Providências Cautelares", *Revista dos Tribunais*, Ano 66.º, n.ºs 1568 e 1569, p. 131.

[95] Pese embora o carácter subsidiário das *providências cautelares* representar uma realidade insofismável, certa jurisprudência da época tendeu a olvidá-lo. TITO ARANTES, "Emprego...", *cit.*, p. 131, faz-lhe uma referência nos seguintes moldes: "o acórdão do Supremo Tribunal de Justiça de 2 de Julho de 1946 deferiu a uma providência cautelar em hipótese que era nìtidamente de *arresto*, e em que portanto aquele pedido deveria manifestamente ser rejeitado." Prossegue referindo que "mais grave ainda foi o decidido pelo mesmo Tribunal no seu acórdão de 13 de Março de 1945 (...). Não só também aí se tratava da

1.3.2. As "providências cautelares não especificadas" (CPC de 1961)

Consagradas no artigo 399.º do CPC de 1961,[96] as *providências cautelares não especificadas* vieram substituir a figura das *providências cautelares*.[97] Porém, poucas foram as alterações implementadas. As *providências cautelares não especificadas*, não obstante algumas melhorias, mantiveram os mesmos traços que vinham sendo delineados ao nível da tutela cautelar atípica ou inominada.[98]

O CPC de 1961, apesar de ter persistido na enunciação, a título meramente exemplificativo,[99] de algumas das providências que poderiam ser requeridas ao abrigo desta atipicidade das *providências cautelares não especificadas*, decidiu, a exemplo do que havia sucedido com o artigo 700.º do CPC italiano, introduzir uma expressão similar ao *"fuori dei casi regolati nelle precedenti sezioni di questo capo."*

---

apreensão ou imobilização de quantias a receber pelo réu, não tendo o objecto da acção nada que ver com as ditas quantias, como, o que é muito pior, o autor já requerera anteriormente um arresto contra o mesmo réu, que fora indeferido."

[96] Artigo 399.º do CPC de 1961: "Quando alguém mostre fundado receio de que outrem, antes de a acção ser proposta ou na pendência dela, cause lesão grave e dificilmente reparável ao seu direito, pode requerer, se ao caso não convier nenhum dos procedimentos regulados neste capítulo, as providências adequadas à situação, nomeadamente a autorização para a prática de determinados actos, a intimação para que o réu se abstenha de certa conduta, ou a entrega dos bens móveis ou imóveis, que constituem objecto da acção, a um terceiro seu fiel depositário."

[97] Para um confronto entre ambas as figuras, *vide* ERIDANO DE ABREU, "Das Providências Cautelares Não Especificadas", *O Direito*, 94.º, 1962, pp. 110-119.

[98] A este propósito, ERIDANO DE ABREU, "Das Providências...", *cit.*, p. 112, refere-nos que "as alterações apontadas, muito embora não tenham introduzido na lei uma evidente mudança de regime, a verdade é que representam, sem dúvida alguma, um passo em frente no sentido de um melhor entendimento do seu alcance."

[99] *Cfr.*, no que ao assunto diz respeito, a nota de rodapé 69; e JOSÉ DOS SANTOS SILVEIRA, *Processos de Natureza Preventiva e Preparatória*, Coimbra, Atlântida Editora, 1966, p. 74.

Com efeito, a introdução da expressão *"se ao caso não convier nenhum dos procedimentos regulados neste capítulo"* não é, de todo, inocente. De forma a ultrapassar a principal crítica que era dirigida ao seu predecessor, o legislador processual civil de 1961 optou por evidenciar – para que dúvidas não restassem – o facto de as *providências cautelares não especificadas* só poderem ser utilizadas quando a situação concreta que visavam tutelar não se encontrasse abrangida por nenhum dos outros procedimentos cautelares regulados no CPC.

A fórmula encontrada conseguiu obviar, de certa maneira, o modo pernicioso como se vinha fazendo uso desta figura adjectiva. Não se pense, contudo, que a aplicação de providências inominadas sofreu algum decréscimo. Bem pelo contrário. Ao longo de anos e anos, através das *providências cautelares não especificadas*, assistimos a um sem número de hipóteses que prefiguraram a sua aplicação e a um sem número de correspectivas decisões jurisprudenciais.[100]

Apesar de ter representado um autêntico passo em frente para a época, o esquema das *providências cautelares não especificadas* do CPC de 1961 começou, com o decurso inexorável do tempo, a ser alvo de algumas críticas. Destarte, foi acusado de *"potenciar sobreposições nos respectivos campos de aplicação [do seu e do dos procedimentos nominados], fenómeno bem patente, por exemplo, nas dúvidas frequentemente surgidas acerca da exacta delimitação das providências que têm por objecto obter uma apreensão judicial de bens (arresto, arrolamento, providências não especificadas) (...)"* e de *"possibilitar interpretações restritivas ao seu âmbito de aplicação, deixando sem a indispensável tutela cautelar situações que a mereceriam."*[101]

---

[100] A título meramente exemplificativo, *cfr.* a panóplia de decisões jurisprudenciais – reunidas por RODRIGUES BASTOS, *Notas ao Código de Processo Civil*, vol. II, 2.ª edição, Lisboa, 1971, pp. 257-259, e por L. P. MOITINHO DE ALMEIDA, *Providências...*, *cit.*, pp. 33-48 – que encontraram na figura das *providências cautelares não especificadas* uma autêntica panaceia.

[101] PEREIRA BAPTISTA/CARLOS LOPES DO REGO/LEBRE DE FREITAS/JOÃO CORREIA/ /ANTÓNIO TELLES/CRISTINA SILVA SANTOS, "Novo Processo Civil – Linhas Orientadoras da Nova Legislação Processual Civil", *Sub Judice*, n.º 4, 1992, p. 44.

Algumas ideias foram sendo lançadas. Desde a proposta de alargamento do âmbito das *providências cautelares não especificadas*, *"acentuando a genérica possibilidade de o tribunal prescrever quaisquer medidas conservativas ou de reposição que se mostrem concretamente adequadas à prevenção do dano ou ao acautelar do efeito útil da decisão da causa principal"*,[102] até à proposta mais ousada de CAMPOS COSTA, proposta essa que avançava no sentido da introdução de uma *"nova ordenação legislativa dos institutos"* e, ao mesmo tempo, de um título específico que teria por epígrafe "*o procedimento cautelar comum*".[103]

1.3.3. O "PROCEDIMENTO CAUTELAR COMUM" (CPC ACTUAL)

Não secundando, na íntegra, a sugestão de CAMPOS COSTA, ANTUNES VARELA encontra nela uma *"ideia inteiramente aproveitável, que é a de reunir num título autónomo os princípios gerais dos procedimentos cautelares e a de colocar essas regras comuns, como normas subsidiárias, antes da regulamentação dos diversos procedimentos cautelares especificados (...)."*

E logo prossegue dizendo-nos que *"o que (...) a simplificação do processo e a unidade sistemática do direito vivamente aconselham é que os princípios gerais aplicáveis a toda a matéria se concentrem no Título consagrado ao tal procedimento cautelar comum (designação equivalente à das providências cautelares não especificadas) e que o Título relativo aos procedimentos cautelares especiais se limite aos desvios do regime comum impostos pela natureza específica de cada um dos procedimentos nominados."*[104]

Por certo com alguma dose de inspiração nos ensinamentos de tão ilustre Professor, a reforma do processo civil que foi operada através do DL n.º 329-A/95, de 12 de Dezembro, pautou-se, no que à justiça cautelar diz respeito, por uma sistematização substancialmente díspar da que tinha sido empregue no CPC de 1961.

---

[102] *Ibidem.*

[103] *Apud* ANTUNES VARELA, "Do Anteprojecto ao Projecto do Código de Processo Civil", *RLJ*, Ano 122.º, n.ºs 3787 e 3788, p. 323.

[104] ANTUNES VARELA, "Do Anteprojecto...", *cit.*, p. 323.

Em substituição das *providências cautelares não especificadas*, instituiu-se um verdadeiro processo cautelar comum, de âmbito residual, que visa, antes do mais, regulamentar os aspectos comuns a toda a tutela cautelar. As *disposições gerais* que se encontravam nos artigos 381.º a 387.º do CPC de 1961 são absorvidas pelo actual *procedimento cautelar comum*. Este, por seu turno, sob a anterior designação de *providências cautelares não especificadas*, deixa de figurar entre os restantes procedimentos cautelares especificados, passando a precedê-los.

O *procedimento cautelar comum* assume, no âmbito dos actuais procedimentos cautelares, um lugar de destaque. Para além de funcionar como figura idónea e apropriada para a dedução e apreciação de situações concretas que não encontrem abrigo em qualquer dos restantes procedimentos, funciona, outrossim, e de acordo com o artigo 392.º do CPC, como suporte destes em tudo o que não se encontre por eles regulamentado.

2. REQUISITOS PARA O SEU DECRETAMENTO

Pese embora o facto de o *procedimento cautelar comum* representar, no contexto do ordenamento jurídico-processual português, um autêntico sustentáculo (o que se constata, claramente, pelo artigo 392.º, n.º 1, do CPC), ele não deixa de ser, de igual forma, um mero procedimento cautelar.

Assim sendo, tal como qualquer outro procedimento cautelar, o *procedimento cautelar comum* encontra-se sujeito, para ser decretado, à verificação das condições gerais da tutela cautelar: por um lado, à *aparência do direito invocado* (comummente designada por *fumus boni iuris*), e, por outro, ao *perigo da demora da decisão judicial* (vulgo *periculum in mora*).[105]

---

[105] A verificação destes dois requisitos ou pressupostos – comuns a todas as providências cautelares – é unanimemente reconhecida por toda a doutrina. *Vide*, a título de exemplo, PIERO CALAMANDREI, *Introduzione...*, *cit.*, p. 63 – "Diremo dunque che gli estremi per ottenere il provvedimento cautelare (condizioni dell'azione cautelare) sono questi due: 1.º *apparenza di un diritto*; 2.º *pericolo di insoddisfazione del diritto apparente*."; ALBERTO DOS REIS, "A Figura...", *cit.*,

Todavia, a par destes dois requisitos, coexistem outros. Para que o *procedimento cautelar comum* assegure a efectivação de um direito é, igualmente, necessário que haja uma *adequação da providência solicitada à situação de lesão iminente*; que o *prejuízo que resulte da providência não seja superior ao dano que com ela se pretende evitar*; e, por último, que a *providência a obter não esteja abrangida por qualquer dos outros procedimentos cautelares*.[106]

---

pp. 49 e 50 – "1.º – A aparência dum direito; 2.º – O perigo de insatisfação desse direito aparente. (...) A verdade é que os dois requisitos mencionados são comuns a todos os processos a que cabe rigorosamente a designação de cautelares, isto é, não só às providências cautelares autorizadas pelo art.º 405.º, como também aos alimentos provisórios, à suspensão de deliberações sociais, ao arresto, ao embargo de obra nova, à imposição de selos e ao arrolamento."; HUMBERTO THEODORO JÚNIOR, "Medidas Cautelares Atípicas", *Revista Forense*, vol. 282, Ano 79, Rio de Janeiro, Companhia Editora Forense, 1983, p. 05 – "Pelo texto do art. 798 do C. Pr. Civ., fácil é concluir que os requisitos das medidas atípicas são os mesmos das medidas cautelares típicas, isto é, para obter-se a protecção do poder geral de cautela é preciso que concorram: *a)* um interesse em jogo num processo principal (direito plausível, ou *fumus boni iuris*); e o *b)* fundado receio de dano, que há de ser grave e de difícil reparação, e que se tema possa ocorrer antes da solução definitiva da lide, a ser encontrada no processo principal (*periculum in mora*)."; e MARÍA PÍA CALDERÓN CUADRADO, *Las Medidas Cautelares Indeterminadas en el Proceso Civil*, Madrid, Civitas, 1992, p. 41 – "Si en otros puntos (...) puede existir una cierta confusión doctrinal, el tema de los presupuestos se soluciona de forma unánime, requiriendo para la concesión de una medida cautelar la presencia de un *fumus boni iuris* y de un *periculum in mora*, denominaciones tradicionales para los ya clásicos apariencia de buen derecho y peligro en la demora."

[106] A necessidade da verificação destes cinco requisitos (ou pressupostos) tem sido afirmada – e confirmada – ao longo dos anos por abundante jurisprudência. Fazendo-se a devida adaptação e a devida substituição da expressão *providências cautelares não especificadas* pela actual *procedimento cautelar comum*, cfr., entre tantos outros, o Ac. RL de 05.04.1963, *Jurisprudência das Relações*, 9.º, p. 274; o Ac. RP de 22.10.1969, *Jurisprudência das Relações*, 15.º, p. 843; o Ac. STJ de 05.03.1974, *BMJ*, 235.º, p. 199; o Ac. STJ de 22.03.1974, *BMJ*, 235.º, p. 237; o Ac. STJ de 15.01.1980, *BMJ*, 293.º, p. 230; o Ac. RP de 19.10.1982, *CJ*, 1982, IV, p. 246; o Ac. RE de 24.07.1986, *BMJ*, 361.º, p. 628; o Ac. do TC de 14.05.1987, *BMJ*, 367.º, p. 233; o Ac. RP de 23.10.1990, *BMJ*, 400.º, p. 736; o Ac. RP de 04.04.1991, *BMJ*, 406.º, p. 726; o Ac. RE de 16.05.1991, *CJ*, 1991, III, p. 287; Ac. STJ de 06.06.1991, *BMJ*, 408.º, p. 445; o Ac. STJ de 14.12.1995, *BMJ*, 452.º, p. 400; Ac. RC de 23.04.1996, *BMJ*, 456.º, p. 513; o Ac. STJ de 14.04.1999, *BMJ*, 486.º, p. 252.

2.1. Probabilidade séria de existência do direito – o *fumus boni iuris*

I – O artigo 387.º do CPC, sob a epígrafe *"Deferimento e substituição da providência"*, preceitua, no seu n.º 1, que *"a providência é decretada desde que haja probabilidade séria da existência do direito (...)"*. Assim, podemos concluir que a providência solicitada, para ser concedida, deverá assentar apenas sobre um mero juízo de probabilidade ou de verosimilhança.

Não se torna necessário que o impetrante prove, com toda a segurança, a existência do direito por si invocado.[107] É lógico que assim seja. A celeridade, a urgência e a premência – características essenciais em sede cautelar – não se compadecem com a certeza jurídica. O apuramento definitivo acerca da existência efectiva do direito que se arroga é tarefa da sentença definitiva, a proferir, tão- -somente, no processo principal.

II – Uma decisão cautelar não poderá – nem deverá – ter pretensões em obter o mesmíssimo tratamento da decisão definitiva (sentença do processo principal). Se, por mero raciocínio, tal se verificasse, a tutela cautelar deixaria de cumprir a sua função primordial, que é, recorde-se, a de assegurar a efectividade do resultado do processo principal, para passar a desempenhar uma função inteiramente análoga à daquele. O que, convenhamos, implicaria uma duplicação da actividade processual e dos esforços dos operadores judiciários, com os consequentes custos adicionais de tempo, de dinheiro e de eficácia.[108]

Em contrapartida, para decretar uma providência inominada, o juiz não poderá contentar-se com uma mera afirmação de existência

---

[107] *Cfr.*, a propósito, o Ac. STJ de 27.07.1982, *BMJ*, 319.º, p. 293.

[108] Um pouco à imagem do que já era defendido por Piero Calamandrei, *Introduzione...*, *cit.*, p. 63: "(...) se per emanare la misura cautelare fosse necessaria una cognizione approfondita e completa sull'esistenza del diritto, cioè sullo stesso oggetto su cui si attende il provvedimento principale, meglio varrebbe attender questo e non complicare il processo con una duplicazione di indagini, che non avrebbe neanche il vantaggio della prontezza."

de um direito, sob pena de estar a contribuir, por conivência, para o incremento da litigância temerária e da fraude processual.[109]

Há que encontrar um meio-termo.[110] Este ponto intermédio – entre, por um lado, a certeza jurídica que só se logrará atingir com a decisão do processo principal, e, por outro, a incerteza jurídica que está subjacente à fase inicial de qualquer processo judicial controvertido – é, usualmente, designado por *fumus boni iuris*.[111]

Apesar de a lei se bastar com um mero juízo de probabilidade ou de verosimilhança, logo acrescenta que essa probabilidade deve ser *séria*, isto é, deve ser suficientemente forte para convencer o juiz – através de uma apreciação ainda que perfunctória da questão (de uma *summaria cognitio*) – a decretar a providência solicitada com base na previsão de que a sentença definitiva lhe siga o mesmo caminho, ou seja, que venha a ser, de igual forma, favorável ao requerente.[112]

2.2. Fundado receio de lesão grave e dificilmente reparável – o *periculum in mora*[113]

I – Os artigos 381.º, n.º 1, e 387.º, n.º 1, ambos, do CPC, referem-se, expressamente, ao requisito ora em análise, nos seguintes

---

[109] Tal como observa J. CARRERAS LLANSANAS, *apud* MARÍA PÍA CALDERÓN CUADRADO, *Las Medidas...*, cit., p. 42.

[110] A este respeito, atente-se nas palavras de MANUEL BAPTISTA LOPES, *Dos Procedimentos...*, cit., p. 101: "Basta que a prova produzida indicie uma *probabilidade séria*, suficientemente forte, um estado de convicção entre a *simples* ou *mera possibilidade* e a *certeza* jurídica da existência do direito, para que se julgue satisfeita, por esse lado, a exigência da lei."

[111] Ou, na terminologia jurídica brasileira, *fumaça de bom direito*.

[112] Na esteira do que é referido por MARÍA PÍA CALDERÓN CUADRADO, *Las Medidas...*, cit., p. 44: "La cautela se concede no «porque prescindiendo de todas las alegaciones y pruebas posteriores, el derecho debe ser considerado como cierto y existente», sino porque es suficiente con que aparezca como verosímil, graduación esta menor que la exigida en la sentencia definitiva, pero que inclina la balanza de posibilidades al lado del solicitante."

[113] Para um maior, e melhor, aprofundamento deste requisito, *vide* PIERO CALAMANDREI, *Introduzione...*, cit., pp. 17-20; e ALBERTO DOS REIS, "A Figura...", cit., pp. 43-46.

moldes: diz-se, no primeiro, que *"sempre que alguém mostre fundado receio de que outrem cause lesão grave e dificilmente reparável ao seu direito, pode requerer a providência (...) adequada a assegurar a efectividade do direito ameaçado"*; e, no segundo, reafirma-se que *"a providência é decretada desde que (...) se mostre suficientemente fundado o receio da sua lesão."*

Após uma leitura atenta ao corpo destes dois artigos, somos forçados a concluir que, para um juiz decretar determinada providência inominada, torna-se necessário provar que a demora da decisão a proferir no processo principal vai acarretar para o requerente um prejuízo grave e de difícil reparação; e, por outro lado, que o receio de que o requerente está imbuído seja fundado.

Só as lesões graves e de difícil reparação é que merecem a tutela do *procedimento cautelar comum*. São assim excluídas, ainda que de difícil reparação, quer as lesões sem gravidade quer as lesões de gravidade reduzida. De fora do âmbito de protecção ficam igualmente as lesões, ainda que graves, de fácil reparação.

No que ao receio concerne, este deverá estar escorado por factos que permitam afirmar, categoricamente, que a ameaça a que o direito do requerente se encontra sujeito é actual. A lei não se basta com simples dúvidas ou conjecturas precipitadas. O juiz deve estar perfeitamente convicto da necessidade em adoptar medidas tendentes a esconjurar o prejuízo.

II – Os procedimentos cautelares visam, portanto, remover um perigo especial, o *periculum in mora*, isto é, o perigo que resulta da demora a que está sujeito um outro processo (o processo principal).[114]

---

[114] A nível doutrinal, podemos falar da existência de dois tipos ou espécies de *periculum in mora*: o perigo da *infrutuosidade* (*pericolo di infruttuosità*) e o perigo da *demora* (*pericolo di tardività*). Numa mera tentativa para fornecer uma noção de ambos, podemos referir que o primeiro poderá ser entendido como o risco de que, durante o tempo necessário para o decurso do processo principal, ocorram determinadas lesões que tornem impossível, ou de extrema dificuldade, a efectividade prática da sentença; o segundo poderá ser definido como o risco da mera duração do processo, risco esse que pode originar, por si só, e face ao estado de insatisfação do direito, um prejuízo. Para maiores desenvolvimentos, *vide* PIERO CALAMANDREI, *Introduzione...*, *cit.*, pp. 55-58.

A este respeito, CALAMANDREI refere que "*il periculum in mora che sta a base delle misure cautelari non è dunque il generico pericolo di danno giuridico, al quale si può in certi casi ovviare colla tutela ordinaria; ma è specificamente il pericolo di quell'ulteriore danno marginale, che potrebbe derivare dal ritardo, reso inevitabile dalla lentezza del procedimento ordinario, del provvedimento definitivo.*"[115]

Partindo desta definição, podemos constatar que do *periculum in mora* fazem parte dois elementos a que se pode apelidar de integrantes: são eles a *demora* e o *dano marginal*.[116]

A *demora* encontra-se intimamente ligada à duração necessária de um processo.[117] Porém, nem sempre assim tem de suceder. Amiúde, a demora está associada a meros expedientes ou manobras dilatórias. De um modo que, no mínimo, pode ser classificado de reprovável, certos intervenientes processuais são useiros e vezeiros na utilização destes expedientes, de forma a obstaculizar a, já de si entorpecida, máquina judicial.

Por seu turno, o *dano marginal* opera sobretudo ao nível da efectividade da sentença do processo principal. Para que uma sentença seja reputada como justa, ela não poderá ver-se destituída de efectividade. O tempo, por vezes, não é bom conselheiro, podendo, inclusive, influir directa e perniciosamente sobre o andamento do processo, acarretando para as partes vários prejuízos. Como já tivemos oportunidade de assinalar, uma justiça que chegue a destempo não é verdadeira justiça.

III – Cabe-nos, por último, e no que respeita ao pressuposto sob análise, precisar um pouco mais o conceito de actualidade da lesão. A situação de perigo a que o lesado pretende pôr cobro deve ser actual. São assim excluídas do âmbito de protecção do *proce-*

---

[115] PIERO CALAMANDREI, *Introduzione...*, cit., p. 18.

[116] *Cfr.*, no mesmo sentido, MARÍA PÍA CALDERÓN CUADRADO, *Las Medidas...*, cit., p. 46.

[117] A este propósito, remetemos os nossos prezados leitores para o conceito de *morosidade necessária* (alvo de uma ligeiríssima abordagem na nota de rodapé 37).

dimento cautelar comum as lesões de direitos que já estejam consumadas (ainda que graves e de difícil reparação).[118]

Por seu turno, as lesões que revistam carácter de continuidade ou de repetição são, pelo contrário, merecedoras de tutela. Nestes casos já assumem especial preponderância as lesões consumadas ou ocorridas.[119] Com recurso a ABRANTES GERALDES, elas *"(...) servem (...) para dar maior seriedade e fortalecer a concessão de uma providência destinada a evitar a repetição ou a persistência de situações lesivas, admitindo-se o deferimento de uma providência cautelar se e enquanto subsistir uma situação de perigo de ocorrência de novos danos ou de agravamento dos danos entretanto ocorridos."*[120]

2.3. Adequação da providência solicitada

I – Sob a epígrafe *"Âmbito das providências cautelares não especificadas"*, o artigo 381.º, n.º 1, do CPC, diz-nos que se *"(...) pode requerer a providência conservatória ou antecipatória concretamente adequada a assegurar a efectividade do direito ameaçado."* Está assim formulado o terceiro dos *requisitos principais*[121] do *procedimento cautelar comum*.

---

[118] Neste sentido, Ac. RP de 17.01.1980, *CJ*, 1980, I, p. 13; e Ac. RC de 26.01.1988, *BMJ*, 373.º, p. 612.

[119] "(...) III – Mas uma lesão já efectuada pode constituir fundamento de justo receio de outras e, assim, basear o pedido das providências adequadas para evitar novas lesões." – Ac. RP de 22.10.1969, *cit.*. "O simples facto de, no momento em que a providência cautelar é requerida, já existirem danos consumados (...), não obsta a que, verificada a lesão do direito e a sua difícil reparabilidade, se requeiram providências cautelares idóneas para evitar novas lesões de que as primeiras podem constituir indício de efectivação." – Ac. RP de 01.04.1970, *Jurisprudências das Relações*, 16.º, p. 264.

[120] ABRANTES GERALDES, *Temas da Reforma...*, *cit.*, vol. III, p. 105.

[121] Fazendo uso da classificação que é adoptada por L. P. MOITINHO DE ALMEIDA, *Providências...*, *cit.*, pp. 18 e 19. Para este autor, a "adequação da providência solicitada para evitar a lesão" é, a par da "existência de um direito", do "fundado receio de que esse direito sofra lesão grave e de difícil reparação" e da necessidade de a "providência a obter não estar abrangida por qualquer dos

Na esteira do que é preconizado por um antigo aresto do STJ,[122] as providências inominadas, numa primeira fase, e para serem admissíveis, devem preencher os dois requisitos a que anteriormente tivemos oportunidade de nos referir. Uma vez preenchidos, há que passar para a fase seguinte: a da adequação. A providência a solicitar deve ser *adequada* a remover o *periculum in mora* concretamente verificado e a assegurar a efectividade do direito ameaçado.

II – Também já tivemos ocasião para referir que o legislador processual civil de 1995 decidiu não enumerar, ainda que de forma exemplificativa, qualquer tipo de providência que integre o acervo das providências cautelares inominadas.[123] E se, no domínio das legislações processuais anteriores, a afirmação de ANTUNES VARELA – no sentido de que *"a manifesta intenção da lei é a de abrir as portas ao requerimento de toda a providência que se mostre adequada à situação"*[124] – era totalmente acertada, então, face ao regime instituído pela reforma operada em 1995, esta afirmação ainda se reveste de maior acerto.

Contrariamente ao que sucede nos restantes procedimentos cautelares (que são adequados a decretar providências de carácter bastante preciso e específico), as medidas abrangidas pelo *procedimento cautelar comum* variam quer consoante a natureza do direito que lhes subjaz, quer consoante a situação de perigo concretamente verificada. É por esta razão que certos autores atribuem às providências não especificadas a qualidade do *"mimetismo"*.[125]

---

outros processos cautelares", um dos requisitos *principais* das anteriores *providências cautelares não especificadas*. Para além destes, o autor defende a existência de um requisito *secundário* que "consiste em não resultar da providência prejuízo superior ao dano que ela visa evitar" – ver *infra*.

[122] Ac. STJ de 02.04.1976, *BMJ*, 256.º, p. 80 – "I – Nas providências cautelares inominadas, (...) há duas fases inteiramente distintas, ou sejam, a da sua admissibilidade e da sua adequação. II – A apreciação da primeira que conduza à inadmissibilidade, forçosamente implica a não apreciação da segunda fase, por ficar prejudicada. (...)."

[123] Ver nota de rodapé 69.

[124] ANTUNES VARELA/J. MIGUEL BEZERRA/SAMPAIO E NORA, *Manual de Processo Civil*, 2.ª edição, reimpressão, Coimbra, Coimbra Editora, 2004, p. 27.

[125] ABRANTES GERALDES, *Temas da Reforma...*, *cit.*, vol. III, p. 115.

Apesar de não pretendermos esmiuçar o enorme rol de situações que podem ser tuteladas pelo *procedimento cautelar comum* – até porque essas situações, e no que diz respeito ao foro laboral, irão ser alvo de uma análise bastante mais pormenorizada na parte final do presente trabalho – podemos referir, com ABRANTES GERALDES,[126] algumas das providências que poderão ser decretadas a este nível: a *autorização para a prática de determinados actos*; a *intimação do requerido para que este se abstenha de certa conduta*; a *intimação do requerido para que adopte determinada conduta*; a *entrega de bens móveis ou imóveis, que constituem objecto da acção, a um terceiro, seu fiel depositário*; entre outras.

III – Atravessando e enformando todo o CPC, o *princípio do dispositivo*[127-128] também dita as suas leis em sede de procedimentos cautelares – mormente ao nível do *procedimento cautelar comum*. Por via de regra, o tribunal não tem o poder de iniciativa, isto é, não poderá decretar, *ex officio*, uma dada providência cautelar.[129] A explicação para tal facto reside no cariz privatístico que caracteriza os direitos que são tutelados pelas medidas cautelares.

Destarte, incumbe, sempre, ao requerente a tarefa de solicitar e indicar, com precisão, a providência concretamente adequada a tutelar e afastar a situação de perigo em que o seu direito se encontra mergulhado. O requerente do *procedimento cautelar comum* deve

---

[126] ABRANTES GERALDES, *Temas da Reforma...*, cit., vol. III, pp. 114-121.

[127] Que encontra a sua consagração inequívoca no artigo 3.º, n.º 1, do CPC – "O tribunal não pode resolver o conflito de interesses que a acção pressupõe sem que a resolução lhe seja pedida por uma das partes e a outra seja devidamente chamada para deduzir oposição."

[128] Para maiores desenvolvimentos acerca do *princípio do dispositivo* ver, entre outros, ABRANTES GERALDES, *Temas da Reforma...*, cit., vol. I, pp. 49-74; e JOSÉ LEBRE DE FREITAS, *Introdução ao...*, cit., pp. 135-158.

[129] Tendo que tomar, somente, em consideração o caso do artigo 392.º, n.º 3, do CPC – "O tribunal não está adstrito à providência concretamente requerida (...)." Não que o *princípio do dispositivo* deixe de impor ao requerente uma formulação inequívoca quanto ao objecto da sua pretensão. O que o n.º 3 do artigo 392.º do CPC permite é que o tribunal decrete outra medida – diferente da solicitada pelo requerente – por considerá-la mais conveniente ao caso *sub judice*.

formular um pedido concreto (que obedeça aos requisitos da clareza, da determinação, da inteligibilidade e, sobretudo, da compatibilidade com a fundamentação invocada), de modo a que seja, fácil e correctamente, apreendido pelo requerido.

Estão, desde logo, excluídos os pedidos de carácter genérico que se reconduzam a expressões vagas e imprecisas, tais como a da *"adopção da medida que o tribunal considere como mais adequada"*.[130] Ao abrir as portas aos pedidos vagos e inexactos, o tribunal estaria a comprometer, de forma decisiva, a segurança jurídica que deve ser inerente a toda e a qualquer decisão judicial (com as consequências que isso poderia acarretar quer ao nível do caso julgado, quer ao nível da execução).

2.4. Prejuízo resultante da providência inferior ao dano que se pretende evitar[131]

I – O artigo 387.º do CPC, no seu n.º 2, refere-se a este requisito nos seguintes moldes: *"A providência pode, não obstante, ser recusada pelo tribunal, quando o prejuízo dela resultante para o requerido exceda consideravelmente o dano que com ela o requerente pretende evitar."*[132]

---

[130] Na mesma linha de raciocínio do que foi entendido pelo Ac. RE de 04.06.1985, *BMJ*, 350.º, p. 406: "I – Só pode considerar-se como «pedido» em procedimento cautelar aquela pretensão susceptível de realização efectiva, na prática («*manu militari*» se acaso necessário). II – Solicitar a intimação do requerido para que se abstenha da prática de «qualquer acto ou operação» não pode integrar pedido, devendo ser «*in limine*» indeferido."

[131] A propósito deste requisito específico das *providências cautelares não especificadas*, ver, em especial, o Ac. RE de 13.06.1991, *BMJ*, 408.º, p. 673: "Não é de decretar a providência cautelar não especificada caso não se tenha determinado o montante minimamente aproximado do prejuízo causado ao requerente e nem sequer se tal prejuízo é ou não superior ao interesse prosseguido pelo requerido."

[132] Convém referir que, de acordo com o preceituado no artigo 392.º, n.º 1, do CPC, este requisito não tem cabimento no âmbito de certos procedimentos cautelares nominados.

II – Qualificado por alguns de requisito secundário[133] e por outros de requisito negativo,[134] o certo é que o requisito sob análise faz apelo claro a um juízo de proporcionalidade:[135] as medidas cautelares indeterminadas não podem impor ao requerido um sacrifício desproporcionado relativamente aos interesses que o requerente pretende acautelar.

A regra da proporcionalidade da providência deverá estar sempre presente na valoração discricionária que é efectuada pelo juiz cautelar. A providência a decretar deve visar apenas o esconjuro do *periculum in mora*. Ela não poderá ser utilizada abusivamente pelo requerente como uma espécie de arma de arremesso contra o requerido.

Ainda a propósito da actuação do princípio da proporcionalidade, importa tomar em linha de conta que, face ao disposto no artigo 387.º, n.º 2, do CPC, a recusa pelo tribunal da providência solicitada só é consentida quando ocorra uma desproporção considerável ou manifesta entre o dano invocado pelo requerente e o prejuízo que resulte para o requerido. O que equivale por dizer que o juiz não deve recusar o decretamento da providência quando o prejuízo resultante para o requerido seja apenas ligeiramente superior ao dano que o requerente pretende com ela evitar.

Porém, o juiz, ao fazer esta apreciação, não deve basear-se num mero juízo comparativo de carácter material. Para aquilatar se da providência requerida resulta um prejuízo superior ao dano que com ela se pretende evitar, o juiz, baseado no seu prudente arbítrio, deve emitir um autêntico juízo de valor sobre matéria de facto.[136]

2.5. Carácter subsidiário do procedimento cautelar comum

I – O n.º 3 do artigo 381.º do CPC diz-nos que *"não são aplicáveis as providências referidas no n.º 1* [providências conserva-

---

[133] L. P. MOITINHO DE ALMEIDA, *Providências...*, cit., p. 19.
[134] ABRANTES GERALDES, *Temas da Reforma...*, cit., vol. III, p. 98, *in fine* (n. 115).
[135] Ou *balance of interests* na terminologia anglo-saxónica.
[136] No tocante a este assunto, *vide* Ac. STJ de 14.12.1995, *cit.*.

tórias ou antecipatórias concretamente adequadas a assegurar a efectividade do direito ameaçado] *quando se pretenda acautelar o risco de lesão especialmente prevenido por alguma das providências tipificadas na secção seguinte.*"[137]

Quer isto dizer que o *procedimento cautelar comum* não pode ser usado, arbitrária e indistintamente, pelos interessados no decretamento de uma dada providência. Se a uma determinada pretensão couber qualquer providência tipificada ou nominada, o *procedimento cautelar comum* não constitui meio cautelar idóneo para tutelá-la. É nisto que consiste a sua subsidiariedade.

Porém, como refere MIGUEL TEIXEIRA DE SOUSA,[138] há que ter em atenção que *"esta subsidiariedade pressupõe que nenhuma providência nominada seja abstractamente aplicável e não que a providência aplicável em abstracto deixe de o ser por motivos respeitantes ao caso concreto."* Isto é, se no caso concreto não se encontrarem preenchidos os requisitos específicos de dada providência tipificada, o interessado não pode utilizar, para atingir essa mesma finalidade, uma providência cautelar não especificada.

II – Tal como acontece relativamente aos processos com carácter definitivo (*cfr.*, para o efeito, o artigo 460.º, n.º 2, do CPC), o princípio da legalidade das formas processuais encontra-se, de igual forma, e no que aos procedimentos cautelares diz respeito, consagrado no artigo 381.º, n.º 3, do CPC.[139]

De acordo com este princípio, a providência cautelar atípica só pode ser solicitada (e, deste modo, dar-se início a um *procedimento cautelar comum*) quando o risco de lesão a prevenir se en-

---

[137] Os procedimentos cautelares que se encontram tipificadas na Secção II do Capítulo IV do Título I do Livro III do actual CPC são: a *restituição provisória da posse* (artigos 393.º a 395.º); a *suspensão de deliberações sociais* (artigo 396.º a 398.º); os *alimentos provisórios* (artigo 399.º a 402.º); o *arbitramento de reparação provisória* (artigos 403.º a 405.º); o *arresto* (artigos 406.º a 411.º); o *embargo de obra nova* (artigos 412.º a 420.º); e, por fim, o *arrolamento* (artigos 421.º a 427.º).

[138] MIGUEL TEIXEIRA DE SOUSA, *Estudos...*, *cit.*, p. 242.

[139] A este respeito, embora no domínio do CPC anterior, ver o Ac. STJ de 13.02.1986, *BMJ*, 354.º, p. 452.

contre, inequivocamente, excluído do âmbito de algum dos procedimentos cautelares tipificados na Secção II do Capítulo IV do Título I do Livro III do CPC.

Para excluir a aplicação do *procedimento cautelar comum*, a lei utiliza a expressão *"das providências tipificadas na secção seguinte"*. Não obstante tal utilização, há certa doutrina[140] que entende – e, a nosso ver, bem – que esta regra deverá funcionar, outrossim, para as providências cautelares previstas em legislação extravagante ou avulsa.[141]

3. A SUA INSERÇÃO NO DIREITO PROCESSUAL DO TRABALHO

I – Uma vez feita a análise dos requisitos gerais de que depende, é chegada a altura de efectuarmos a transposição do *procedimento cautelar comum* para o foro processual laboral. Se a

---

[140] ABRANTES GERALDES, *Temas da Reforma...*, cit., vol. III, p. 67.

[141] Como exemplos de medidas cautelares previstas em legislação avulsa, e acompanhando novamente ABRANTES GERALDES, *Temas da Reforma...*, cit., vol. III, pp. 44-64, temos o *processo cautelar de apreensão de veículos automóveis* (artigos 15.º e ss. do DL n.º 54/75, de 12 de Fevereiro, com as alterações subsequentes do DL n.º 242/82, de 22 de Junho, do DL n.º 416/82, de 26 de Novembro, do DL n.º 217/83, de 25 de Maio, e do DL n.º 54/85, de 04 de Março – a este propósito *vide*, em especial, L. P. MOITINHO DE ALMEIDA, *O Processo Cautelar de Apreensão de Veículos Automóveis*, 5.ª edição, s.l., Coimbra Editora, 1999); a medida cautelar de *entrega judicial e cancelamento de registo de bens que constituam objecto de locação financeira* (artigo 21.º do DL n.º 149/95, de 24 de Junho, com a redacção introduzida pelo DL n.º 265/97, de 02 de Outubro); a *proibição provisória de cláusulas contratuais gerais* (artigo 31.º do DL n.º 446/85, de 25 de Outubro – alterado pelos DL n.º 220/95, de 31 de Agosto e DL n.º 249/99, de 07 de Julho – e que o artigo 11.º, n.º 4, da Lei n.º 24/96, de 31 de Julho – Lei de Defesa do Consumidor – manda aplicar também às cláusulas que atentem contra os direitos dos consumidores); o *embargo administrativo de obras ou trabalhos* em imóveis classificados como de interesse nacional, público ou municipal, ou em vias de classificação (artigo 47.º da Lei n.º 107/2001, de 08 de Setembro); a *providência de suspensão imediata de actividade causadora de dano ao ambiente* (artigo 42.º da Lei n.º 11/87, de 07 de Abril – Lei de Bases do Ambiente); entre tantas outras.

necessidade – e utilidade – de garantir o recurso a medidas de tutela provisória atípica se faz sentir em inúmeros ramos do Direito, então no direito do trabalho ela far-se-á sentir, atrever-nos-íamos a referir, de forma redobrada.

A sustentar esta nossa afirmação está a especial natureza de que se reveste a relação jurídico-laboral. As pretensões laborais, a exemplo do que sucede com as pretensões civis, também visam a resolução de conflitos de natureza patrimonial. Contudo, não a visam predominantemente. Na maioria das ocasiões, elas vão muito mais além.

A manutenção de um vínculo laboral e o cumprimento por parte do empregador de uma série de obrigações, legal e convencionalmente, previstas (*verbi gratia*, os direitos ao repouso, à categoria profissional e, entre tantos outros, à ocupação efectiva) revestem-se de extrema importância, não só para o trabalhador como também para o seu agregado familiar.

A dupla subordinação – a *subordinação jurídica* por um lado e a *dependência económica* por outro – do trabalhador,[142] para além de o colocar numa relação de dependência relativamente ao dador de trabalho, não se compadece com a morosidade processual e com o uso e abuso de expedientes dilatórios que obstam à prolação e à execução das decisões definitivas. Isto apesar de o processo do trabalho assentar em princípios gerais[143] que facultam a consagração de mecanismos processuais especialmente expeditos.

---

[142] Para maiores desenvolvimentos acerca desta temática da *subordinação*, cfr., entre outros, B. G. LOBO XAVIER, *Curso de Direito do Trabalho*, 2.ª edição, s.l., Verbo, s.d., pp. 286-290; MARIA DO ROSÁRIO PALMA RAMALHO, *Direito do Trabalho – Parte I – Dogmática Geral*, Coimbra, Almedina, 2005, pp. 413-418; MARIA DO ROSÁRIO PALMA RAMALHO, *Direito do Trabalho – Parte II – Situações Laborais Individuais*, Coimbra, Almedina, 2006, pp. 27-44; MONTEIRO FERNANDES, *Direito do Trabalho*, 13.ª edição, Coimbra, Almedina, 2006, pp. 136-140; PEDRO ROMANO MARTINEZ, *Direito do Trabalho*, 3.ª edição, Coimbra, Almedina, 2006, pp. 147-152; e, finalmente, JÚLIO GOMES, *Direito do Trabalho*, vol. I (*Relações Individuais de Trabalho*), s.l., Coimbra Editora, 2007, pp. 101-139.

[143] A propósito dos princípios gerais do processo do trabalho, ver RAÚL VENTURA, "Princípios Gerais de Direito Processual do Trabalho", *Curso de Direito Processual do Trabalho (Suplemento da Revista da Faculdade de Direito da Universidade de Lisboa)*, 1964, pp. 31-50; e JOSÉ MARIA RODRIGUES DA SILVA,

II – A utilização das *providências cautelares não especificadas* no domínio do direito processual do trabalho nunca teve grande tradição entre nós. Com efeito, antes da entrada em vigor do CPT de 1981,[144] eram poucos os trabalhadores que lançavam mão deste meio cautelar e eram poucas as vozes que se faziam ouvir no que a esta matéria diz respeito.[145]

Já no decurso da vigência do CPT de 1981 (código que se manteve em vigor até 01 de Janeiro de 2000), e ainda que faltasse uma disposição legal expressa nesse sentido, as *providências cautelares não especificadas* começaram a ser amiudadamente utilizadas,[146]

A Aplicação do Direito na Jurisdição do Trabalho (Doutrina e Jurisprudência), s.l., Coimbra Editora, 1991, pp. 31-42. A título meramente exemplificativo, enunciam-se a *hipervalorização do acto conciliatório*, a *gratuitidade* ou o *baixo custo*, a *celeridade*, a *simplicidade de tramitação*, a *imediação*, a *igualdade real das partes* e a *condenação "extra vel ultra petitum"*.

[144] Aprovado pelo DL n.º 272-A/81, de 30 de Setembro. Aproveitando o ensejo, convém referir que a nossa ordem jurídica já conheceu cinco Códigos de Processo do Trabalho. O primeiro foi aprovado pelo DL n.º 30.910, de 03 de Novembro de 1940. O segundo, aprovado pelo DL n.º 45.497, de 30 de Dezembro de 1963, deu origem, posteriormente, ao CPT de 1979 (aprovado pelo DL n.º 537//79, de 31 de Dezembro, e que, após sucessivas prorrogações de vigência, nunca chegou a entrar em vigor), que viria, por seu turno, a desembocar no quarto CPT, estoutro aprovado pelo DL n.º 272-A/81, de 30 de Setembro, e que iniciou a sua vigência em 01 de Janeiro de 1982). Por último, encontramos o CPT actual, que entrou em vigor em 01 de Janeiro de 2000, sendo aplicável a todos os processos instaurados a partir dessa data (artigo 3.º do DL n.º 480/99, de 09.11).

[145] JOSÉ DELGADO MARTINS, "Os Procedimentos Cautelares no Direito Processual do Trabalho", *Direito Processual do Trabalho – Perspectivas*, Lisboa, Edições 1 de Outubro, 1981, pp. 123-128. A páginas 124 e 125, o autor refere que "a (...) utilização [das providências cautelares não especificadas] não [era] muito corrente, nomeadamente no direito processual do trabalho". Mas logo prossegue, tecendo loas à sua utilização, e dizendo que "(...) com a evolução operada no direito material laboral, o recurso a este processo preventivo apresenta-se como o mais adequado para acautelar a lesão de interesses ameaçados antes de obter a decisão final em acção própria. Através desta providência o trabalhador poderá conseguir que o empregador se abstenha de certa conduta; obter a entrega de determinados valores; obter a autorização para a prática de determinados actos evitando, desta sorte, a violação irreparável dos seus direitos."

[146] Faz-se, de seguida, referência a decisões jurisprudenciais que versaram a temática das *providências cautelares não especificadas* em sede laboral: Ac. STJ

recorrendo-se, para tal, ao que se encontrava preceituado quer no artigo 1.º, n.º 2, alínea a),[147] quer no artigo 21.º,[148-149] ambos, do CPT, quer, principalmente, na legislação processual civil.[150]

O recurso à legislação processual civil, e, mais concretamente, às *providências cautelares não especificadas*, não interferia, de

---

de 29.07.1983, *BMJ*, 329.º, p. 475; Ac. RE de 31.01.1985, *CJ*, 1985, I, p. 339; Ac. RL de 20.02.1985, *CJ*, 1985, I, p. 237; Ac. RL de 29.05.1985, *BTE*, 2.ª série, n.ºs 5-6/88, p. 991; Ac. RC de 24.06.1986, *CJ*, 1986, III, p. 111; Ac. RE de 03.03.1988, *CJ*, 1988, II, p. 281; Ac. RE de 07.03.1988, *BMJ*, 375.º, p. 465; Ac. RL de 20.03.1991, *CJ*, 1991, II, p. 217; Ac. RL de 13.03.1996, *BTE*, 2.ª série, n.ºs 10-11-12/97, p. 1584; Ac. RL de 09.10.1996, *CJ*, 1996, IV, p. 185; Ac. RL de 27.11.1996, *BMJ*, 461.º, p. 507; Ac. RL de 09.06.1999, acessível em *http://www.dgsi.pt*; e Ac. STJ de 11.04.2000, acessível em *http://www.cidade virtual.pt/stj/jurisp/HorarioTrabalho.html*.

[147] Artigo 1.º, n.º 2, alínea a), do CPT de 1981: "Nos casos omissos recorre--se sucessivamente: a) À legislação processual comum, civil ou penal, que directamente os previna;".

[148] Artigo 21.º do CPT de 1981: "Na distribuição há as seguintes espécies: (...) 5.ª Providências cautelares." Através do DL n.º 315/89, de 21 de Setembro, as *providências cautelares* passaram a ser, mercê da introdução da espécie das "acções de impugnação de despedimento colectivo", a 6.ª espécie na distribuição. Após a redacção do DL n.º 65/91, de 08 de Fevereiro – com a introdução das "acções para cobrança de dívidas a estabelecimentos resultantes da prestação de serviços de saúde e prestações de acção social previstas no Decreto-Lei n.º 147/83, de 05 de Abril, que sejam da competência dos tribunais de trabalho" – as *providências cautelares* passaram a ser a 7.ª espécie na distribuição.

[149] Ao prever, em sede de distribuição, as *providências cautelares*, sem as limitar àquelas que se encontravam expressamente consagradas na legislação laboral, o artigo 21.º do CPT de 1981 estava a abrir as portas à utilização da maior parte dos procedimentos cautelares regulados no CPC. MOITINHO DE ALMEIDA, *Código de Processo do Trabalho – Anotado*, 4.ª edição, s.l., Coimbra Editora, 1997, p. 49, corrobora este raciocínio, dizendo que "quanto às *providências cautelares*, que constituem a espécie 7.ª, são elas todas as providências cautelares previstas nos artigos 388.º e segs. do CPC, com excepção dos alimentos provisórios e do embargo de obra nova, que muito dificilmente terão cabimento em processo laboral (...)".

[150] Até 31 de Dezembro de 1996, recorria-se ao que se encontrava preceituado no artigo 399.º do CPC de 1961; Após 01 de Janeiro de 1997, ao que se encontra preceituado no artigo 381.º do CPC actual (face aos artigos 16.º e 22.º do DL n.º 329-A/95, de 12 de Dezembro).

modo algum, com a autonomia do direito processual do trabalho. A este propósito, J.M. RODRIGUES DA SILVA[151] referia que:

> A demonstração – que se tem por realizada – da autonomia do direito processual do trabalho não impede que as relações entre os dois processos, o civil comum e o do trabalho, devam ser – como são – não de contradição mas de oposição/complementaridade. Por um lado – porque há princípios comuns a todo e qualquer processo que se preze – como é o caso do direito de defesa do réu. Por outro, porque o processo civil comum é a matriz a que tem que recorrer-se subsidiariamente nos casos omissos.

III – O actual CPT, embora mantendo uma remissão genérica para a legislação processual civil, consagra, de forma explícita, o *procedimento cautelar comum*.[152] Com a nítida preocupação de corresponder aos anseios dos cultores do direito do trabalho, e de forma a acabar com qualquer réstia de dúvida, o legislador processual laboral sentiu necessidade de referir, no preâmbulo do DL n.º 480/99, de 09 de Novembro, que:

> Numa primeira ordem de ideias, reformula-se e aperfeiçoa-se a (...) tramitação [dos procedimentos cautelares] segundo modelos correspondentes às exigências do mundo laboral dos nossos dias, estatuindo-se inequivocamente no sentido de que no foro laboral é admissível o recurso a procedimentos não especificados, para tanto se regulamentando o procedimento cautelar comum por remissão para o Código de Processo Civil, com especialidades (...).

Assim sendo, e desde que estejam verificadas as circunstâncias justificativas para a intervenção da jurisdição laboral, nada obsta a que, prévia ou incidentalmente a uma acção que caia na esfera de competência dos tribunais do trabalho,[153] se solicitem as

---

[151] J. M. RODRIGUES DA SILVA, *A Aplicação do...*, cit., p. 29.
[152] *Vide* nota de rodapé 7.
[153] A respeito da competência (cível, contravencional e contra-ordenacional) dos tribunais do trabalho, *cfr.*, respectivamente, artigos 85.º, 86.º e 87.º da LOFTJ.

medidas mais adequadas a prevenir ou repelir a lesão efectiva de direitos laborais convencional ou legalmente consagrados.

Uma vez aqui chegados, e por expressa vontade do legislador,[154] vamos proceder à análise do regime estabelecido nos artigos 381.º a 392.º do CPC para, logo de seguida, nos estabelecermos, definitivamente, no foro laboral e nas especialidades que o mesmo encerra.

---

[154] Materializada no já citado artigo 32.º, n.º 1, do CPT.

II
TRAMITAÇÃO PROCESSUAL

1. O REGIME PROCESSUAL CIVIL – A SUA APLICAÇÃO AO FORO LABORAL

1.1. Algumas considerações introdutórias

Antes de nos embrenharmos na análise da tramitação processual propriamente dita, vamos fazer cinco breves parêntesis correspondentes a outras tantas considerações iniciais que reputamos como importantes para uma melhor compreensão, a nível adjectivo, do meio processual que escolhemos para este nosso despretensioso escrito.

I – A tramitação processual do *procedimento cautelar comum*, a exemplo do que sucede com os restantes procedimentos cautelares, tem ligada a si uma ideia de simplicidade e de brevidade. O processo especial próprio dentro do qual irá ser decretada determinada providência cautelar atípica (ou seja, o *procedimento cautelar comum*)[155] deverá ser o mais simples e o mais rápido possível, para que a decisão não tarde.

Assim, em face do preceituado no artigo 382.º, n.º 1, do CPC, os procedimentos cautelares – e, como é lógico, o *procedimento cautelar comum* – revestem sempre carácter urgente, precedendo os respectivos actos qualquer outro serviço judicial não urgente; em virtude da consagração desta urgência, os prazos processuais

---

[155] Aproveitamos o ensejo para remeter-vos para o que foi dito na nota de rodapé 42.

previstos em sede de *procedimento cautelar comum* não se suspendem sequer durante as férias judiciais (nos termos do, já citado, artigo 144.º, n.º 1, do CPC).[156-157]

O n.º 2 do artigo 382.º do CPC, como norma injuntiva que é, estabelece a obrigatoriedade de os procedimentos deverem *"ser decididos, em 1.ª instância, no prazo máximo de dois meses ou, se o requerido não tiver sido citado, de 15 dias."* Teria sido preferível referir, tal como preconiza RODRIGUES BASTOS,[158] que o procedimento deve ser decidido, em regra, no prazo de dois meses, devendo esse prazo ser encurtado para quinze dias quando for dispensada a audiência do requerido.

Este artigo, que tem por destinatários óbvios os juízes e os funcionários judiciais,[159] não prevê qualquer tipo de efeitos para o desrespeito pelos prazos judiciais máximos nele contidos. Porém, como sustentam alguns autores,[160] o desrespeito injustificado desta norma poderá acarretar responsabilidade de natureza disciplinar. É de notar que, através do artigo 3.º do DL n.º 180/96, de 25 de

---

[156] Destarte, os prazos processuais relativos aos procedimentos cautelares correm seguida e continuadamente, quer durante o período das férias judiciais – que, de acordo com o artigo 12.º da LOFTJ (após a redacção que lhe foi introduzida pelo artigo 1.º da Lei n.º 42/2005, de 29 de Agosto), "(...) decorrem de 22 de Dezembro a 3 de Janeiro, do domingo de Ramos à segunda-feira de Páscoa e de 1 a 31 de Agosto" – quer durante os sábados, domingos e feriados (contrariamente ao que sucedia antes da reforma do CPC levada a cabo em 1995: de acordo com o artigo 144.º, n.º 3, do CPC anterior, os prazos processuais suspendiam-se durante os sábados, domingos e dias feriados).

[157] De assinalar, outrossim, que, em face da leitura conjugada dos n.ºs 1 e 2 do artigo 143.º do CPC, os actos processuais que se destinem a evitar danos irreparáveis (assumindo aqui especial destaque, os actos dos magistrados e os actos da secretaria) devem ser praticados mesmo nos dias em que os tribunais estiverem encerrados.

[158] RODRIGUES BASTOS, *Notas ao Código de Processo Civil*, vol. II, 3.ª edição revista e actualizada, Lisboa, edição do autor, 2000, p. 162.

[159] Os prazos máximos a que estão sujeitos os actos dos magistrados e os actos da secretaria sofrem, nos casos dos processos urgentes, uma redução muito significativa. *Cfr.*, a este propósito, respectivamente, os artigos 160.º, n.º 2, e 166.º, n.º 1, ambos, do CPC.

[160] ABRANTES GERALDES, *Temas da Reforma...*, *cit.*, vol. III, p. 136; e LOPES DO REGO, *Comentários ao Código de Processo Civil*, vol. I, 2.ª edição, Coimbra, Almedina, 2004, p. 347.

Setembro, foi eliminada a obrigatoriedade – que constava no n.º 3 do artigo 382.º do CPC – de o juiz comunicar ao Presidente da respectiva Relação os casos em que os referidos prazos disciplinadores não tivessem sido respeitados.[161]

II – Conforme já se deixou antever, a respeito das características gerais da *falta de autonomia* e da *instrumentalidade hipotética* dos procedimentos cautelares, o *procedimento cautelar comum* está necessariamente dependente de uma acção. Convém, no entanto, indagar um pouco mais acerca desta relação de dependência e/ou de instrumentalidade.

Ao lermos atentamente o artigo 383.º, n.º 1, do CPC verificamos que *"o procedimento cautelar é sempre dependência da causa que tenha por fundamento o direito acautelado (...)"*. Fazendo nossas as palavras de MIGUEL TEIXEIRA DE SOUSA, *"o objecto da providência cautelar não é a situação jurídica acautelada ou tutelada (...). É por isso que (...) o decretamento da providência não retira o interesse processual na solicitação da tutela definitiva e não há qualquer contradição (...) entre a concessão daquela antecipação (...) e a recusa da tutela definitiva na acção principal."*[162]

É por esta razão que importa distinguir, de forma clara, o objecto da providência cautelar e o da acção principal. Não pretendemos com isto dizer que eles são dois compartimentos estanques carecidos de qualquer tipo de identidade. Bem pelo contrário. Entre o objecto da providência e o da causa principal há-de existir uma conjugação. É mister que, *"embora não tenham que coincidir os pedidos formulados num e na outra* [no procedimento cautelar e na acção da qual aquele é dependente]*, têm que coincidir as partes e as causas de pedir."*[163]

---

[161] A opção pela eliminação desta obrigatoriedade é inteiramente justificada. Com efeito, e como se aduziu no relatório do DL n.º 180/96, de 25 de Setembro, "optou-se pela eliminação do dever de comunicação aos presidentes das relações de eventuais atrasos nas decisões (...) por incumbir naturalmente ao órgão de gestão da magistratura judicial [e não aos presidentes das Relações] a verificação do incumprimento de prazos e a análise da sua justificação."

[162] MIGUEL TEIXEIRA DE SOUSA, *Estudos...*, cit., p. 229.

[163] Ac. RC de 19.02.1992, *BMJ*, 414.º, p. 646.

III – O *procedimento cautelar comum "pode ser instaurado como preliminar ou como incidente (...)"*.[164] O emprego de uma providência cautelar atípica ou inominada pode revestir-se de extrema utilidade antes mesmo de ser proposta qualquer acção. O requerente pode ter todo o interesse em precaver-se, desde logo, contra os eventuais e previsíveis comportamentos do requerido no sentido de retirar o efeito útil da acção principal.

Se o procedimento for requerido antes de proposta a acção, logo que ela seja instaurada ele é apensado aos autos desta.[165] É também de frisar que esta utilização *apriorística* não acarreta para o requerente qualquer tipo de inconveniente, visto que a decisão final da providência – de deferimento ou de indeferimento – não afectará o direito substantivo que, através da acção principal, se irá fazer valer, *a posteriori*, em juízo.

Quando a providência for requerida na pendência da acção deve correr, obrigatória e necessariamente, por apenso aos autos principais. Se o processo principal se encontrar em fase de recurso, a providência será requerida no tribunal de 1.ª instância e, neste caso, a sua apensação só se fará quando os autos principais baixarem ao tribunal *a quo*.

IV – Continuando na senda da análise do n.º 1 do artigo 383.º do CPC, verificamos que o legislador processual civil, ao mencionar expressamente que o procedimento cautelar pode ser instaurado como preliminar ou como incidente de acção declarativa ou *executiva*, veio clarificar a questão da admissibilidade dos procedimentos cautelares ao nível do processo executivo.

No domínio do CPC de 1961, e mercê da redacção do artigo 384.º,[166] a questão não apresentava a nitidez de contornos que hoje assume. Porém, em face da constatação de que a tutela efectiva de

---

[164] Artigo 383.º, n.º 1, do CPC.
[165] Face ao preceituado no artigo 383.º, n.º 2, do CPC. Note-se que, face ao artigo 83.º, n.º 1, alínea c), do CPC, a segunda parte do n.º 2 do artigo 383.º não tem cabimento no caso do *procedimento cautelar comum* (retornaremos, em breve e em sede de competência, a esta questão).
[166] Artigo 384.º do CPC de 1961: "O procedimento cautelar é sempre dependência de uma causa que tenha por fundamento o direito acautelado e pode ser instaurado como preliminar ou como incidente da acção."

um direito pode impor, não raras vezes, o recurso a uma execução,[167] e lançando mão do disposto no artigo 4.º, n.º 1, do CPC,[168] somos forçados a concluir que, mesmo naquela altura, não havia qualquer obstáculo ao uso das providências cautelares em sede de acção executiva.[169-170]

V – Quem é que tem legitimidade para intervir em sede de um *procedimento cautelar comum*? Recorrendo, uma vez mais, à preciosa ajuda de ABRANTES GERALDES, *"(...) podemos afirmar que a legitimidade activa incumbe àquele que se arroga a titularidade do direito cuja tutela antecipada ou conservação se solicita, do mesmo modo que, no lado passivo, se deve encontrar o sujeito que, na versão daquele, é responsável pelos actos ou omissões criadores do risco de lesão grave e dificilmente reparável ou aquele a quem é imputada a conduta cujos efeitos se pretendem prevenir."*[171]

---

[167] A este respeito atentemos naquilo que nos diz MARÍA PÍA CALDERÓN CUADRADO, *Las Medidas...*, *cit.*, p. 226: "(...) hemos mantenido que la instrumentalidad del proceso cautelar afecta tanto al proceso de declaración, como al de ejecución. No olvidemos que objeto último a garantizar es la tutela judicial efectiva que se presta en el proceso y, desde esta perspectiva, si podrán existir peticiones cautelares que tiendan a asegurar la efectividad del resultado de un proceso de ejecución."

[168] Artigo 4.º (*Espécies de acções, consoante o seu fim*), n.º 1, do CPC: "As acções são declarativas ou executivas."

[169] Tal como foi expressamente afirmado pelo Ac. RE de 16.02.1995, *CJ*, 1995, I, p. 280: "É possível deduzir providência cautelar como incidente de acção executiva."

[170] Para um maior e melhor aprofundamento acerca do tema da acção executiva, *vide*, entre outros, ÁLVARO LOPES CARDOSO, *A Acção Executiva em Processo Laboral*, Coimbra, Almedina, 1990; EURICO LOPES CARDOSO, *Manual da Acção Executiva*, Coimbra, Almedina, 1992; JOSÉ MARIA GONÇALVES SAMPAIO, *A Acção Executiva e a Problemática das Execuções Injustas*, Lisboa, Edições Cosmos, 1992; JOSÉ JOÃO BAPTISTA, *Acção Executiva*, 5.ª edição, Lisboa, Universidade Lusíada, 1993; PAULA COSTA E SILVA, *A Reforma da Acção Executiva*, 3.ª edição, s.l., Coimbra Editora, 2003; JOSÉ LEBRE DE FREITAS, *A Acção Executiva – Depois da Reforma*, 4.ª edição, s.l., Coimbra Editora, 2004; MIGUEL TEIXEIRA DE SOUSA, *A Reforma da Acção Executiva*, Lisboa, Lex, 2004; e RUI PINTO, *A Acção Executiva Depois da Reforma*, Lisboa, JVS, 2004.

[171] ABRANTES GERALDES, *Temas da Reforma...*, *cit.*, vol. III, p. 216. O autor chega, inclusive, a concretizar, a págs. 217 e 218, e no que concerne aos procedimentos específicos, a quem pertence a legitimidade quer activa quer passiva.

Questão que se reveste de maior acuidade é aquela que pretende discernir quem tem legitimidade activa para instaurar um procedimento cautelar. Segundo um antigo aresto do STJ,[172] *"tanto o autor como o réu podem requerer as providências cautelares (...)."* Do outro lado da barricada, nesta autêntica *vexata quaestio*, encontram-se ALBERTO DOS REIS[173] e MANUEL DE ANDRADE.[174]

Actualmente, esta questão parece estar definitivamente ultrapassada e sedimentada. E isto quer a nível doutrinal,[175] quer a nível jurisprudencial.[176] O *procedimento cautelar comum* pode ser instaurado pelo autor ou pelo réu que deduza pedido reconvencional.[177]

---

[172] Ac. STJ de 21.11.1947, *BMJ*, 4.º, p. 153.

[173] ALBERTO DOS REIS comentou, ao anotar desfavoravelmente o Ac. STJ de 21.11.1947, que "(...) o processo cautelar é, por natureza e por função, um meio posto à disposição da pessoa que tem a posição de autor no processo principal já instaurado (providência-incidente) ou que vai intentar determinada acção (providência-acto preparatório)." – *RLJ*, Ano 81.º, n.º 2893, p. 311.

[174] MANUEL DE ANDRADE, *Noções Elementares...*, cit., p. 09 (n. 1): "Por força desta sua natureza [referindo-se o autor ao carácter de instrumentalidade hipotética em relação a uma esperada providência definitiva], é que tais providências parece competirem, em princípio, somente ao autor."

[175] Não só nacional – sendo disso dois bons exemplos MANUEL BAPTISTA LOPES, *Dos Procedimentos...*, cit., p. 33: "Assim e em conclusão: só ao autor e ao reconvinte, e este só na matéria relativa à reconvenção, é lícito usar dos meios cautelares" e RODRIGUES BASTOS, *Notas...*, 3.ª edição, cit., p. 163: "O procedimento tanto pode ser requerido pelo autor como pelo reconvinte" – como, também, estrangeira – MARÍA PÍA CALDERÓN CUADRADO, *Las Medidas...*, cit., p. 212: "No hay proceso cautelar sin principal, consecuentemente sujeto legitimado para iniciarle será aquel que tenga legitimación en el proceso correspondiente, es decir el demandante o el demandado reconviniente, que son, en definitiva, los destinatarios de la sentencia que en él recaiga."

[176] Ac. RE de 21.11.1991, *BMJ*, 411.º, p. 681: "I – A possibilidade de instauração da providência cautelar compete tanto ao autor como ao réu reconvinte. II – Aos réus que não sejam reconvintes não é, assim, permitida a faculdade de usarem de meios cautelares por apenso à acção onde são demandados e como incidente da mesma. III – O mesmo sucedendo com os réus que, embora reconvintes, instaurem a providência cautelar já depois da reconvenção por eles deduzida não ter sido atendida, por inepta."

[177] Acerca da *reconvenção*, cfr. artigos 274.º e 501.º do CPC e, a nível doutrinal, ANTÓNIO COLAÇO CANÁRIO, *A Reconvenção e a Compensação em Processo Civil*, Lisboa, AAFDL, 1983.

1.2. Competência

I – É aplicável aos procedimentos cautelares a regra vertida tanto no artigo 66.º do CPC como no artigo 18.º, n.º1, da LOFTJ, regra esta que nos diz que "*são da competência dos tribunais judiciais as causas que não sejam atribuídas a outra ordem jurisdicional.*" Aos tribunais judiciais é assim atribuída uma autêntica competência *residual* cabendo-lhes, portanto, conhecer, preparar e julgar todas as causas que não caibam a outras ordens jurisdicionais.[178-179]

---

[178] Mormente à administrativa. A respeito da tangência entre a ordem jurisdicional administrativa e a jurisdição dos tribunais judiciais, e no que concerne a medidas cautelares, *vide*, entre outros, Ac. RL de 26.02.1985, *CJ*, 1985, I, p. 173; Ac. RL de 21.05.1992, *CJ*, 1992, III, p. 182; e Ac. STJ de 02.07.1996, *BMJ*, 459.º, p. 444.

[179] No que aos *processos cautelares administrativos* diz respeito, ver os artigos 112.º a 134.º – que compõem o Título V (*Dos Processos Cautelares*) – do Código de Processo nos Tribunais Administrativos (aprovado pela Lei n.º 15/ /2002, de 22 de Fevereiro). Atente-se, sobretudo, no artigo 112.º (*Providências cautelares*): "1 – Quem possua legitimidade para intentar um processo junto dos tribunais administrativos pode solicitar a adopção da providência ou das providências cautelares, antecipatórias ou conservatórias, que se mostrem adequadas a assegurar a utilidade da sentença a proferir nesse processo. 2 – Além das providências especificadas no Código de Processo Civil, com as adaptações que se justifiquem, nos casos em que se revelem adequadas, as providências cautelares a adoptar podem consistir designadamente na: *a*) Suspensão da eficácia de um acto administrativo ou de uma norma; *b*) Admissão provisória em concursos e exames; *c*) Atribuição provisória da disponibilidade de um bem; *d*) Autorização provisória ao interessado para iniciar ou prosseguir uma actividade ou adoptar uma conduta; *e*) Regulação provisória de uma situação jurídica, designadamente através da imposição à Administração do pagamento de uma quantia por conta de prestações alegadamente devidas ou a título de reparação provisória; *f*) Intimação para a adopção ou abstenção de uma conduta por parte da Administração ou de um particular, designadamente um concessionário, por alegada violação ou fundado receio de violação de normas de direito administrativo.". Ver também, em sede de medidas cautelares administrativas, CARLA AMADO GOMES, "À Espera de Ulisses – Breve Análise da Secção I do Capítulo VI do Anteprojecto de Código dos Tribunais Administrativos/II (As Medidas Cautelares)", *Revista do Ministério Público*, Ano 21.º, n.º 84, pp. 49-94; MIGUEL PRATA ROQUE, *Reflexões Sobre a Reforma da Tutela Cautelar Administrativa*, Coimbra, Almedina, 2005; e SOFIA HENRIQUES, *A Tutela Cautelar Não Especificada no Novo Contencioso Administrativo Português*, s.l., Coimbra Editora, 2006.

Os tribunais judiciais – de 1.ª instância – podem ser tribunais de competência genérica, especializada e específica. Aos tribunais de competência genérica cabe, de acordo com a alínea a) do artigo 77.º da LOFTJ, *"preparar e julgar os processos relativos a causas não atribuídas a outro tribunal."*

Por seu turno, no que à competência especializada concerne, o artigo 67.º do CPC refere que são *"as leis de organização judiciária*[180] *[que] determinam quais as causas que, em razão da matéria, são da competência [destes] tribunais judiciais".*[181] Assim, e recorrendo essencialmente à LOFTJ, aos tribunais de competência especializada caberá conhecer *"de matérias determinadas, independentemente da forma de processo aplicável."*[182]

Por último, cumpre acentuar que aos tribunais de competência específica[183] compete conhecer *"de matérias determinadas pela espécie de acção ou pela forma de processo aplicável (...)."*[184]

II – Fazendo a aplicação do que antecede aos procedimentos cautelares, verificamos que estes instrumentos processuais devem

---

[180] Merecem especial destaque, ao nível das leis de organização judiciária, a, já amplamente citada, Lei n.º 3/99, de 13 de Janeiro (LOFTJ) – que veio revogar a Lei Orgânica dos Tribunais Judiciais (Lei n.º 38/87, de 23 de Dezembro); o DL n.º 186-A/99, de 31 de Maio (DL que regulamenta a LOFTJ); a Lei n.º 101/99, de 26 de Julho; o DL n.º 290/99, de 30 de Julho; o DL n.º 27-B/2000, de 03 de Março; o DL n.º 178/2000, de 09 de Agosto; o DL n.º 246-A/2001, de 14 de Setembro; o DL n.º 323/2001, de 17 de Dezembro; o DL n.º 74/2002, de 26 de Março; o DL n.º 38/2003, de 08 de Março; a Lei n.º 105/2003, de 10 de Dezembro; o DL n.º 53/2004, de 18 de Março; o DL n.º 148/2004, de 21 de Junho; a Lei n.º 42/2005, de 29 de Agosto; e, finalmente, o DL n.º 76-A/2006, de 29 de Março (diplomas legais que vieram alterar a LOFTJ ou o DL que a regulamenta).

[181] O artigo 78.º da LOFTJ (sob a epígrafe *Espécies*) diz-nos quais são os tribunais judiciais de 1.ª instância de competência especializada – a) tribunais de instrução criminal; b) tribunais de família; c) tribunais de menores; d) tribunais do trabalho; e) tribunais de comércio; f) tribunais marítimos; e g) tribunais de execução das penas.

[182] Artigo 64.º, n.º 2, primeira parte, da LOFTJ.

[183] Artigos 96.º e ss. da LOFTJ.

[184] Artigo 64.º, n.º 2, segunda parte, da LOFTJ.

ser sempre requeridos junto dos tribunais que tenham competência, em função da matéria, para julgar a acção principal.

É por esta razão que aos tribunais de família compete preparar e julgar *"inventários requeridos na sequência de acções de separação de pessoas e bens e de divórcio, bem como os procedimentos cautelares com aqueles relacionados"*;[185] que aos tribunais marítimos compete conhecer das questões relativas a *"procedimentos cautelares sobre navios, embarcações e outros engenhos flutuantes, respectiva carga e bancas e outros valores* [àqueles] *pertinentes"*; e, no que mais de perto nos toca, aos tribunais do trabalho compete conhecer *"das questões emergentes de relações de trabalho subordinado e de relações estabelecidas com vista à celebração de contratos de trabalho"*[186] e das medidas cautelares delas dependentes.[187]

III – O *procedimento cautelar comum* deve, tal como referimos *supra*, ser requerido, quando incidente, por apenso à acção principal. É o que decorre do artigo 383.º, n.º 3, do CPC. Assim sendo, e relativamente aos *procedimentos cautelares comuns* que são requeridos no decurso de acções, não se vislumbram quaisquer problemas ao nível da competência territorial.

Questão diversa prende-se com os *procedimentos cautelares comuns* que são requeridos antes de propostas as acções respectivas, ou seja, como preliminares. Para estes casos há que tomar em consideração aquilo que nos é dito pela alínea c) do n.º 1 do artigo 83.º do CPC – *"Para os outros procedimentos cautelares* [inclusive para o *procedimento cautelar comum*] *é competente o tribunal em que deva ser proposta a acção respectiva"*.[188] Há uma correspondência total entre a competência para o decretamento do *procedimento cautelar comum* e a competência para o conhecimento da acção.

---

[185] Artigo 81.º, alínea c), da LOFTJ.
[186] Artigo 85.º, alínea b), da LOFTJ.
[187] Ver, no que à competência dos tribunais do trabalho concerne, Ac. RL de 13.03.1986, *CJ*, 1986, II, p. 101; e Ac. RL de 22.07.1986, *CJ*, 1986, IV, p. 137.
[188] A propósito das regras de competência territorial para o conhecimento de uma dada acção, *vide* artigos 73.º e ss. do CPC.

IV – Sem prejuízo de retornarmos, em ulterior momento, a abordar este assunto, convém, desde já, adiantar as duas regras de competência territorial que nos vão acompanhar ao longo do percurso do *procedimento cautelar comum* no CPT português.

Destarte, de acordo com o artigo 13.º do CPT, a regra geral no foro adjectivo laboral é a de que as acções devem ser propostas no tribunal do domicílio do réu. Porém, para o caso específico de estarmos na presença de uma acção emergente de contrato de trabalho intentada pelo trabalhador contra a sua entidade patronal, a lei faculta a possibilidade de escolha entre o tribunal do lugar da prestação do trabalho ou o do domicílio do autor.[189]

Uma vez estabelecida a competência em razão da matéria dos tribunais do trabalho (apelando ao artigo 85.º da LOFTJ), é imperativo afirmar que a instauração de um *procedimento cautelar comum* destinado a acautelar o efeito útil de uma posterior acção que tenha por base a violação – por parte de dada entidade empregadora – de uma das coordenadas temporais da prestação de trabalho (*verbi gratia*, do horário de trabalho), poderá ser feita no tribunal do domicílio do trabalhador ou, em alternativa, do lugar da prestação do trabalho.

1.3. Petição/requerimento inicial

A tramitação processual de um *procedimento cautelar comum* comporta uma série sequencial de actos que pode ser decomposta em várias fases. Contudo, uma realidade é inquestionável. Ela inicia-se sempre pela apresentação, junto da secretaria do tribunal competente, das razões de facto e de direito que fundamentam a posição do requerente.

1.3.1. REQUISITOS

I – Calcorreando as normas atinentes ao *procedimento cautelar comum*, não se vislumbra qualquer disposição que diga respeito

---

[189] Em face do artigo 14.º, n.º 1, do CPT.

aos requisitos que devem ser observados pelo requerimento inicial (ou, utilizando a terminologia processual civil, pela *petição*).[190-191] Nem sequer nos podemos socorrer do que se encontra disciplinado no número 3 do artigo 384.º do CPC.[192]

Assim, e se outra razão não existisse que não a da afinidade terminológica, não resta outra alternativa que não seja a de recorrer ao que se encontra preceituado para a petição inicial no âmbito do processo de declaração, designadamente do processo comum ordinário (artigos 467.º e 474.º do CPC).[193]

O requerente do *procedimento cautelar comum*, sob pena de ver a sua petição ser recusada pela secretaria, deve designar o tribunal onde o procedimento é instaurado; deve identificar as partes, indicando os seus nomes, domicílios ou sedes e, sempre que possível, profissões e locais de trabalho; deve indicar o domicílio profissional do mandatário judicial;[194] devendo, igualmente, redigir a sua petição em língua portuguesa;[195] e assiná-la.[196]

Deve, obviamente, invocar a titularidade do direito que pretende acautelar com o decretamento da *providência* requerida; deve expor e alegar os factos em que consubstancia o seu fundado receio

---

[190] *Vide* artigo 384.º, n.º 1, do CPC: "Com a *petição*, oferecerá o requerente prova sumária do direito ameaçado e justificará o receio da lesão."

[191] Já no que concerne ao direito adjectivo laboral, achou por bem o legislador empregar a designação de *requerimento inicial* (*cfr.*, para o efeito, o artigo 32.º, n.º 1, alínea a), do CPT).

[192] Artigo 384.º, n.º 3, do CPC: "É subsidiariamente aplicável aos procedimentos cautelares o disposto nos artigos 302.º a 304.º." Porém, também não será nestes artigos (que se inserem nas *disposições gerais* relativas aos *incidentes da instância*) que se pode ter o almejo de encontrar qualquer referência aos requisitos a que a petição deve observância.

[193] Com a redacção que lhes foi conferida pelo DL n.º 183/2000, de 10 de Agosto, e pelo DL n.º 38/2003, de 08 de Março.

[194] Em relação ao patrocínio judiciário não há, em sede de procedimentos cautelares (incluindo, como é óbvio, o *procedimento cautelar comum*), qualquer especialidade relativamente à regra geral que vem formulada no artigo 32.º, n.º 1, alínea a), do CPC. O patrocínio só é obrigatório quando o procedimento cautelar tenha um valor que exceda a alçada do tribunal de 1.ª instância.

[195] Face aos artigos 139.º, n.º 1, e 474.º, alínea h), do CPC.

[196] Artigo 474.º, alínea g), do CPC.

de ameaça de lesão grave e de difícil reparação; as razões de direito que servem de fundamento;[197] e, por último, deve concluir formulando o pedido.

II – Para além de todos estes requisitos,[198] há necessidade de referir que a petição deve ser obrigatoriamente,[199] e nos termos do artigo 151.º, n.º 2, do CPC,[200] articulada, ou seja, *"(...) cada facto deve ser alegado separadamente num artigo numerado."*[201] Devendo, de igual modo, ser apresentada em duplicado.[202]

A petição do requerente do *procedimento cautelar comum* pode ser entregue na secretaria judicial ou a esta remetida pelo correio, sob registo, valendo, neste caso, como data do acto proces-

---

[197] Se bem que, tal como ensina ANTUNES VARELA, *et. al.*, *Manual...*, *cit.*, p. 244, "na fundamentação da acção [e, acrescentamos nós, da petição/requerimento inicial do *procedimento cautelar comum*], é mais premente a menção das *razões de facto* do que das *razões de direito*. Enquanto, na matéria de facto, o juiz se tem de cingir às alegações das partes (art. 664.º), na indagação, interpretação e aplicação do direito o tribunal age livremente: *Da mihi factum dabo tibi ius.*"

[198] Para maiores desenvolvimentos acerca dos requisitos externos da petição inicial, *vide* ANTUNES VARELA, *et. al.*, *Manual...*, *cit.*, pp. 247-251.

[199] Em sentido contrário, e ainda no domínio do CPC anterior, L. P. MOITINHO DE ALMEIDA, *Providências...*, *cit.*, p. 53.

[200] Artigo 151.º, n.º 2, do CPC: "Nas acções, nos incidentes e nos procedimentos cautelares é obrigatória a dedução por artigos dos factos que interessam à fundamentação do pedido ou da defesa, sem prejuízo dos casos em que a lei dispensa a narração de forma articulada."

[201] MIGUEL TEIXEIRA DE SOUSA, *Estudos...*, *cit.*, p. 263.

[202] Artigo 152.º do CPC: "1. Os articulados são apresentados em duplicado; quando o articulado seja oposto a mais de uma pessoa, oferecer-se-ão tantos duplicados quantos forem os interessados que vivam em economia separada, salvo se forem representados pelo mesmo mandatário. (...) 5. Além dos duplicados a entregar à parte contrária, deve a parte oferecer mais um exemplar de cada articulado para ser arquivado e servir de base à reforma do processo em caso de descaminho. (...) 7. A parte que proceda à apresentação de peça processual através de correio electrónico ou outro meio de transmissão electrónica de dados fica dispensada de oferecer os duplicados ou cópias, devendo a secretaria extrair tantos exemplares quantos os previstos nos números anteriores. 8. A dispensa prevista no número anterior não é, porém, aplicável aos documentos, cujas cópias são sempre oferecidas pela parte que os apresenta."

sual a da efectivação do respectivo registo postal; pode ser enviada através de telecópia;[203] por correio electrónico,[204] sendo neste caso necessária a aposição de assinatura electrónica avançada, valendo como data da prática do acto processual a da expedição, devidamente certificada; ou por outro meio de transmissão electrónica de dados (artigo 150.º, n.º 1, alíneas a) a e), do CPC).

III – Em face da leitura conjugada do disposto nos artigos 467.º, n.º 1, alínea f), e 474.º, alínea e), do CPC, a secretaria recusará o recebimento da petição, indicando por escrito o fundamento da rejeição, quando o requerente não declare o valor do procedimento.

Recorrendo ao que se encontra disciplinado no CPC relativamente ao incidente de *verificação do valor da causa* (artigos 305.º a 319.º) e, mais concretamente, no artigo 313.º, n.º 3, alínea d), depressa constatamos que o valor a atribuir às *providências cautelares não especificadas*[205] será o correspondente ao prejuízo que se pretende evitar.

IV – Se dúvidas subsistissem nesta matéria, desde logo as mesmas ficariam dissipadas após leitura do artigo 453.º do CPC. Os procedimentos cautelares – e, no que a nós nos diz respeito, os *procedimentos cautelares comuns* – estão sujeitos ao pagamento de custas judiciais.

Quando não haja oposição do requerido, as custas são pagas pelo requerente (mas atendidas na acção respectiva – proposta ou

---

[203] Vulgo *fax*. A este respeito, *cfr.* o DL n.º 28/92, de 27 de Fevereiro.

[204] Vulgo *e-mail*. Ver, a este propósito a Portaria n.º 642/2004, de 16 de Junho, que regula a forma de apresentação a juízo dos actos processuais enviados através de correio electrónico.

[205] Não compreendemos por que razão o legislador processual civil tem mantido a designação de *providências cautelares não especificadas* querendo, de forma óbvia, referir-se à vertente adjectiva ou procedimental desta medida cautelar (em nenhuma das restantes alíneas deste artigo se faz referência às pretensões de direito material; faz-se, isso sim, referência aos vários procedimentos cautelares). Aproveitamos o ensejo para remeter os prezados leitores para o que foi dito, a este propósito, na nota de rodapé 42.

a propor). Quando há oposição, aplica-se o preceituado nos artigos 446.º e 447.º do CPC.[206-207]

O artigo 1.º, n.º 2, do CCJ refere que *"as custas compreendem a taxa de justiça e os encargos."* Por seu turno, o artigo 23.º, n.º 1, do CCJ[208] diz-nos que *"para promoção de acções e recursos, bem como nas situações previstas no artigo 14.º* [com especial incidência para a alínea n) do n.º 1, que se refere aos procedimentos cautelares e à respectiva oposição], *é devido o pagamento da taxa de justiça inicial autoliquidada nos termos da tabela do anexo I."*[209]

---

[206] Artigo 446.º do CPC: "1. A decisão que julgue a acção ou algum dos seus incidentes (...) condenará em custas a parte que a elas houver dado causa ou, não havendo vencimento da acção, quem do processo tirou proveito. 2. Entende-se que dá causa às custas do processo a parte vencida, na proporção em que o for. (...)"

[207] Artigo 447.º do CPC: "Quando a instância se extinguir por impossibilidade ou inutilidade da lide, as custas ficam a cargo do autor, salvo se a impossibilidade ou inutilidade resultar de facto imputável ao réu, que neste caso as pagará."

[208] Na redacção que lhe foi conferida pelo DL n.º 324/2003, de 27 de Dezembro (com as alterações posteriores efectuadas pela Declaração de Rectificação n.º 26/2004, de 24 de Fevereiro; pela Lei n.º 45/2004, de 19 de Agosto; pela Lei n.º 60-A/2005, de 30 de Dezembro; e pela Lei n.º 53-A/2006, de 29 de Dezembro).

[209] De acordo com esta tabela, o montante do pagamento da taxa de justiça de cada parte/conjunto de sujeitos processuais depende do valor da acção, do *incidente* ou do recurso. Assim, para acções, incidentes ou recursos que tenham um valor até €500,00, a taxa de justiça conjunta (isto é, a taxa de justiça inicial acrescida da taxa de justiça subsequente) devida é de 1 UC; para acções, incidentes ou recursos que tenham um valor compreendido entre €500,01 e €1.875,00, o valor da taxa de justiça devida é de 1,5 UC; de €1.875,01 a €3.750,00 (2 UC); de €3.750,01 a €7.500,00 (2,5 UC); de €7.500,01 a €15.000,00 (3 UC); de €15.000,01 a €25.000,00 (4 UC); de €25.000,01 a €40.000,00 (5,5 UC); de €40.000,01 a €70.000,00 (7 UC); de €70.000,01 a €100.000,00 (10 UC); de €100.000,01 a €135.000,00 (13 UC); de €135.000,01 a €170.000,00 (16 UC); de €170.000,01 a €210.000,00 (19,5 UC); de €210.000,01 a €250.000,00 (24 UC); e para acções, incidentes ou recursos que tenham um valor superior a €250.000,00, à taxa de justiça do processo acresce, por cada €25.000,00 ou fracção, 5 UC, a final. Convém referir que, a partir de 1 de Janeiro de 2007, o valor da UC passou a ser de €96,00 (noventa e seis euros). A unidade de conta (UC), utilizada como valor de referência para efeitos de fixação das custas judiciais, corresponde a ¼ do salário mínimo nacional. Como a UC é actualizada trienalmente, de acordo com a aplicação conjugada dos artigos 5.º e 6.º do

"O documento comprovativo do pagamento da taxa de justiça referida no artigo anterior [taxa de justiça inicial] *é entregue ou remetido ao tribunal com a apresentação: a) da petição ou requerimento do autor, exequente ou requerente; b) da oposição do réu ou requerido; (...)"*[210] Se tal não for feito, a secretaria deve, nos termos dos artigos 467.º, n.º 3, primeira parte, e 474.º, alínea f), primeira parte, ambos do CPC, recusar o recebimento da petição.[211]

Já no que concerne à taxa de justiça subsequente, haveria que atentar ao artigo 25.º, n.º 1, do CCJ que nos diz que *"o montante da taxa de justiça subsequente é igual ao da taxa de justiça inicial, sendo autoliquidada nos* [mesmos] *termos* [da taxa de justiça

---

Decreto-Lei n.º 212/89, de 30 de Junho, na redacção introduzida pelo Decreto-Lei n.º 323/2001, de 17 de Dezembro, e do Decreto-Lei n.º 238/2005, de 30 de Dezembro (que fixou a remuneração mínima nacional em €385,90 para o ano de 2006), a unidade de conta processual para o triénio 2007/2009, passou a ser de €96,00 (em detrimento dos €89,00 que vigoraram no triénio 2004/2006).

[210] Artigo 24.º, n.º 1, alíneas a) e b), do CCJ.

[211] Ressalvando-se, obviamente, aquelas hipóteses em que o requerente do *procedimento cautelar comum* tenha requerido, outrossim, o *apoio judiciário*. Neste caso, não impenderá sobre o requerente a regra geral de juntar o documento que ateste a concessão desse apoio judiciário. E isto mercê da natureza urgente do *procedimento cautelar comum* e da redacção do artigo 467.º, n.º 4, do CPC: "Sendo requerida a citação nos termos do artigo 478.º, faltando, à data da apresentação da petição em juízo, menos de cinco dias para o termo do prazo de caducidade ou ocorrendo outra razão de urgência [o que pensamos ser, manifestamente, o nosso caso], deve o autor apresentar [um mero] documento comprovativo do pedido de apoio judiciário requerido [em qualquer serviço de atendimento ao público dos serviços de segurança social], mas ainda não concedido." Porém, em face do preceituado quer no artigo 29.º, n.º 4, da Lei n.º 34/2004, de 29 de Julho, quer no artigo 467.º, n.º 5, do CPC, se o pedido de apoio judiciário for indeferido, o requerente deve efectuar o pagamento da taxa de justiça inicial no prazo de 10 dias a contar da data de notificação da decisão de indeferimento, sob pena de desentranhamento da petição inicial apresentada (salvo se o indeferimento do pedido de apoio judiciário só for notificado ao autor depois de efectuada a citação do réu – neste caso específico, afigura-se-nos que, de acordo com o artigo 116.º, n.ºs 1 e 2, do CCJ, o Ministério Público, quando o montante em dívida não seja muito reduzido e sejam conhecidos bens penhoráveis ao devedor de custas, deverá instaurar acção executiva por dívida de custas).

inicial] (...)."²¹² E dizemos *haveria* porque, em face do já referido artigo 14.º, n.º 1, alínea n), do CCJ, nos procedimentos cautelares – e respectivas oposições –²¹³ a taxa de justiça é reduzida a metade, não havendo lugar ao pagamento da taxa de justiça subsequente.

1.3.2. PROVA

I – "*Em complemento do ónus de alegação, tem o requerente* [de um procedimento cautelar comum] *o ónus de proposição dos meios de prova no requerimento inicial (...)*".²¹⁴ Esta obrigatoriedade de apresentação dos meios de prova juntamente com a petição/requerimento inicial extrai-se da leitura do artigo 384.º, n.º 1, primeira parte, do CPC,²¹⁵ e do artigo 303.º, n.º 1, do CPC (*ex vi* artigo 384.º, n.º 3, do CPC).²¹⁶

Podendo, de igual modo, extrair-se através da constatação de que, em sede de procedimentos cautelares, é inadmissível a existência de *articulados supervenientes*.²¹⁷ Ora, se o procedimento cautelar não comporta mais nenhum articulado – para além da petição e da oposição – é óbvio que o requerente só pode apresentar os seus meios de prova no seu requerimento inicial. Sob pena de não mais o poder fazer.

---

[212] Em face do artigo 26.º, n.º 1, alínea a), do CCJ, "o documento comprovativo do pagamento da taxa de justiça subsequente (...) é entregue ou remetido ao tribunal no prazo de 10 dias a contar: da notificação para a audiência final".

[213] De acordo com o artigo 6.º, alínea j), do CCJ, "(...) considera-se como valor, para efeitos de custas, (...) na *oposição aos procedimentos cautelares* [itálico nosso], o do processo em que foram deduzidas ou, se forem parciais, o da respectiva parte (...)".

[214] ABRANTES GERALDES, *Temas da Reforma...*, cit., vol. III, p. 170.

[215] Artigo 384.º, n.º 1, do CPC: "Com a petição, oferecerá o requerente prova sumária do direito ameaçado e justificará o receio da lesão."

[216] Artigo 303.º, n.º 1, do CPC: "No requerimento em que se suscite o incidente e na oposição que lhe for deduzida, devem as partes oferecer o rol de testemunhas e requerer os outros meios de prova."

[217] No seguimento, aliás, do que já vem sendo afirmado, reiteradamente, quer pela doutrina quer pela jurisprudência. *Vide*, a este respeito, MIGUEL TEIXEIRA DE SOUSA, *Estudos...*, cit., p. 230; Ac. RP de 11.10.1993, *CJ*, 1993, IV, p. 222: "Os procedimentos cautelares, dada a sua estrutura simplificada e o seu

II – Estabelecido, de forma inequívoca, o único momento para a apresentação dos meios de prova, coloca-se-nos uma outra questão. Quais são os meios de prova que as partes de um *procedimento cautelar comum* podem apresentar?

Recorrendo, uma vez mais, a ABRANTES GERALDES,[218] em sede de procedimentos cautelares, *"as partes podem valer-se de todos os meios de prova, com ressalva das disposições especiais ou de normas de direito probatório material que coloquem obstáculos à sua admissão ou valoração, sendo de notar que, em certos casos, a lei confere ao juiz a possibilidade de recusar determinadas diligências, se as reputar dispensáveis (art. 386.º, n.º 1, e 423.º, n.º 2), do mesmo modo que lhe concede a faculdade de promover aquelas que entender necessárias para a boa decisão da providência (art. 386.º, n.º 1)."*[219]

Será, portanto, com base nos comportamentos processuais assumidos por ambas as partes, no grau de credibilidade que irão merecer os depoimentos das testemunhas,[220] no valor probatório dos documentos apresentados em juízo, no valor a atribuir às perícias, e, também, nas eventuais inspecções por si levadas a cabo, que o juiz, não descurando os interesses do requerido e com um grau de maior ou menor segurança e/ou de dificuldade, deve decretar ou recusar a providência solicitada.

---

fim específico – que é o de acautelar o efeito útil da respectiva acção – não se coadunam com a introdução e admissibilidade de articulados supervenientes, os quais contrariam a celeridade que lhes é própria. (...) Sendo certo que, com esta proibição, não se coarcta por qualquer forma os interesses das partes, as quais têm sempre ao seu alcance uma acção para defesa do seu direito (art.º 2.º)"; e Ac. RP de 25.01.1996, *CJ*, 1996, I, p. 208.

[218] ABRANTES GERALDES, *Temas da Reforma...*, cit., vol. III, p. 170.

[219] A propósito do *depoimento de parte*, cfr. artigos 552.º a 567.º do CPC; da *prova testemunhal*, artigos 616.º a 645.º do CPC e artigos 392.º a 396.º do CC; da *prova pericial*, artigos 568.º a 591.º do CPC e artigos 388.º e 389.º do CC; da *inspecção judicial*, artigos 612.º a 615.º do CPC e artigos 390.º e 391.º do CC; da *prova por documentos*, artigos 523.º a 551.º-A do CPC e artigos 362.º a 387.º do CC; e das *presunções judiciais*, artigos 349.º e 351.º do CC.

[220] De referir que, de acordo com o artigo 304.º, n.º 1, do CPC (*ex vi* artigo 384.º, n.º 3, do CPC), o número total das testemunhas não pode exceder as 8 (oito), e, sobre cada um dos factos, não podem depor mais do que 3 (três) testemunhas.

III – Uma última palavra quanto à prova documental. Em face do artigo 523.º, n.º 1, do CPC, "*os documentos destinados a fazer prova dos fundamentos da acção ou da defesa devem ser apresentados com o articulado em que se aleguem os factos correspondentes*", logo prosseguindo dizendo, no seu n.º 2, que "*se não forem apresentados com o articulado respectivo, os documentos podem ser apresentados até ao encerramento da discussão em 1.ª instância, mas a parte será condenada em multa, excepto se provar que os não pôde oferecer com o articulado.*"[221]

É admissível o oferecimento de documentos fora do requerimento inicial ou da oposição? A jurisprudência não tem sido uniforme. Por um lado há aquela corrente jurisprudencial que, tomando em consideração a natureza e a celeridade que o legislador pretendeu imprimir aos procedimentos cautelares, afirma que a junção de elementos de prova – mormente de documentos – fora do requerimento inicial ou da oposição é de todo inadmissível.[222] Esta corrente procura escudar-se, de igual forma, na prevalência do artigo 303.º, n.º 1, sobre o seu congénere 523.º, n.º 2, ambos, do CPC.

Por outro lado, há jurisprudência vária que tem entendido que nada obsta a que, posteriormente ao oferecimento dos articulados, sejam apresentados documentos, pese embora haja a séria probabilidade de condenação em multa (excepto se a parte que os ofereça provar que não o pôde fazer juntamente com o seu articulado).[223]

Apesar de não concordarmos com o argumento utilizado pelo Ac. RL de 29 de Outubro de 1998 – no sentido de que a regra do artigo 303.º do CPC só "*é válida apenas para os incidentes regulados no capítulo em que aquela se mostra inserida*" –[224] somos de

---

[221] Para os casos de apresentação de documentos em momento posterior ao encerramento da discussão, *vide* artigo 524.º, n.º 1, do CPC. Para os casos de documentos destinados a provar factos posteriores aos articulados, *vide* artigo 524.º, n.º 2, do CPC.

[222] *Cfr.* Ac. RL de 05.06.1986, *CJ*, 1986, III, p. 121; Ac. RE de 19.03.1992, *BMJ*, 415.º, p. 751; e Ac. RP de 25.01.1996, *cit.*.

[223] *Cfr.* Ac. RL de 20.06.1991, *CJ*, 1991, III, p. 156; Ac. STJ de 09.02.1995, *BMJ*, 444.º, p. 542; e Ac. RL de 29.10.1998, *BMJ*, 480.º, p. 533.

[224] Em face da expressa remissão operada pelo artigo 384.º, n.º 3, do CPC.

opinião que a prova documental deve ser admitida mesmo que não tenha sido tempestivamente apresentada com os articulados.

Sustentamos esta nossa posição não só através de um argumento meramente literal (que se consubstancia no facto de o actual artigo 303.º, n.º 1, do CPC – que corresponde, parcialmente, ao anterior artigo 302.º do CPC de 1961 – ter suprimido da sua redacção o advérbio *"logo"*),[225] mas também pela possibilidade que deve ser conferida às partes para que estas juntem todos os documentos que reputem como necessários para um melhor esclarecimento da questão, com vista a habilitar o juiz a proferir uma decisão consciensiosa, justa e acertada.[226]

1.3.3. Sanção pecuniária compulsória[227]

I – Conforme resulta do disposto no artigo 384.º, n.º 2, do CPC, nada impede que, nos termos do artigo 829.º-A do CC, seja formulado o pedido acessório de condenação no pagamento de uma quantia pecuniária, a título de sanção pecuniária compulsória, adequada a assegurar a efectividade da providência que venha a ser decretada.

Este instrumento jurídico de coerção do devedor ao cumprimento espontâneo das suas obrigações, inspirado no sistema jurí-

---

[225] Artigo 302.º (*Oferecimento imediato das provas*) do CPC de 1961: "Com o requerimento (...) deve a parte oferecer *logo* o rol de testemunhas e requerer os outros meios de prova."

[226] Atente-se, ainda a propósito desta matéria, e no que diz respeito ao artigo 266.º, n.º 4, do CPC, nas palavras de Miguel Teixeira de Sousa, *Estudos...*, cit., p. 56: "Particularmente significativo é o poder assistencial que o artigo 266, n.º 4, atribui ao juiz: sempre que alguma das partes alegue uma justificada dificuldade séria em obter um documento ou uma informação que sejam necessários para o eficaz exercício de uma faculdade ou o cumprimento de um ónus ou dever processuais, o juiz deve, sempre que tal lhe seja possível, providenciar pelo suprimento do obstáculo."

[227] Para um estudo mais aprofundado acerca do regime jurídico da sanção pecuniária compulsória, *cfr.* João Calvão da Silva, *Cumprimento e Sanção Pecuniária Compulsória*, Separata do volume XXX do Suplemento ao Boletim da Faculdade de Direito da Universidade de Coimbra, Coimbra, 1995.

dico francês,[228] tem, ao nível dos procedimentos cautelares, exactamente o mesmo conteúdo previsto na lei civil, ou seja, destina-se às obrigações de prestação de facto infungível, positivo ou negativo, e quando estas não exijam especiais qualidades científicas ou artísticas do requerido.

II – Como já se deixou antever, esta sanção depende da observância de um requisito formal. Ela deve, nos termos do artigo 829.º-A, n.º 1, do CC, ser solicitada pelo interessado no seu requerimento inicial. Se o requerente do *procedimento cautelar comum* não pedir a condenação do requerido numa quantia pecuniária por cada dia de atraso no cumprimento da obrigação imposta ou por cada infracção praticada, o juiz não pode decretá-la.

De referir, outrossim, que a sanção pecuniária compulsória deverá ser fixada segundo critérios de razoabilidade e que, estando em causa uma obrigação de pagamento em dinheiro corrente, independentemente de requerimento ou de declaração pelo tribunal, serão devidos juros à taxa de 5% ao ano (desde a data do trânsito em julgado da decisão) que acrescerão aos juros de mora (quando devidos) ou à indemnização a que houver lugar (artigo 829.º-A, n.º 4, do CC).

1.4. Despacho do juiz

Após a entrada da petição ou, se assim preferirmos, do requerimento inicial na Secretaria-Geral do Tribunal (ou na Secção Central para os casos em que aquela não exista), e após a verificação dos requisitos externos previstos no artigo 474.º do CPC,[229] esta é registada no *livro de registos de entrada* averbando-se, desde

---

[228] Mais concretamente nas *astreintes*. Refira-se que, em Portugal, a sanção pecuniária compulsória foi introduzida através do DL n.º 262/83, de 16 de Junho.

[229] Em face do artigo 475.º do CPC, do acto de recusa de recebimento da petição cabe reclamação para o juiz (n.º 1). Por seu turno, do despacho que confirme o não recebimento cabe agravo até à Relação (n.º 2).

logo, a determinado juízo e, quando haja mais do que uma, a determinada secção de processos. E isto, tal como já referimos *supra*, devido à circunstância de os procedimentos cautelares não dependerem, nos termos do artigo 212.º do CPC, de distribuição.[230]

A este averbamento segue-se a autuação[231] da petição, tarefa que já é levada a cabo pela secção designada. Após esta mesma autuação, e em sentido contrário ao da reforma processual civil de 1995, o procedimento é concluso ao juiz para que este profira despacho liminar.[232-233]

---

[230] O mesmo não sucedendo relativamente aos procedimentos cautelares no direito processual do trabalho. Esta diferença – que se reveste, no que ao *procedimento cautelar comum* laboral concerne, de grande importância – retira-se através do confronto directo dos artigos 212.º e 222.º do CPC (no que ao direito processual civil diz respeito) com o artigo 21.º do CPT (no que, como é lógico, ao direito processual do trabalho diz respeito). No âmbito do CPT, em face da redacção deste artigo 21.º, os *procedimentos cautelares* constituem a 6.ª espécie que é levada à distribuição. Daí não restarem grandes dúvidas de que o legislador processual do trabalho pretendeu adoptar um regime diferente do que é previsto no CPC. Aliás, se o legislador processual laboral pretendesse que o regime a aplicar fosse exactamente o mesmo ter-lhe-ia bastado omitir esta questão, o que conduziria à aplicação subsidiária do CPC.

[231] "A autuação é a operação de formação do caderno no qual vão ser juntas, em folhas numeradas e cosidas a fio, todas as peças processuais e todos os documentos respeitantes ao processo" – MIGUEL TEIXEIRA DE SOUSA, *Estudos...*, cit., p. 272.

[232] Foi através da reforma processual civil operada em 1995 que se aboliu a necessária e generalizada obrigatoriedade de apresentação do processo ao juiz para que este proferisse despacho liminar (o artigo 474.º do CPC de 1961, sob a epígrafe *Indeferimento liminar*, foi revogado e substituído pelo actual artigo 474.º que se apresenta debaixo da epígrafe *Recusa da petição pela secretaria*). Note-se, contudo, e mercê da introdução do n.º 5 do artigo 234.º-A do CPC (efectuada pelo DL n.º 38/2003, de 08 de Março), que, actualmente, mesmo "nas acções em que não deva ter lugar o despacho liminar, a secretaria pode suscitar a intervenção do juiz quando se lhe afigure manifesta a falta dum pressuposto processual insuprível de que o juiz deva conhecer oficiosamente, aplicando-se o disposto nos números anteriores."

[233] Para maiores desenvolvimentos acerca da intervenção liminar do juiz (e para uma apreciação crítica às alterações operadas nesta matéria), *vide* ABRANTES GERALDES, *Temas da Reforma...*, cit., vol. I, pp. 243 e ss..

Esta opção foi tomada *"pela singela razão de que, dada a natureza de tais mecanismos processuais* [isto é, dos procedimentos cautelares], *assentes na simples alegação e prova sumária do direito, se julgou inconveniente a passagem imediata à citação do requerido e se decidiu confiar ao juiz, que não à secretaria judicial, a opção quanto à audição ou não do requerido ou quanto à tramitação processual subsequente."*[234]

1.4.1. Despacho de indeferimento liminar

Com efeito, de acordo com os artigos 234.º, n.º 4, alínea b), e 234.º-A, n.º 1, do CPC, em sede de *"procedimentos cautelares e em todos os casos em que incumba ao juiz decidir da prévia audiência do requerido"*, pode este mesmo juiz, em vez de ordenar a citação, optar por indeferir liminarmente a petição com base na manifesta improcedência do pedido ou na ocorrência evidente de excepções dilatórias insupríveis de que deva conhecer oficiosamente.

É de notar que o *despacho de indeferimento liminar* apenas será utilizado quando estivermos perante vícios de tal forma graves que permitam supor, de imediato, que o processo não apresenta condições para prosseguir e que será, de todo, impossível que sobre ele recaia, a final, uma decisão de mérito favorável ao requerente.

Porém, este *despacho de indeferimento liminar* não é inatacável. Do mesmo cabe, independentemente do valor processual, recurso de agravo até à Relação.[235] O recurso interposto subirá imediatamente nos próprios autos do procedimento cautelar e terá efeito suspensivo (artigos 738.º, n.º 1, alínea a), e 740.º, n.º 1, do CPC).

1.4.2. Despacho de aperfeiçoamento

Pode, no entanto, acontecer que, apesar de não estarem preenchidos os pressupostos para que o juiz profira um despacho de indeferimento liminar, a petição não esteja em condições de ser recebida. Não se vislumbrando qualquer impedimento legal para

---

[234] ABRANTES GERALDES, *Temas da Reforma...*, cit., vol. III, p. 180.
[235] Nos termos do preceituado no artigo 234.º-A, n.º 2, do CPC.

que o faça, deve o juiz, perante estas situações, proferir um *despacho de aperfeiçoamento*.[236]

Quando o juiz detecte a falta de requisitos externos da petição (que tenham escapado ao controlo da secretaria); quando se veja confrontado com a falta de pressupostos processuais supríveis; quando constate a falta de documentos (sem prejuízo, a este propósito, do que já foi referido *supra*); e, por último, quando descubra inexactidões quanto à matéria de facto ou quanto à formulação do pedido, deverá admitir a possibilidade de o requerente corrigir tais deficiências.

1.4.3. DECISÃO ACERCA DO CONTRADITÓRIO DO REQUERIDO

I – No âmbito do *procedimento cautelar comum*, a audiência do requerido constitui a regra.[237-238] Só assim não será quando o conhecimento da providência cautelar solicitada por parte do requerido faça perigar a eficácia ou o fim para que tende esta mesma providência. Aquilo que acabamos de referir é-nos dito pelo artigo 385.º, n.º 1, do CPC.

Como não poderia deixar de ser, este artigo encontra a sua essência no princípio do contraditório.[239] Com efeito, "*o juiz deve*

---

[236] Não obstante o artigo 477.º do CPC ter sido revogado, o *despacho de aperfeiçoamento* continua a obter consagração na legislação processual civil portuguesa. Quer no artigo 265.º, n.º 2, quer no artigo 508.º, n.º 1, alínea b), ambos, do CPC. Tomando em linha de conta a especial natureza de que se revestem, e fazendo as devidas adaptações, defendemos que, mesmo em sede de procedimentos cautelares, é permitido ao magistrado judicial a utilização e a consequente prolação do *despacho de aperfeiçoamento*. Neste mesmo sentido, vide ABRANTES GERALDES, *Temas da Reforma...*, *cit.*, vol. III, pp. 183-186.

[237] *Cfr.*, neste sentido, Ac. STJ de 29.04.1998, *BMJ*, 476.º, p. 335; e Ac. RC de 18.05.1999, *BMJ*, 487.º, p. 371.

[238] Contrariamente ao que sucede com determinados procedimentos cautelares. É o caso da *restituição provisória da posse* (graças ao artigo 394.º, *in fine*, do CPC) e do *arresto* (artigo 408.º, n.º 1, do CPC). O motivo para esta diferenciação assenta no facto de, nestas situações, o efeito-surpresa se assumir como fundamental para a eficácia e utilidade das providências requeridas.

[239] A propósito do *princípio do contraditório* ver, entre outros, MIGUEL TEIXEIRA DE SOUSA, *Estudos...*, *cit.*, pp. 46-48; ABRANTES GERALDES, *Temas da Reforma...*, *cit.*, vol. I, pp. 74-82; e JOSÉ LEBRE DE FREITAS, *Introdução...*, *cit.*, pp. 108-118.

observar e fazer cumprir, ao longo de todo o processo, o princípio do contraditório, não lhe sendo lícito, salvo caso de manifesta desnecessidade, decidir questões de direito ou de facto, mesmo que de conhecimento oficioso, sem que as partes tenham tido a possibilidade de sobre elas se pronunciarem."[240]

A razão que se encontra na base da consagração, em sede de procedimentos cautelares, do princípio do contraditório como regra, não pode deixar de radicar no importante contributo que pode ser fornecido pela intervenção do requerido. Eivado por uma natural parcialidade, o requerente pode, tão-só, alegar factos que lhe sejam favoráveis – ocultando os desfavoráveis – tolhendo, deste modo, ao magistrado judicial, um melhor esclarecimento do litígio e, consequentemente, uma maior segurança e certeza na decisão.

II – A opção pela audição do requerido ou pela dispensa do contraditório terá que ser decidida pelo juiz no exercício, não de um poder discricionário,[241] mas sim de um *poder vinculado*.[242] Disso não podem restar grandes assomos de dúvida, tanto mais porque não se consegue extrair, da própria lei, qualquer obrigatoriedade que imponha ao requerente, quando este a pretenda, a formulação de um pedido de dispensa da audiência do requerido.

Estabelecido que se encontra o dever que impende sobre o juiz de decidir acerca da admissibilidade ou inadmissibilidade da audição do requerido no *procedimento cautelar comum*, convém alertar para a necessidade desta decisão ser expressa. Salvo melhor opinião, somos em crer que não basta uma mera adesão, "*(...) por forma implícita, às razões invocadas pela requerente no sentido de ser dispensada a audiência da requerida.*"[243]

---

[240] Artigo 3.º, n.º 3, do CPC.

[241] Destarte, respondemos, de forma negativa, à dúvida que era levantada por L. P. MOITINHO DE ALMEIDA, *Providências...*, *cit.*, p. 55.

[242] ABRANTES GERALDES, *Temas da Reforma...*, *cit.*, vol. III, p. 192: "Isto não significa, porém, que seja atribuído ao juiz nessa matéria um poder discricionário. Ao invés, trata-se de um poder vinculado, em cujo exercício deverá o juiz guiar-se por critérios de pura legalidade."

[243] Tal como é preconizado no Ac. RE de 17.03.1994, *BMJ*, 435.º, p. 929. Posição contrária – corroborando aquela que, por nós, é defendida – é assumida

III – Quando opte pela não audiência do requerido, o juiz deverá fundamentar a sua decisão.[244] Se não o fizer, estaremos perante uma nulidade,[245] por ausência de fundamentação, do despacho proferido sobre o requerimento inicial que ordene, desde logo, a produção de prova. Como é óbvio, caberá ao requerido o ónus de arguir esta nulidade.[246-247] Contudo, esta arguição deverá ser efectuada, autonomamente, no prazo de 10 dias,[248] – e fazendo-se a devida ressalva daquilo que é preceituado no artigo 205.º, n.º 3, do CPC – no tribunal que cometeu a nulidade (ao não proceder desta forma, o requerido estará a viabilizar a sanação desta nulidade por omissão).[249]

IV – A opção pela não audiência do requerido acarreta determinadas limitações e restrições à publicidade do procedimento. Com efeito, os autos desenrolar-se-ão à revelia do requerido que, dos mesmos, não poderá obter qualquer informação. Só a final, isto

---

pelo Ac. STJ de 30.04.1996, *BMJ*, 456.º, p. 371 ("(...) a substituição, pura e simples, de um despacho ou de uma decisão por uma presumida adesão implícita à posição sustentada pelo requerente constitui inexistência, no plano jurídico, de qualquer decisão") e pelo, já citado, Ac. STJ de 29.04.1998 ("(...) II – O dever de fundamentar as decisões não se compadece com a denominada «decisão implícita» e, menos ainda, com a «decisão implícita que aceite implicitamente os fundamentos invocados pela parte»").

[244] E, note-se, só neste caso. Se a decisão for no sentido da admissibilidade da audição do requerido, o juiz não tem que justificar a sua tomada de posição, porquanto optou pela regra – bastando neste caso a mera indicação do preceito legal. Contra, isto é, no sentido da necessidade de fundamentação da decisão de ouvir o requerido, *vide* ABRANTES GERALDES, *Temas da Reforma...*, *cit.*, vol. III, p. 192.

[245] ABRANTES GERALDES, *Temas da Reforma...*, *cit.*, vol. III, p. 192, em virtude de defender a tese segundo a qual o juiz deve justificar tanto a admissibilidade da audição do requerido como a sua inadmissibilidade, refere que, nestes casos, "(...) estamos na presença de uma decisão que é passível de ser impugnada, nos termos gerais, com base na sua ilegalidade ou na falta de fundamentação."

[246] Artigo 203.º, n.º 1, do CPC.

[247] Aquando da sua primeira intervenção no processo. Note-se que, por força do disposto no artigo 385.º, n.º 6, do CPC, o requerido só intervirá no processo quando for notificado da decisão que ordenou a providência.

[248] Artigo 153.º, n.º 1, do CPC.

[249] Na mesma linha de raciocínio do que é propugnado pelo Ac. STJ de 02.07.1996, *BMJ*, 459.º, p. 444.

é, depois de ser notificado da realização da providência contra si decretada, é que o requerido terá acesso ao procedimento e à decisão que ordenou a providência solicitada.

De acordo com o artigo 168.º, n.º 1, e n.º 2, alínea b), do CPC, *"o acesso aos autos é limitado nos casos em que a divulgação do seu conteúdo possa (...) pôr em causa a eficácia da decisão a proferir"*, restringindo-se, inclusive, a publicidade nos *"procedimentos cautelares pendentes, que só podem ser facultados aos requerentes e seus mandatários e aos requeridos e respectivos mandatários, quando* [estes requeridos] *devam ser ouvidos antes de ordenada a providência."*

1.5. Citação/notificação do requerido

I – Sempre que se optar pela regra, isto é, pela observância do princípio do contraditório, dever-se-á efectuar a citação do requerido para que este deduza oposição à pretensão solicitada pelo requerente – sendo a citação substituída por notificação quando aquele já tiver sido citado para a causa principal.[250]

II – Afastada que se encontra a possibilidade de a citação ser promovida oficiosamente pela secretaria,[251] é ao juiz que incumbe, por despacho, ordenar a citação. Neste despacho, o juiz indica[252] qual o meio através do qual a citação pessoal[253] deverá ser efectuada.

---

[250] Artigo 385.º, n.º 2, do CPC.

[251] Face ao artigo 234.º, n.º 1, e, ao já citado, n.º 4, alínea b), do CPC.

[252] Devendo, para esse efeito, tomar em consideração o que vem preceituado nos n.ºs 7 e 8 do actual artigo 239.º do CPC (com a redacção que lhe foi conferida pelo DL n.º 38/2003, de 08 de Março).

[253] A citação edital, enquanto uma das modalidades – a par da pessoal e, excepcionalmente, da promovida por mandatário judicial – da citação, é, nos termos do artigo 385.º, n.º 4, do CPC, proibida no âmbito dos procedimentos cautelares. É lógico que assim seja. A ineficiência da utilização dos éditos para assegurar, de forma eficaz, o contraditório do requerido constata-se à vista desarmada. Por outro lado, há também que tomar em linha de conta que os éditos, decerto, não se compadeceriam com os interesses do requerente na obtenção de uma decisão célere.

De um modo geral, a citação do requerido é efectuada por via postal, através de carta registada com aviso de recepção endereçada para a residência ou local de trabalho do citando (ou, tratando-se de pessoa colectiva ou de sociedade, para a sede ou local onde funcione normalmente a administração).[254]

Se se frustrar a citação por carta registada com aviso de recepção, será utilizada a citação mediante contacto pessoal do solicitador de execução – ou, se assim o autor/requerente declarar pretender, do funcionário judicial (artigo 239.º, n.º 8, do CPC) – com o requerido/citando (artigo 239.º, n.º 1, do CPC), eliminando-se, deste modo, a possibilidade, anteriormente consagrada, de efectuar a citação através de via postal simples.[255-256]

A introdução, no sistema processual português,[257] da possibilidade de efectuar a citação por via postal simples (ou seja, por mero depósito da carta na caixa de correio do requerido/citando), veio tornar, enquanto vigorou, muito raros (e, atrever-nos-íamos a

---

[254] Artigos 236.º e 237.º do CPC.

[255] A citação por via postal simples foi uma das principais inovações introduzidas pelo DL n.º 183/2000, de 10 de Agosto. Porém, desde logo, várias vozes – entre as quais cumpre destacar a de MIGUEL TEIXEIRA DE SOUSA, no seu artigo "As Recentes...", cit., pp. 89-92 – insurgiram-se contra a referida inovação. A este propósito, e a págs. 92, esse mesmo autor referia que "bastante mais discutível – tanto nos objectivos de política legislativa, como no plano da constitucionalidade – é o recurso à citação por via postal simples quando se tenha frustrado a citação por carta registada, desde logo porque essa forma de citação pode ser utilizada em acções sobre direitos ou estados pessoais. É certo que perante a ineficácia da citação por carta registada e as dificuldades suscitadas pela citação por contacto pessoal do funcionário judicial com o citando, não parecem perfilar-se muitas alternativas à utilização subsidiária da citação pela via postal simples (...). Contudo, ainda assim, talvez se pudesse ter pensado em soluções um pouco diferentes daquelas que foram consagradas no artigo 238.º (...)."

[256] Expressamente revogada pelo artigo 4.º do DL n.º 38/2003, de 08 de Março.

[257] Operada, ao nível do processo civil, pelo, já amplamente citado, DL n.º 183/2000, de 10 de Agosto; e, ao nível do processo penal – e no que respeita à notificação do arguido, do assistente e das partes civis – pelo DL n.º 320-C//2000, de 15 de Dezembro.

dizer, quase nulos) aqueles casos em que a citação pessoal do requerido não se afigurava como viável.[258]

Assim sendo, e face ao preceituado no anterior artigo 385.º, n.º 4, do CPC (actual 385.º, n.º 5),[259] estavam reunidas todas as condições para que os efeitos cominatórios previstos no artigo 484.º, n.º 1, do CPC, encontrassem, ao nível de alguns dos procedimentos cautelares, um terreno de fértil aplicação. Mesmo que o requerido não tivesse recebido a citação realizada através de carta simples,[260] ter-se-iam sempre de considerar confessados os factos alegados pelo requerente.[261]

---

[258] Com efeito, só não se conseguiria proceder à citação por via postal simples nos casos previstos no anterior artigo 236.º-A, n.º 7, primeira parte, do CPC: "se não fo[sse] possível proceder ao depósito da carta na caixa de correio do citando [exceptuando-se o caso de a impossibilidade ter tido a sua origem nas dimensões da carta]." Como é bom de ver, estas situações seriam de rara verificação. Fazendo apelo à nossa imaginação, vislumbrávamos apenas os casos de a caixa de correio não existir (o que poderia ser facilmente torneado através do depósito da carta por baixo da porta de entrada); estar truncada ou arrombada (dependendo, ainda assim, da vontade do distribuidor em efectuar, ou não, a citação); não ter abertura ou estar, por exemplo, pelo efeito da ferrugem, impedida de albergar uma simples carta; e, por último, estar inacessível (devido, por exemplo, a um alagamento ou a uma inundação provocada por uma forte tempestade).

[259] Artigo 385.º, n.º 5, do CPC: "A revelia do requerido que haja sido citado tem os efeitos previstos no processo comum de declaração."

[260] Poder-se-ia colocar a dúvida de saber se o requerido/citando podia demonstrar que não recebeu a citação. O que equivaleria a perguntar se o disposto nos n.ºs 2 e 3 do anterior artigo 238.º-A do CPC (revogado, outrossim, pelo artigo 4.º do DL n.º 38/2003, de 08 de Março) consagravam uma presunção *iuris tantum* ou uma presunção *iuris et de iure*. Comungamos da opinião de MIGUEL TEIXEIRA DE SOUSA, "As Recentes...", *cit.*, p. 90: "Julga-se poder afirmar que a presunção de que o citando recebeu a citação realizada através de carta simples é uma presunção *iuris tantum*. Esta solução baseia-se em dois argumentos. O primeiro decorre do estabelecido no art. 195.º, al. e) (...). O outro argumento é retirado do disposto no art. 238.º-A, n.º 1 (...). Posto isto, importa esclarecer que esta prova do contrário é uma verdadeira *probatio diabolica*, não só porque ela apresenta as dificuldades inerentes à demonstração de qualquer facto negativo, mas também porque o próprio facto negativo que é objecto da prova é, em si mesmo, de muito difícil demonstração."

[261] A solução já não pode ser a mesma para o caso de procedimentos cautelares que corram por apenso a processos pendentes onde tenha havido

III – Nos casos em que se certifique que a citação pessoal do requerido (nas modalidades previstas nas alíneas a) e b) do n.º 2 do artigo 233.º do CPC) não se afigura como viável, o juiz deve, nos termos do artigo 385.º, n.º 4, segunda parte, do CPC, dispensar a audiência do requerido.

Porém, esta dispensa do contraditório deve estar suportada por uma convicção e por um grau de certeza tais que permitam ao juiz, após o esgotamento de todas as diligências tendentes à localização do requerido, ordenar o prosseguimento dos autos para a fase subsequente.

1.6. Oposição

I – Querendo, e a partir do momento em que tenha sido citado/ /notificado, dispõe o requerido de um prazo de 10 (dez) dias[262] para contestar, ou melhor dizendo, e utilizando a terminologia legal, para deduzir oposição. A oposição, tal como a petição, deve observar, nos termos do artigo 151.º, n.º 2, do CPC, a forma articulada.[263]

Será neste articulado que o requerido deve verter todos os fundamentos de oposição que considere oportunos e relevantes para a sua defesa. Assim sendo, poderá o requerido utilizar quer uma defesa por excepção (fazendo uso de excepções dilatórias e/ou peremptórias), quer uma defesa por impugnação (limitando-se a impugnar os factos alegados pelo requerente).

---

contestação por parte do réu/requerido. Se, após a notificação, o requerido não deduzir oposição à petição do requerente, basta que os factos alegados por estoutro se encontrem impugnados na contestação apresentada no processo principal. Esta solução extrai-se não só através de um argumento meramente literal (o artigo 385.º, n.º 5, do CPC, refere-se à "revelia do requerido que haja sido *citado* [itálico nosso] (...)", e não à revelia do requerido que haja sido *notificado*), mas também através da similitude que apresenta com o que é prescrito no artigo 817.º, n.º 3, do CPC.

[262] Artigo 303.º, n.º 2, do CPC (*ex vi* do disposto no artigo 384.º, n.º 3, do CPC).

[263] Em sentido contrário, e ainda no domínio do CPC anterior, L. P. MOITINHO DE ALMEIDA, *Providências...*, *cit.*, p. 56.

Mas não só. Poderá ainda invocar factos que permitam ao tribunal concluir pela manifesta suplantação dos prejuízos resultantes da providência relativamente aos interesses que ela visa acautelar (artigo 387.º, n.º 2, do CPC). Bem como alegar factos que convençam o juiz a tornar a concessão da providência dependente de prestação de caução adequada por parte do requerente (artigo 390.º, n.º 2, do CPC).

Juntamente com a oposição, o requerido oferecerá, imediatamente, o seu rol de testemunhas[264] e os restantes meios de prova de que disponha – conforme se pode constatar através do, já citado, artigo 303.º, n.º 1, do CPC (aplicável, subsidiariamente, por força do artigo 384.º, n.º 3, do CPC).

II – A exemplo do que já foi referido *supra*, os procedimentos cautelares, dada a estrutura simplificada e a finalidade específica que perseguem, não admitem quaisquer outros articulados para além da petição e da oposição.[265] Não obstante, o requerente terá de ser notificado do articulado de oposição (permitindo-lhe, assim, que tenha perfeita cognoscibilidade dos argumentos fácticos e jurídicos aduzidos pelo requerido).

A questão que se coloca é a seguinte: será que, graças ao autêntico carácter sacramental assumido, no sistema processual civil português, pelo princípio do contraditório, o requerente tem direito à resposta à oposição? E, se a resposta for positiva, em que momento a deverá apresentar?

Na esteira da posição que é sustentada por ABRANTES GERALDES,[266] somos de opinião que, se o requerido não houver deduzido qualquer excepção, não haverá lugar a resposta. No entanto, se for deduzida matéria de excepção (dilatória ou peremptória), o juiz deverá permitir, atento, uma vez mais, o papel de destaque do princípio do

---

[264] Que, tal como sucede ao nível da petição, não deve conter, no total, mais do que oito testemunhas e, por cada facto, mais do que três (artigo 304.º, n.º 1, *ex vi* artigo 384.º, n.º 3, do CPC).

[265] *Vide*, a este propósito, nota de rodapé 217.

[266] ABRANTES GERALDES, *Temas da Reforma...*, *cit.*, vol. III, p. 201.

contraditório,[267] a resposta à oposição por parte do requerente, resposta que será oferecida logo no início da audiência de produção de provas.[268]

1.7. Audiência final

I – *"Findo o prazo da oposição, quando o requerido haja sido ouvido, procede-se, quando necessário, à produção das provas requeridas ou oficiosamente determinadas pelo juiz."*[269] Conforme já foi referido anteriormente, os meios de prova deverão ser requeridos pelas partes juntamente com a petição e com a oposição.

Porém, destinando-se a produção de prova, unicamente, a convencer o juiz do preenchimento dos requisitos legais indispensáveis para o decretamento da providência cautelar solicitada, nada obsta a que este mesmo juiz, por considerar mais do que suficiente, decida somente com base na prova documental apresentada nos articulados.

Com efeito, se o requerente conseguir instruir o seu requerimento inicial com um conjunto de documentos que, *de per si*, façam prova cabal e bastante dos factos que fundamentam a sua pretensão, o juiz pode, desde logo, e independentemente da produção das provas requeridas, conceder a providência.[270] É o que se depreende da letra da lei (*"(...) procede-se, quando necessário, à produção das provas requeridas (...)"*).

---

[267] E, salvo as enormes distâncias, a semelhança que existe com o que se encontra prescrito para a *réplica* e para a *resposta à contestação* (no processo declarativo comum ordinário e sumário, respectivamente – artigos 502.º, n.º 1, primeira parte, e 785.º do CPC).

[268] Em sentido contrário, isto é, no da inadmissibilidade de resposta à oposição do requerido, *vide* Ac. RP de 02.12.1987, *BMJ*, 372.º, p. 480.

[269] Artigo 386.º, n.º 1, do CPC.

[270] A solução altera-se drasticamente quando, apesar de não existir uma prova plena dos factos, há omissão de produção de prova requerida. Neste sentido, *cfr.* Ac. RL de 03.05.1990, *CJ*, 1990, III, p. 103: "I – Há manifesta omissão da produção de prova quando, numa providência cautelar não especificada, não havendo factos plenamente provados, por confissão ou documentos, o juiz não proceda à inquirição das testemunhas oferecidas."

II – Quando houver necessidade, o juiz designará dia para a produção das provas que tenham sido requeridas ou oficiosamente determinadas. Por regra, em sede de procedimentos cautelares, o tribunal bastar-se-á, por deferência à livre iniciativa das partes, com a mera produção das provas requeridas.

Mas não é forçoso que assim seja. Se, para a descoberta da verdade material e para uma maior segurança na decisão, o magistrado judicial achar conveniente ordenar a produção de outros meios de prova, poderá fazê-lo. Deverá, contudo, ter sempre presente o objectivo primordial da celeridade.

III – Preceitua o artigo 386.º, n.º 2, do CPC, o seguinte: *"A audiência final só pode ser adiada, por uma única vez, no caso de falta de mandatário de alguma das partes, devendo realizar-se num dos cinco dias subsequentes."* Correcta ou incorrectamente,[271] foi este o regime que foi estabelecido, para o processo civil,[272] pelo DL n.º 329-A/95, de 12 de Dezembro.

Convém, no entanto, alertar que, mercê das alterações operadas pelo, já, largas vezes, citado, DL n.º 183/2000, de 10 de Agosto, o adiamento das audiências (uma das principais causas da morosidade da justiça) sofreu várias mudanças. Destarte, por regra, a falta de advogado deixou de ser causa de adiamento da audiência final.

---

[271] Esta norma tem merecido, por parte de ABRANTES GERALDES, *Temas da Reforma...*, cit., vol. III, pp. 219, *in fine*, e 220, duríssimas críticas. Senão vejamos: "Tendo o legislador fixado a celeridade processual como objectivo a prosseguir através da reforma de 1997, reflectindo, aliás, as críticas advindas da sociedade, dos profissionais forenses e dos próprios magistrados dirigidas ao modo de funcionamento arrastado e burocratizante dos tribunais, não se justifica uma norma como a inserida no art. 386.º, n.º 2, que admite o adiamento da diligência de produção de prova com base na simples falta de mandatário judicial. (...) Nenhuma razão foi adiantada para a solução contida no n.º 2, o que nos leva a presumir que, afinal, o objectivo da celeridade cedeu, mais uma vez, perante outros interesses que não ficaram declarados. Aliás, podemos concluir até que o nobre objectivo da celeridade cedeu perante a simples adesão a atitudes rotineiras e produtoras de efeitos dilatórios (...)".

[272] Já para o processo do trabalho a solução é bem diversa. Face ao n.º 3 do artigo 32.º do CPT, "a falta de comparência de qualquer das partes ou dos seus mandatários não é motivo de adiamento." Voltaremos, mais adiante, a esta questão.

Só assim não será *"se o juiz não tiver providenciado pela marcação mediante acordo prévio com os mandatários judiciais, nos termos do artigo 155.º, e faltar algum dos advogados;"*[273] ou *"se faltar algum dos advogados que tenha comunicado a impossibilidade da sua comparência, nos termos do n.º 5 do artigo 155.º".*[274]

O que equivale por dizer que a falta de comparência do advogado constitui motivo de adiamento da audiência sempre que esta tiver sido marcada sem o seu prévio consentimento e, ainda que tenha havido este, sempre que aquele comunicar a impossibilidade da sua comparência.[275] Assim sendo, *"é indispensável que o tribunal procure obter o acordo destes* [isto é, dos mandatários judiciais] *quanto à data da sua realização e pratique, na medida do possível, um controlo efectivo sobre as causas que impossibilitam a comparência do mandatário."*[276]

Fazendo a transposição do que acaba de ser dito, somos de opinião que, no âmbito do *procedimento cautelar comum*, o regime instituído pelo DL n.º 329-A/95, de 12 de Dezembro, continua a manter toda a sua actualidade. Mesmo que a audiência final prevista no artigo 386.º do CPC tenha sido marcada com o acordo prévio dos mandatários judiciais (do requerente e do requerido),[277] e mesmo que não tenha havido comunicação da impossibilidade da comparência.

Sustentamos esta nossa posição no silêncio – cremos que propositado – do DL n.º 183/2000, de 10 de Agosto. Se o intuito do legislador tivesse sido o de transpor o regime aplicável à audiência de discussão e julgamento para o terreno específico dos procedi-

---

[273] Artigo 651.º, n.º 1, alínea c), do CPC.
[274] Artigo 651.º, n.º 1, alínea d), do CPC.
[275] Bastando apenas a mera comunicação. Com efeito, de acordo com o artigo 1.º do DL n.º 330/91, de 05 de Setembro, "a falta de advogado a um acto judicial não carece de ser justificada nem pode dar lugar à sua condenação em custas."
[276] MIGUEL TEIXEIRA DE SOUSA, "As Recentes...", *cit.*, pp. 80, *in fine*, e 81.
[277] Neste último caso, como é lógico, quando se tenha optado pela audição do requerido.

mentos cautelares, tê-lo-ia, decerto, feito inequivocamente. Ou através da revogação do n.º 2 do artigo 386.º do CPC, ou através de uma remissão expressa para as alíneas c) e d) do n.º 1 do artigo 651.º do CPC.

IV – Como decorrência do que antecede, se a falta respeitar a pessoa regularmente convocada (partes, testemunhas, peritos), e se não se prescindir do seu depoimento,[278] não é admissível o adiamento da audiência.[279] Há, isso sim, uma *suspensão* desta mesma audiência (designando-se, todavia, de imediato, uma data para a sua continuação).[280]

V – Finalmente, cumprir-nos-á assinalar que, sempre que se opte pela não audição do requerido, os depoimentos prestados na audiência final terão, de forma inelutável, de ser alvo de gravação. É o que se estatui no artigo 386.º, n.º 4, do CPC.

Como não poderia deixar de suceder, esta imposição legal encontra-se alicerçada no princípio do contraditório. De forma a poder reagir contra uma providência que foi ordenada sem o seu conhecimento, o requerido, tendo em conta que só vai exercer o direito ao contraditório *a posteriori*, deve ter à sua disposição todos os elementos que conduziram o tribunal a decretar a providência.

---

[278] Exceptuando os peritos que, de acordo com o artigo 588.º, n.º 1, do CPC, prestam, mais concretamente, os esclarecimentos que lhes sejam pedidos. De referir, de igual modo, que, em face do artigo 576.º do CPC, a parte que requer a perícia não pode desistir dela sem a anuência da parte contrária.

[279] Refira-se, a título de curiosidade, que o artigo 629.º, n.º 2, primeira parte, do CPC (com a alteração introduzida pelo DL n.º 38/2003, de 08 de Março), determina, expressamente, que a falta de testemunhas não constitui motivo de adiamento dos outros actos de produção de prova, sendo as testemunhas presentes ouvidas, mesmo que tal implique alteração da ordem em que se encontram mencionadas no rol. Para uma panorâmica satisfatória acerca do regime de produção da prova testemunhal, vide JOSÉ LEBRE DE FREITAS, "As Novas...", *cit.*, pp. 634 e ss.; e MIGUEL TEIXEIRA DE SOUSA, "As Recentes...", *cit.*, pp. 64 e ss..

[280] Artigo 386.º, n.º 3, do CPC: "A falta de alguma pessoa convocada e de cujo depoimento se não prescinda, bem como a necessidade de realizar qualquer diligência probatória no decurso da audiência, apenas determinam a suspensão desta na altura conveniente, designando-se logo data para a sua continuação."

Se, pelo contrário, se tiver optado pela audição do requerido, as regras a observar são as consignadas no artigo 304.º, n.º 2, do CPC. Assim, só os depoimentos prestados antecipadamente ou por carta é que estão sujeitos a registo, mediante gravação, ou, sendo esta impossível, através de redução a escrito.[281] Todos os restantes serão orais (visando maior celeridade).

1.8. Decisão

1.8.1. DECISÃO SOBRE A MATÉRIA DE FACTO

Uma vez produzida e apreciada a prova, o juiz deverá, de acordo com a imposição consagrada no artigo 653.º, n.º 2, do CPC, decidir acerca da matéria de facto, declarando *"quais os factos que o tribunal julga provados e quais os que julga não provados, analisando criticamente as provas e especificando os fundamentos que foram decisivos para a convicção do julgador"*.[282-283-284]

---

[281] Artigo 522.º-A, n.ºs 1 e 2, do CPC.

[282] Atentemos, a este respeito, nas palavras de J. PEREIRA BATISTA, *apud* ABÍLIO NETO, *Código de Processo Civil Anotado*, 17.ª edição, Lisboa, Ediforum, 2003, p. 817: "Não se trata, por conseguinte, de um mero juízo arbitrário ou de intuição sobre a realidade ou não de um facto, mas de uma convicção adquirida através de um processo racional, alicerçado (...) na análise criticamente comparativa dos diversos dados trazidos através das provas e na ponderação e maturação dos fundamentos e motivações essencialmente determinantes da opção feita e cuja enunciação, por exigência legal, representa o assumir das responsabilidades do julgador inerentes ao carácter público da administração da Justiça."

[283] No sentido da obrigatoriedade da motivação da decisão de facto dos procedimentos cautelares, *vide* EDGAR TABORDA LOPES, "Motivação da Decisão de Facto: Uma Visão da Prática", *Direito Processual Civil – Estudos Sobre Temas de Processo Civil*, coordenação de RUI MANUEL DE FREITAS RANGEL, 1.ª edição, Lisboa, SFN Editores, 2001, p. 178.

[284] Para maiores desenvolvimentos acerca do dever de fundamentação da decisão de facto, *cfr.* EDGAR TABORDA LOPES, "Motivação...", *cit.*, pp. 161 a 180; e EURICO JOSÉ MARQUES DOS REIS, "O Dever de Motivação da Decisão Quanto à Matéria de Facto: Realidades e Ficções", *Direito Processual Civil – Estudos Sobre Temas de Processo Civil*, coordenação de RUI MANUEL DE FREITAS RANGEL, 1.ª edição, Lisboa, SFN Editores, 2001, pp. 115 a 141.

A cominação para o desrespeito da imposição legal de consignar em acta[285] os factos que o juiz considera suficientemente provados e não provados traduz-se, tal como propugna ABRANTES GERALDES,[286] "(...) [n]uma nulidade processual."[287]

1.8.2. DECISÃO FINAL

I – Logo após ter havido uma decisão sobre a matéria de facto, o juiz deverá proferir, ditando para a acta, decisão sobre a questão de direito. Esta solução é necessariamente imposta no âmbito dos procedimentos cautelares de *alimentos provisórios* e de *arbitramento de reparação provisória* (vide, respectivamente, artigos 400.º, n.º 3, *in fine*, e 404.º, n.º 1, ambos, do CPC).[288]

No entanto, em sede de *procedimento cautelar comum*, não existe nenhuma disposição semelhante. Deste modo não vislumbramos qualquer escolho a que a decisão seja proferida por escrito, em momento diverso àquele em que seja efectuada a produção da prova.

---

[285] A regra, mercê do disposto no artigo 304.º, n.º 5, do CPC, é a de que a decisão da matéria de facto deva ser proferida, imediatamente, e, por consequência, em acta, "finda a produção da prova". Porém, autores há que defendem que, "só a título excepcional se justifica protelar essa decisão para outra ocasião, designadamente quando se verifiquem determinadas circunstâncias que coloquem ao juiz graves dificuldades quanto ao imediato cumprimento desse dever (*v.g.* complexidade da matéria ou dos meios de prova ou quando os valores que estão em causa exijam uma maior ponderação e serenidade como requisitos necessários a uma solução mais segura e mais justa)." – ABRANTES GERALDES, *Temas da Reforma...*, cit., vol. III, p. 237.

[286] ABRANTES GERALDES, *Temas da Reforma...*, cit., vol. III, p. 237.

[287] A propósito desta nulidade, *vide* Ac. RL de 15.12.1999, *BMJ*, 492.º, p. 480: "I – Omitindo o juiz a declaração dos factos provados e não provados no termo da produção da prova nos procedimentos cautelares, não se verifica a nulidade prevista no n.º 1 do artigo 201.º do Código de Processo Civil, por a omissão estar especialmente prevista nos artigos 666.º, n.º 3, e 668.º, n.º 1, alínea b), daquele diploma (...).".

[288] A imperatividade de a decisão final ser ditada para a acta – e sucintamente fundamentada – constitui, de igual forma, outra das especialidades do *procedimento cautelar comum* no CPT (artigo 32.º, n.º 1, alínea c), do CPT) – questão a ser abordada adiante.

Contudo, e sempre que haja possibilidade, é preferível que tal não aconteça. Tendo sempre no horizonte que a eficácia dos procedimentos cautelares depende, sobremaneira, da celeridade, é aconselhável que a actividade jurisdicional, apesar de imprescindível, se concentre num só momento procedimental (seguidamente à instrução e às alegações dos mandatários).

II – A natureza da decisão que é proferida no âmbito dos procedimentos cautelares tem constituído, desde há muito, quer a nível doutrinal, quer a nível jurisprudencial, uma autêntica *vexata quaestio*. De um lado perfilam-se aqueles que defendem que estamos na presença de uma verdadeira *sentença*.[289] Do lado oposto encontram-se aqueles que defendem que estamos não na presença de uma sentença, mas antes de um *despacho*.[290]

Esta querela não está, tão-pouco, solucionada na legislação processual civil vigente. Com efeito, apesar de, no procedimento cautelar de *alimentos provisórios*, o artigo 400.º, n.º 3, do CPC, prever, expressamente, que o "*juiz (...) decide, por sentença oral (...)*", logo nos deparamos com o artigo 738.º, n.º 1, alínea b), do CPC, a fazer referência ao "*despacho que ordene a providência (...)*".

O que importa reter, independentemente da qualificação como *sentença* ou como *despacho*, é que a decisão final proferida no *procedimento cautelar comum* – e nos restantes procedimentos

---

[289] L. P. MOITINHO DE ALMEIDA, *Providências...*, cit., p. 58: "(...) temos dúvidas na qualificação de despacho em vez de sentença, da decisão proferida, sobre o fundo, em processo de providências cautelares não especificadas (...)".

[290] JOSÉ DOS SANTOS SILVEIRA, *Processos...*, cit., p. 83, defende que a decisão proferida nas providências cautelares não especificadas deve "(...) qualificar-se de despacho e não de sentença porquanto o procedimento não se apresenta, verdadeiramente, com a fisionomia de uma causa, tanto mais que a providência pode ser decretada sem audiência do réu."; Ac. STJ de 12.02.1963, *BMJ*, 124.º, p. 596: "O despacho que, em autos de providência cautelar, decretou a proibição (...)"; Ac. RE de 07.10.1976, *BMJ*, 263.º, p. 308: "(...) o requerido – em providência cautelar não especificada – pode agravar do despacho, que deferir a providência (...)"; Ac. STJ de 06.02.1986, *BMJ*, 354.º, p. 434: "(...) uso simultâneo do despacho que ordenou a providência (...)".

cautelares – deve, obrigatoriamente, e tal como a decisão sobre a matéria de facto, ser, ainda que de forma sucinta, fundamentada (*ex vi* artigo 158.º, n.º 1, do CPC).

1.8.2.1. INDEFERIMENTO

I – A decisão final proferida pelo magistrado judicial poderá indeferir o pedido pelo facto de as provas produzidas nos autos (quer estas tenham sido carreadas ou requeridas pelas partes, quer tenham sido oficiosamente determinadas pelo tribunal) não revelarem a probabilidade séria da existência do direito do requerente, não mostrarem ser fundado o seu receio de lesão, ou ambas (artigo 387.º, n.º 1, do CPC, *a contrario sensu*).[291]

> "*El juzgador desestima la pretensión cautelar (...) cuando la considera infundada. Esta falta de fundamento puede desprenderse de las alegaciones y pruebas del demandado quien aduciendo hechos impeditivos, extintivos o excluyentes desvirtúa los presupuestos presentados por el solicitante. Pero también puede tener lugar cuando este último no hubiera acreditado suficientemente dichos requisitos, bien por falta material de los mismos bien porque de los hechos por él alegados se deduzca su carácter impeditivo o extintivo.*"[292]

II – Do mesmo modo, a decisão será de indeferimento quando, pese embora o requerente tenha feito prova dos requisitos exigidos para o decretamento, o juiz, no seu prudente arbítrio, entender que o prejuízo resultante da concessão da providência excede, de forma considerável, o dano que com ela se pretende evitar (artigo 387.º, n.º 2, do CPC).

Assim sendo, é de assaz importância que o juiz, antes de decidir, sopese e pondere não só a gravidade dos prejuízos que, com verosimilhança, poderão resultar da lesão iminente da esfera jurídica do requerente, mas também os danos (patrimoniais e não patrimoniais) que, previsivelmente, poderão decorrer para o requerido do decretamento e execução da medida cautelar solicitada.[293]

---

[291] A este propósito, remetemos para aquilo que foi dito *supra* em I.2.1. e I.2.2..

[292] MARÍA PÍA CALDERÓN CUADRADO, *Las Medidas...*, cit., p. 249.

[293] Vide *supra* I.2.4..

1.8.2.2. Deferimento

I – Desde que não estejamos perante a hipótese analisada anteriormente, e *"desde que haja probabilidade séria da existência do direito e se mostre suficientemente fundado o receio da sua lesão"* a providência deverá ser, pura e simplesmente, ordenada (artigo 387.º, n.º 1, do CPC).

> *"La estimación total se realizará en base a la concurrencia de todos y cada uno de los presupuestos cautelares que alegados y acreditados por el solicitante no hubieran sido destruidos por el sujeto pasivo. Partindo de ello, y siendo la medida solicitada la adecuada para lograr la finalidad que se pretende, el órgano jurisdiccional no puede por menos que acordarla."*[294]

Destarte, para o decretamento de um *procedimento cautelar comum*, basta que, de forma ainda que sumária (*summaria cognitio*), se conclua pela probabilidade séria da existência do direito invocado (*fumus boni iuris*) e pelo justificado receio de que, através da demora na resolução definitiva do litígio, se cause prejuízo irreparável ou de difícil reparação ao impetrante (*periculum in mora*).

II – O artigo 392.º, n.º 3, primeira parte, do CPC, refere que *"o tribunal não está adstrito à providência concretamente requerida (...)"*, ou seja, pode decretar providência diversa daquela que foi solicitada. Assim, e desde que a matéria de facto alegada permita a conversão, o juiz não se encontra vinculado a conceder a medida individualizada pelo requerente. Antes pelo contrário. Ele tem ampla liberdade para decretar a medida que repute como a mais adequada a tutelar o caso concreto.[295]

III – O tribunal pode, outrossim, decretar várias providências cautelares num mesmo procedimento cautelar. Para tal, só se torna

---

[294] María Pía Calderón Cuadrado, *Las Medidas...*, cit., p. 248.

[295] Na mesma linha de raciocínio de Miguel Teixeira de Sousa, *Estudos...*, cit., p. 248. Ainda de acordo com este autor, do "(...) regime [mencionado] também decorre que uma idêntica modificação da providência pelo próprio requerente não é condicionada pelo disposto no artigo 273.º, n.os 1 e 2." A respeito da aplicação aos procedimentos cautelares do artigo 273.º do CPC, *vide* Maria dos Prazeres Pizarro Beleza, "Impossibilidade de Alteração do Pedido ou da Causa de Pedir nos Procedimentos Cautelares", *Direito e Justiça*, vol. XI, tomo 1, 1997, pp. 337-350.

necessário que a tramitação para cada uma delas não seja absolutamente incompatível. Sempre que a apreciação conjunta das pretensões for indispensável para a justa composição do litígio, e nela houver um interesse relevante, nada impede que haja uma cumulação de providências (artigos 392.º, n.º 3, *in* fine, e 31.º, n.ºs 2 e 3, do CPC).[296]

IV – Na nossa opinião, embora o corpo do artigo 387.º do CPC não o refira expressamente, nada impede que, entre o indeferimento e o deferimento total, possam coexistir outras soluções adequadas ao caso concreto que defiram, embora de forma parcial, as providências requeridas.

Esta posição tem sido sustentada por alguma doutrina espanhola.[297]

> *Contenido, en fin, de la resolución judicial puede ser una estimación o desestimación parcial de lo pretendido. El juez puede adoptar una decisión de este tipo cuando solicitadas varias medidas cautelares al amparo del artículo 1428 LEC[298] concede tan sólo alguna de ellas (pueden solicitarse, por ejemplo, prohibiciones, retenciones e intervenciones de forma acumulada, estimándose únicamente alguna de ellas); pero también se produce este supuesto cuando realizada una única petición, el órgano jurisdiccional considera conveniente en vista de los presupuestos alegados y de la finalidad pretendida reducirla cuantitativa o cualitativamente.*

V – *"A providência decretada pode ser substituída por caução adequada, a pedido do requerido, sempre que a caução oferecida, ouvido o requerente, se mostre suficiente para prevenir a lesão ou repará-la integralmente."* Conforme podemos constatar através da

---

[296] Para maiores desenvolvimentos, *vide* MIGUEL TEIXEIRA DE SOUSA, *Estudos...*, *cit.*, pp. 248-249; e ABRANTES GERALDES, *Temas da Reforma...*, *cit.*, vol. III, pp. 337-340.

[297] MARÍA PÍA CALDERÓN CUADRADO, *Las Medidas...*, *cit.*, p. 249.

[298] Em Espanha, a tutela cautelar atípica e indeterminada era regulada, até há pouco tempo atrás, pelo artigo 1428 da *Ley de Enjuiciamiento Civil de 1881* (com as alterações introduzidas na sequência da *Ley de Reforma Urgente de la LEC de 1984*). Contudo, com a entrada em vigor da *Ley de Enjuiciamiento Civil de 2000* (aprovada pela *Ley 1/2000, de 7 de enero*), a tutela cautelar, dispersa e desordenada até então, passou a ter um tratamento unitário e sistematizado (nos artigos 721 e seguintes).

redacção do artigo 387.º, n.º 3, do CPC, a lei permite, em certas circunstâncias, que o requerido substitua a providência decretada por caução.[299]

Porém, faz depender a sobredita substituição de dois requisitos – da *adequação* e da *suficiência* – requisitos estes que devem ser apreciados casuisticamente e que pressupõem que, através da prestação da caução, se possa obter o mesmo efeito a que se destinava a providência requerida.[300]

Apenas mais duas breves notas. Quando a providência cautelar tiver sido substituída por caução, fica esta sem efeito nos mesmos termos em que o ficaria a providência substituída, ordenando-se o levantamento daquela.[301] A substituição em nada prejudica quer o direito de recurso (da decisão que haja ordenado a providência), quer a faculdade de o requerido deduzir oposição.[302]

---

[299] À prestação da caução pelo requerido é aplicável o disposto nos artigos 981.º a 990.º do CPC e nos artigos 623.º a 626.º do CC. Refira-se, outrossim, que, de acordo com o artigo 990.º, n.º 1, do CPC, a prestação da caução processar-se-á por apenso ao procedimento cautelar.

[300] A substituição da providência cautelar pela prestação de caução é admissível, de forma expressa, no terreno do *embargo de obra nova* (artigo 419.º do CPC), do *arresto de navios e sua carga* (artigo 409.º, n.º 2, do CPC) e do *procedimento cautelar comum* (artigo 387.º, n.º 3, do CPC). No entanto, no âmbito deste procedimento cautelar, nem sempre. Conforme o decidido pelo Ac. RP de 21.12.1989, *apud* MIGUEL TEIXEIRA DE SOUSA, *Estudos...*, *cit.*, p. 251, "(...) se, por exemplo, a providência decretada visa a abstenção de uma actividade da qual resulta a produção de cheiros, detritos e grandes quantidades de moscas e mosquitos, tornando o ar irrespirável e perturbando a saúde da requerente, a caução não pode garantir a mesma protecção assegurada por aquela providência e, por isso, não a pode substituir."

[301] Redacção do artigo 389.º, n.º 3, do CPC. A propósito deste n.º 3 do artigo 389.º, convém atentarmos nas palavras de RODRIGUES BASTOS, *Notas...*, 3.ª edição, *cit.*, p. 174: "O código anterior determinava que a providência ficasse sem efeito quando o réu prestasse caução, sendo caso disso. Observava-se que a caução, funcionando como verdadeiro sucedâneo da providência cautelar, não devia determinar a caducidade desta. Eliminou-se, consequentemente, essa causa de caducidade e tratou-se da caução no n.º 3, tornando expressa a solução que a doutrina já havia indicado. Parece-nos que se deveria ter aproveitado a ocasião para deslocar essa matéria para um preceito autónomo, que tratasse somente da *substituição* da providência, e não conservá-la num artigo que se ocupa dos casos de caducidade."

[302] Tal é-nos dito pelo n.º 4 do artigo 387.º do CPC.

1.9. Impugnação da decisão

I – Quando a providência cautelar solicitada for julgada improcedente – e tenha havido, portanto, uma decisão de indeferimento – o requerente pode impugnar estoutra através de um *recurso de agravo* (desde que o valor do *procedimento cautelar comum* seja superior à alçada do tribunal de primeira instância) que, em face do disposto nos artigos 738.º, n.º 1, alínea a), *in fine*, e 740.º, n.º 1, do CPC, subirá imediatamente, nos próprios autos do procedimento cautelar, e terá efeito suspensivo.

II – Por seu turno, quando sobre a providência cautelar solicitada recair uma decisão de deferimento – de decretamento do procedimento cautelar – o requerido pode impugná-la nos moldes referidos no artigo 388.º do CPC. A solução apresenta-se-nos diversa, consoante tenha havido, ou não, observância do contraditório do requerido.

Se, atento o circunstancialismo previsto na parte final do artigo 385.º, n.º 1, do CPC, se tiver optado pela dispensa do contraditório, o requerido pode lançar mão, em alternativa, quer do *recurso de agravo*, quer da *oposição*.

Contrariamente, se tiver sido observada a regra, isto é, se o tribunal tiver ouvido o requerido, o único meio de impugnação da decisão que decretou a providência cautelar é o *recurso de agravo*. Nestes casos, não há qualquer possibilidade de se lançar mão da *oposição*.

A razão que está subjacente a esta restrição dos meios de impugnação postos à disposição do requerido é óbvia. Como bem nota CALDERÓN CUADRADO,[303]

> (...) *no podemos considerar válida una doble posibilidad de oposición en el sentido de permitir al sujeto pasivo oponerse previamente y, si no se alcanzara el resultado pretendido, volver a repetir su oposición en un momento ulterior. (...) Como ha puesto de relieve Ortells se le concedería más posibilidades de defensa que las otorgadas a los demandados de un proceso de declaración ordinario. (...) Por último, tampoco sería posible entender (...) una contradicción previa o diferida a elección del sujeto pasivo.*

---

[303] MARÍA PÍA CALDERÓN CUADRADO, *Las Medidas...*, cit., p. 232.

1.9.1. RECURSO[304]

I – Conforme já deixamos antever, independentemente de estarmos na presença de uma decisão de conteúdo meramente formal ou de uma decisão de mérito do procedimento, o recurso é sempre de *agravo* (*cfr.* artigo 738.º do CPC) e pode ser interposto directamente para a própria acta.[305]

II – Em virtude da redacção do artigo 387.º-A do CPC,[306] das *"(...) decisões proferidas nos procedimentos cautelares não cabe recurso para o Supremo Tribunal de Justiça, sem prejuízo dos casos em que o recurso é sempre admissível."*

Assim, no âmbito do *procedimento cautelar comum* (e dos restantes procedimentos cautelares), só se torna possível recorrer para o STJ quando estivermos perante os casos previstos nos n.ºs 2 e 3 do artigo 678.º do CPC;[307] quando um acórdão estiver em

---

[304] Para maiores desenvolvimentos em matéria de recursos, *vide*, entre outros, ARMINDO RIBEIRO MENDES, *Recursos em Processo Civil*, 2.ª edição, Lisboa, Lex, 1994; JOSÉ JOÃO BAPTISTA, *Dos Recursos (em Processo Civil)*, 5.ª edição, s.l., SPB Editores, s.d.; MIGUEL TEIXEIRA DE SOUSA, *Estudos...*, *cit.*, pp. 390-565; ARMINDO RIBEIRO MENDES, "Os Recursos no Código de Processo Civil Revisto", *Direito Processual Civil – Estudos Sobre Temas de Processo Civil*, coordenação de RUI MANUEL DE FREITAS RANGEL, 1.ª edição, Lisboa, SFN Editores, 2001, pp. 31-56; JOSÉ ALBINO CAETANO DUARTE, "Os Recursos em Processo Civil – Breves Apontamentos", *Direito Processual Civil – Estudos Sobre Temas de Processo Civil*, coordenação de RUI MANUEL DE FREITAS RANGEL, 1.ª edição, Lisboa, SFN Editores, 2001, pp. 143-160; J. O. CARDONA FERREIRA, *Guia de Recursos em Processo Civil*, 3.ª edição, s.l., Coimbra Editora, 2005; e FERNANDO AMÂNCIO FERREIRA, *Manual dos Recursos em Processo Civil*, 7.ª edição, Coimbra, Almedina, 2006.

[305] Artigo 687.º, n.º 2, do CPC: "Tratando-se de despachos ou sentenças orais, reproduzidos no processo, o requerimento de interposição pode ser ditado para a acta."

[306] Redacção introduzida pelo DL n.º 375-A/99, de 20 de Setembro.

[307] Artigo 678.º do CPC (*Decisões que admitem recurso*): "(...) 2. Mas se tiver por fundamento a violação das regras de competência internacional, em razão da matéria ou da hierarquia ou a ofensa de caso julgado, o recurso é sempre admissível, seja qual for o valor da causa. 3. Também admitem sempre recurso as decisões respeitantes ao valor da causa, dos incidentes ou dos procedimentos cautelares, com o fundamento de que o seu valor excede a alçada do tribunal de que se recorre (...)".

contradição ou oposição com outro, da mesma ou de outra Relação, que tenha sido proferido sobre a mesma questão de direito, e desde que nela não tenha sido assumida jurisprudência uniformizada pelo Supremo, nos termos do artigo 754.º, n.º 2, do CPC.

O mesmo acontecendo quando estivermos perante um acórdão da Relação que contrarie jurisprudência uniformizada pelo STJ (artigo 678.º, n.º 6, do CPC); ou, por último, quando determinada decisão condenatória em *litigância de má fé* houver sido proferida pela Relação (caso em que, para o estrito efeito dessa matéria, e nos termos do artigo 456.º, n.º 3, do CPC, é sempre admitido um grau de recurso).

III – Tal como já foi anteriormente referido, o requerente, não se conformando com a decisão de indeferimento da providência cautelar que instaurou, pode, preenchidos que estejam os pressupostos de que se faz depender a reapreciação de uma decisão por um tribunal superior, recorrer para a Relação.

Como é natural, o requerente/recorrente pode ver ser negado provimento ao seu recurso (mantendo-se a decisão recorrida); ou, pelo contrário, pode vê-lo obter provimento, e, por consequência, ver ser decretada a providência requerida. Nesta última situação, e caso se tenha dispensado o contraditório, dever-se-á desrespeitar a regra ínsita no artigo 742.º, n.º 1, do CPC.[308-309]

---

[308] Artigo 742.º (*Notificação do despacho – Peças que hão-de instruir o recurso*), n.º 1, do CPC: "O despacho que admite o recurso é notificado às partes."

[309] As razões que estão na base desta posição prendem-se, uma vez mais, com os efeitos perniciosos que poderão advir, para a eficácia e para o fim da providência cautelar, caso o requerido venha a ter conhecimento da pendência de um procedimento cautelar contra si instaurado. Assim, julgamos que a melhor solução será aquela que mantém o segredo de justiça mesmo na fase do recurso. A este propósito, ABRANTES GERALDES, *Temas da Reforma...*, *cit.*, vol. III, p. 270, sustenta que "uma resposta que negue o cumprimento do contraditório na fase do recurso encontra algum apoio nos arts. 385.º, n.º 1, e 234.º-A, n.º 3, e tem a sua justificação racional na necessidade de evitar os riscos que para a eficácia e para o objectivo da providência podem advir da audição do requerido, mesmo em sede de recurso de agravo."

IV – "*Quando o requerido não tiver sido ouvido antes do decretamento da providência, é-lhe lícito (...), na sequência da notificação prevista no n.º 6 do art.º 385.º: a) recorrer, nos termos gerais, do despacho que a decretou, quando entenda que, face aos elementos apurados, ela não devia ter sido deferida*".[310]

Por conseguinte, quando a discordância do requerido, relativamente à decisão, se fundar em razões pura e estritamente jurídicas, então o meio adequado para a sua impugnação é o recurso. Dentro do prazo de dez dias a contar da notificação efectuada nos termos do artigo 385.º, n.º 6, do CPC, o requerido deve interpor o respectivo recurso de agravo (artigo 685.º, n.º 1, do CPC).

O tribunal superior, em face da obrigatoriedade imposta pelo artigo 386.º, n.º 4, do CPC (gravação dos depoimentos prestados quando o requerido não haja sido ouvido), poderá proceder à reapreciação das provas prestadas oralmente, confirmando ou alterando a decisão sobre a matéria de facto (que serviu de base à motivação da decisão final) que tenha sido proferida pelo juiz do tribunal *a quo* (artigo 712.º, n.º 1, alínea a), e n.º 2, do CPC).

1.9.2. Oposição

I – Tal como já dissemos *supra*, quando o requerido não tiver sido ouvido, é-lhe lícito, em alternativa ao recurso de agravo, e "*(...) quando pretenda alegar factos ou produzir meios de prova não tidos em conta pelo tribunal e que possam afastar os fundamentos da providência ou determinar a sua redução (...)*", deduzir *oposição*.[311]

Limitando-se, tão-somente, à alegação e à apresentação de, respectivamente, factos e meios de prova novos, a oposição (que, também, deve ser deduzida no prazo de dez dias)[312] serve para afastar ou reduzir a providência anteriormente decretada.[313]

---

[310] Artigo 388.º, n.º 1, alínea a), do CPC.
[311] Artigo 388.º, n.º 1, alínea b), do CPC.
[312] Em face do preceituado no n.º 2 do artigo 303.º do CPC.
[313] Atentemos, no tocante à oposição prevista na alínea b) do n.º 1 do artigo 388.º do CPC, às palavras de Lopes do Rego, *Comentários..., cit.*, p. 356: "Pretendendo o requerido, não oportunamente ouvido, exercer o direito de defesa

Dado que através desta *oposição superveniente* o requerido pode fazer chegar aos autos matéria de facto que ainda não havia sido alegada, não nos repugna que, por respeito, uma vez mais, ao princípio do contraditório, seja dada ao requerente a oportunidade de responder à oposição. Porém, não devemos ir muito mais além. Ao requerente não deverá ser dada a possibilidade de oferecer novos meios de prova (uma vez que já teve, anteriormente, essa mesma oportunidade).[314]

II – Apresentado o requerimento de oposição (e a eventual resposta ao mesmo), e efectuando-se a produção da prova requerida, o juiz deverá proferir nova decisão. Se os factos e os meios de prova que fundamentam a oposição do requerido não forem suficientes para infirmar a convicção que levou o juiz a concluir pela probabilidade séria da existência do direito invocado e pelo fundado receio da sua lesão, então a decisão manter-se-á.

Se, pelo contrário, o requerido conseguir municiar os autos com um conjunto de factos e provas tais que permitam supor que o prejuízo emergente do decretamento da providência excede consideravelmente o dano que ela visava acautelar, então a decisão será de revogação.

---

de que ficou privado, trazendo à colação novos factos ou meios de prova não valorados pelo tribunal, tendentes a afastar os fundamentos da providência ou a determinar a sua redução aos «justos limites», é-lhe facultada a dedução superveniente da defesa, em prazo contado da notificação da decisão que decretou a providência (ou de que a mesma está realizada no plano material – artigo 385.º-5)."

[314] Sob pena de, como alerta ABRANTES GERALDES, *Temas da Reforma...*, cit., vol. III, p. 283, se transformar o incidente da oposição numa verdadeira acção semelhante aos embargos que se encontravam regulados nos artigos 405.º e 406.º do CPC de 1961. Convém, ainda a este propósito, verificar aquilo que nos é dito pelo Relatório do DL n.º 329-A/95, de 12 de Dezembro: "(...) procura, por esta via, obviar-se, não só a que os embargos possam ter lugar nos casos em que já houve prévia audiência do requerido, como ainda a que, no procedimento cautelar em questão, acabe por se enxertar a verdadeira acção declaratória em que os embargos à providência decretada actualmente se traduzem."

Cumpre-nos, de igual modo, assinalar que, entre a decisão de manutenção e a decisão de revogação, o juiz pode limitar-se a reduzir a providência até limites por si considerados como satisfatórios para afastar a situação que justificou a concessão desta mesma providência.

Porém, há que ter sempre presente que qualquer uma destas decisões é impugnável por via de recurso. Tal é-nos dito pelo n.º 2 do artigo 388.º do CPC: *"No caso a que se refere a alínea b) do número anterior* [dedução de oposição pelo requerido]*, o juiz decidirá da manutenção, redução ou revogação da providência anteriormente decretada, cabendo recurso desta decisão, que constitui complemento e parte integrante da inicialmente proferida."*[315]

1.10. Caducidade da providência

I – De acordo com o preceituado no artigo 389.º, n.º 1, primeira parte, do CPC, o procedimento cautelar extingue-se e, quando decretada, a providência caduca, sempre que ocorra um dos casos previstos nas várias alíneas daqueloutro. Para a compreensão deste preceito, há que ter, novamente, em atenção a diferença existente entre o *procedimento* e a *providência* cautelar. E, por outro lado, ter bem presente que a caducidade desta acarreta, inelutavelmente, a extinção daquele.

II – A primeira situação que conduz à caducidade de uma providência cautelar não especificada – e, por isso, à extinção da instância procedimental – é a da alínea a) do n.º 1 do artigo 389.º

---

[315] "O sistema instituído visa evitar que a parte tenha o ónus de lançar mão simultaneamente do recurso de agravo e do exercício da oposição subsequente (...) – com o inconveniente manifesto de questões, muitas vezes conexas, estarem simultaneamente a ser apreciadas na 1.ª instância e na Relação. Daí que, verificando-se os fundamentos de oposição, (...) deva a parte começar por deduzi-la, aguardando a prolação da decisão que a aprecie (...): e abrindo-se, só neste momento, a via do recurso, relativamente a todas as questões suscitadas, quer pela decisão originária, quer pela que a completa ou altera." – LOPES DO REGO, *Comentários...*, cit., p. 357.

do CPC, isto é, *"se o requerente não propuser a acção da qual a providência depende dentro de trinta dias, contados da data em que lhe tiver sido notificada a decisão que a tenha ordenado (...)"*.

A razão que está subjacente a esta alínea é a já veiculada falta de autonomia dos procedimentos cautelares. Deste modo, faz-se recair sobre o requerente um autêntico ónus de propositura da acção principal respectiva dentro de um hiato de tempo necessariamente curto.[316]

Porquanto, como sublinha RODRIGUES BASTOS,[317] *"(...) compreende-se que caduque a medida tomada com essa finalidade* [combater o *periculum in mora*] *quando o autor se revele negligente em obter a decisão definitiva. Se assim não fosse, converter-se-ia uma justa norma de protecção do requerente em injustificado gravame do requerido, que ficaria indefinidamente amarrado a uma decisão, proferida sumária e rapidamente, e, portanto, com bastantes probabilidades de não ser a mais justa."*

O prazo a que se alude *supra* conta-se a partir da data em que se efectuou a notificação ao requerente da decisão que tenha ordenado a providência.[318] Assim, se a decisão tiver sido proferida oral-

---

[316] Vide, a este respeito, ALBERTO DOS REIS, "A Figura...", *cit.*, pp. 72-74: "Compreende-se (...), sem esforço, que o requerente haja de propor, dentro de prazo curto, a acção principal, sob pena de a providência cautelar ficar sem efeito. O ónus da proposição da acção é a contra-partida lógica do benefício que o requerente obteve contra o requerido sobre a base duma apreciação jurisdicional sumária e provisória. (...) Decretou-se uma providência que representa uma invasão na esfera jurídica da pessoa com quem o requerente está em conflito; essa pessoa está suportando o peso duma medida violenta; o sacrifício foi--lhe imposto com base num julgamento superficial e sumário; dada a análise ligeira, e por ventura unilateral, da relação litigiosa, bem pode suceder que o requerente não tenha razão e que o seu antagonista esteja a ser vítima de procedimento injusto; importa, pois, que, o *mais depressa possível*, se obtenha uma decisão definitiva, um julgamento emitido com as garantias normais de segurança e justiça. Eis a justificação do ónus da proposição."

[317] RODRIGUES BASTOS, *Notas*..., 3.ª edição, *cit.*, pp. 171-172.

[318] A natureza deste prazo de trinta dias para a propositura da acção suscitou, no domínio do CPC anterior, bastante celeuma. Havia jurisprudência que entendia que, embora se tratasse de um prazo judicial, deveria obedecer a um regime de contagem diverso do que estava previsto no artigo 144.º do CPC

mente logo após a produção de prova, e se o requerente estiver ou devesse estar presente, a notificação, nos termos do artigo 260.º do CPC,[319] considera-se efectuada no próprio acto. Se se tiver optado pela prolação da decisão por escrito, o prazo contar-se-á nos termos dos artigos 254.º ou 255.º do CPC.[320-321]

(contando-se seguidamente, sem qualquer interrupção aos sábados, domingos, feriados e férias) – *vide*, a título puramente exemplificativo, Ac. RC de 01.03.1988, *BMJ*, 375.º, p. 458; Ac. RE de 19.05.88, *BMJ*, 377.º, p. 575; e Ac. RL de 26.06.1990, *CJ*, 1990, III, p. 149. Em sentido oposto, defendendo a natureza adjectiva do prazo (e a aplicação do artigo 144.º, n.º 3, do CPC anterior): Ac. RP de 05.07.1983, *BMJ*, 329.º, p. 622; Ac. RC de 28.02.1989, *BMJ*, 384.º, p. 665; e Ac. RL de 11.10.1990, *BMJ*, 400.º, p. 723. A questão viria a ser solucionada pelo STJ, através do Assento n.º 8/94, *DR*, I-A, n.º 102, de 03.05.1994, onde se expressou a seguinte doutrina: "A suspensão dos prazos judiciais, estabelecida no artigo 144.º, n.º 3, do Código de Processo Civil, não é aplicável ao prazo judicial de propositura de acção previsto no artigo 382.º, n.º 1, alínea a), do mesmo Código." Actualmente, face à redacção do artigo 144.º do CPC, o prazo para a propositura das acções previstas no CPC corre seguidamente, apenas se suspendendo durante os períodos de férias judiciais. Assim, o prazo de trinta dias previsto no artigo 389.º, n.º 1, alínea a) – e, de igual forma, o prazo de dez dias previsto no n.º 2 do artigo 389.º do CPC – suspende-se durante as férias judiciais.

[319] Artigo 260.º do CPC: "Valem como notificações as convocatórias e comunicações feitas aos interessados presentes em acto processual, por determinação da entidade que a ele preside, desde que documentadas no respectivo auto ou acta."

[320] Artigo 254.º do CPC: "1. Os mandatários são notificados por carta registada, dirigida para o seu escritório ou para o domicílio escolhido, podendo ser também notificados pessoalmente pelo funcionário quando se encontrem no edifício do tribunal. 2. Os mandatários das partes que pratiquem os actos processuais pelo meio previsto nas alíneas d) e e) do n.º 1 do artigo 150.º são notificados por correio electrónico com aposição de assinatura electrónica avançada, em termos a definir por portaria do Ministro da Justiça. 3. A notificação postal presume-se feita no terceiro dia posterior ao do registo, ou no primeiro dia útil seguinte a esse, quando o não seja. 4. A notificação não deixa de produzir efeito pelo facto de o expediente ser devolvido, desde que a remessa tenha sido feita para o escritório do mandatário ou para o domicílio por ele escolhido; nesse caso, ou no de a carta não ter sido entregue por ausência do destinatário, juntar-se-á ao processo o sobrescrito, presumindo-se a notificação feita no dia a que se refere o número anterior. 5. A notificação por correio electrónico

III – O prazo encurtar-se-á para dez dias na situação do n.º 2 do artigo 389.º do CPC: *"Se o requerido não tiver sido ouvido antes do decretamento da providência, o prazo para a propositura da acção de que aquela depende é de dez dias, contados da notificação ao requerente de que foi efectuada ao requerido a notificação prevista no número 6 do artigo 385.º."*

Embora não aparentando, este n.º 2 do artigo 389.º do CPC veio proteger e acautelar os interesses do requerente. Se atentarmos na redacção do artigo 385.º, n.º 6, do CPC, verificamos que só após a realização da providência é que se procede à notificação da decisão que a ordenou ao requerido.

Pese embora o prazo para o requerente propor a acção principal ser menor, ele apenas se começa a contar a partir do momento em que o requerente é notificado de que a providência está plenamente realizada e que já foi notificada ao requerido. Com este regime, visa-se evitar que este último, através da citação para a causa principal – que poderia ocorrer antes mesmo da realização ou execução da providência solicitada – possa dificultar ou frustrar o efeito útil da providência solicitada.

IV – *"Se, proposta a acção, o processo estiver parado mais de 30 dias, por negligência do requerente"*, o procedimento cautelar extingue-se e, se já tiver sido decretada, a providência caduca.[322]

---

presume-se feita na data da expedição, devidamente certificada. 6. As presunções estabelecidas nos números anteriores só podem ser ilididas pelo notificado provando que a notificação não foi efectuada ou ocorreu em data posterior à presumida, por razões que lhe não sejam imputáveis.".

[321] Artigo 255.º do CPC: "1. Se a parte não tiver constituído mandatário, as notificações são-lhe feitas no local da sua residência ou sede ou no domicílio escolhido para o efeito de as receber, nos termos estabelecidos para as notificações aos mandatários. 2. Exceptua-se o réu que se haja constituído em situação de revelia absoluta, que apenas passará a ser notificado após ter praticado qualquer acto de intervenção no processo, sem prejuízo do disposto no n.º 4. 3. Na hipótese prevista na primeira parte do número anterior, as decisões têm-se por notificadas no dia seguinte àquele em que os autos tiverem dado entrada na secretaria, ou em que ocorrer o facto determinante da notificação oficiosa. 4. As decisões finais são sempre notificadas, desde que a residência ou sede da parte seja conhecida no processo."

A explicação para esta pressão – que impende sobre o requerente – busca-se, novamente, na provisoriedade dos procedimentos cautelares.

Obtida do tribunal a decisão cautelar favorável, poderia, não raras vezes, o requerente cair na tentação de arrastar excessivamente o processo. O que, convenhamos, colocaria o requerido numa situação desvantajosa e pouco confortável em relação àquele, forçando-o, inclusive, a cedências impensáveis noutras circunstâncias.

Para obviar aos protelamentos manifestamente dilatórios e, por vezes, à própria paralisação do processo principal, o legislador impôs ao interessado um ónus no sentido de promover, quando tal lhe seja possível, o andamento célere da causa.[323] Para bem de todos os intervenientes processuais, quanto mais cedo se adquirir a certeza da existência ou da inexistência do direito invocado pelo requerente no procedimento cautelar, melhor.

V – Estando o *procedimento cautelar comum* necessariamente dependente da acção ou da execução à qual se encontra apenso, lógico se torna afirmar que a prolação da decisão definitiva extingue o ciclo vital da providência solicitada e do procedimento no qual aquela tenha sido decretada.[324] A exemplo do que é referido na alínea c) do n.º 1 do artigo 389.º do CPC – "*Se a acção vier a ser julgada improcedente, por decisão transitada em* julgado", o procedimento cautelar extingue-se e, quando decretada, a providência caduca.

---

[322] Artigo 389.º, n.º 1, alínea b), do CPC.

[323] Como refere, de forma exímia, ALBERTO DOS REIS, "A Figura...", *cit.*, pp. 73 e 74, "(...) ao ónus da *proposição* acresce o ónus da *diligência*. Este é o complemento natural e lógico daquele, como é fácil demonstrar. (...) Se proposta a acção, o autor pudesse conservar-se inerte sem que esta atitude comprometesse a subsistência da medida cautelar, estava frustrado o objectivo da lei: o réu continuaria a suportar o peso da providência provisória, à espera dum julgamento definitivo que nunca chegava! Por isso é que ao ónus da proposição da causa principal se acrescentou o ónus da diligência na promoção dos termos desta causa."

[324] Conforme afirma PIERO CALAMANDREI, *Introduzione...*, *cit.*, p. 82, "(...) sorto per dar tempo al provvedimento principale di nascere attraverso la lunga gestazione del processo ordinario, e per tenere provvisoriamente le sue veci in quel limitato campo in cui il ritardo sarebbe stato pericoloso, il provvedimento cautelare vede, colla nascita del provvedimento principale, esaurita la sua funzione, compiuto il suo ciclo vitale."

Como verificamos *supra*, o legislador processual civil português, sempre que a acção principal for julgada improcedente, optou por fazer caducar a providência decretada. Porém, não se basta apenas com a decisão de mérito. É necessário que a decisão de mérito já haja transitado em julgado (nos termos do artigo 677.º do CPC).[325]

Não se julgue, porém, que a caducidade da providência só se opera no caso de a decisão final ser favorável ao réu (requerido). Se a acção vier a ser julgada procedente (sendo, portanto, favorável ao autor/requerente), a eficácia e a utilidade da providência decretada também desaparece.

Todavia, tal como nos é referido por ALBERTO DOS REIS, *"(...) se a decisão reconhecer ao autor o direito que se arrogava, o que era provisório converte-se em definitivo: o efeito jurídico antecipado pela providência cautelar passa a existir por força do julgamento proferido na causa principal."*[326]

VI – De acordo com a alínea d) do n.º 1 do artigo 389.º do CPC, a providência caduca e o procedimento cautelar extingue-se *"se o réu for absolvido da instância e o requerente não propuser nova acção em tempo de aproveitar os efeitos da proposição da anterior"*.

Todavia, a *absolvição da instância*[327] não acarreta, por si só, a extinção do procedimento cautelar ou a caducidade da providência.

---

[325] Solução contrária à que vigora no direito adjectivo italiano. Como nos diz GIUSEPPE TARZIA, "Providências Cautelares...", *cit.*, p. 252, "(...) em Itália, a medida cautelar perde eficácia se a acção for declarada improcedente por decisão de mérito ainda não transitada em julgado. (...) O legislador italiano inspirou-se na ideia de que a decisão fundada no conhecimento completo do litígio, deve prevalecer sobre a providência emanada com base em cognição sumária, quando declare inexistente o direito para a tutela do qual a medida provisória foi concedida."

[326] ALBERTO DOS REIS, "A Figura...", *cit.*, pp. 75 e 76.

[327] Em face do preceituado no artigo 288.º, n.º 1, do CPC, "o juiz deve abster-se de conhecer do pedido e absolver o réu da instância: a) Quando julgue procedente a excepção de incompetência absoluta do tribunal; b) Quando anule todo o processo; c) Quando entenda que alguma das partes é destituída de personalidade judiciária ou que, sendo incapaz, não está devidamente representada ou autorizada; d) Quando considere ilegítima alguma das partes; [e] e) Quando julgue procedente alguma outra excepção dilatória."

Como se constata pela letra da lei, a tutela cautelar mantém-se, mesmo após a absolvição do réu da instância, desde que o autor proponha uma nova acção dentro de trinta dias a contar do trânsito em julgado dessa decisão.[328]

VII – A última das alíneas do n.º 1 do artigo 389.º do CPC (alínea e))[329] prevê a hipótese da extinção do direito que o requerente pretende acautelar. Como é natural, dado que a providência se encontra dependente da existência – ou, quanto mais não seja, da probabilidade séria desta existência – de um direito do requerente, as vicissitudes que afectam esse direito terão, inevitavelmente, de afectar a tutela (ainda que provisória) que o acautelava.

VIII – No domínio dos códigos de processo civil anteriores, não havia qualquer dúvida em afirmar que, para que as providências ficassem destituídas de qualquer efeito, se tornava absolutamente necessário que o réu requeresse o levantamento das mesmas.[330-331] A caducidade não se produzia automaticamente pelo simples facto de ocorrer algum dos motivos especificados *supra*.

---

[328] Artigo 289.º, n.º 2, do CPC.

[329] Contudo, ABRANTES GERALDES, *Temas da Reforma...*, *cit.*, vol. III, pp. 303--304, apresenta-nos outras formas de extinção do procedimento cautelar não previstas no artigo 389.º do CPC. De entre essas formas destaca a *inutilidade superveniente do procedimento* (dando como exemplo a inutilidade de um arrolamento de bens de uma herança depois da realização de uma partilha extrajudicial) – a exemplo do que também é feito por MIGUEL TEIXEIRA DE SOUSA, *Estudos...*, *cit.*, p. 252 (apresentando o caso de enriquecimento do arrestado depois do decretamento de um arresto) –, a *impossibilidade superveniente do procedimento* (*verbi gratia*, pela morte do requerido que fora intimado para se abster da prática de um acto) e a *transacção* efectuada no âmbito do procedimento ou da acção principal, que determina igualmente a composição definitiva dos interesses, podendo, portanto, determinar a extinção da medida cautelar (*cfr.* Ac. RC de 23.03.1999, *BMJ*, 485.º, p. 493; e Ac. RE de 13.12.2001, *CJ*, V, p. 267).

[330] A propósito do levantamento de providências cautelares – embora ainda no domínio do CPC de 1939 – *vide* AMÉRICO CAMPOS COSTA, "Levantamento das Providências Cautelares", *Scientia Iuridica*, Tomo VIII, 1959, pp. 450-459.

[331] A necessidade de requerimento para o levantamento das providências, no âmbito do CPC de 1961, era claramente demonstrada no artigo 383.º, n.ºs 1 e 2.

Actualmente, esta questão não apresenta os seus contornos bem definidos. Confrontados com o n.º 4 do artigo 389.º do CPC, apenas verificamos que *"a extinção do procedimento e o levantamento da providência são determinados pelo juiz, com prévia audiência do requerente, logo que se mostre demonstrada nos autos a ocorrência do facto extintivo."*

Nada se diz quanto à admissibilidade ou inadmissibilidade de um conhecimento oficioso do levantamento da providência. Há quem defenda que o *"(...) levantamento da providência com fundamento na sua caducidade depende de solicitação do requerido (...)"*.[332] E, assumindo posição contrária, quem defenda que o conhecimento da caducidade da providência possa ser de ofício.[333]

Enquanto que, em determinadas circunstâncias, não custa admitir que o conhecimento da caducidade possa ser feito, oficiosamente, com base em elementos constantes nos autos (é o caso da alínea c) do artigo 389.º, n.º 1, do CPC), noutras, o levantamento da providência cautelar deve depender de requerimento do interessado (estamo-nos a referir às restantes alíneas do, já largamente citado, artigo 389.º, n.º 1, do CPC). Dado adquirido é que, tanto num caso como no outro, o juiz, antes de tomar qualquer decisão, deve ouvir sempre o requerente.

---

[332] MIGUEL TEIXEIRA DE SOUSA, *Estudos...*, cit., p. 253.
[333] RODRIGUES BASTOS, *Notas...*, 3.ª edição, cit., p. 176; e LOPES DO REGO, *Comentários...*, cit., p. 286. ABRANTES GERALDES, *Temas da Reforma...*, cit., vol. III, pp. 311-312, defende que "(...) a necessidade ou não de um requerimento apresentado pelo requerido, a fim de se decretar o levantamento da providência e a extinção do procedimento, depende das circunstâncias de cada caso: a) Se as circunstâncias de que a lei faz depender tais efeitos resultarem imediata e objectivamente dos autos, sem necessidade de comprovação por elementos externos ou sem necessidade de averiguação de factores de índole subjectiva, deve o juiz decretar oficiosamente os efeitos extintivos; b) Pelo contrário, se dos autos não constarem elementos seguros acerca do facto extintivo ou se, apesar de verificados alguns factos objectivos, se mostrarem insuficientes para qualificar o comportamento do requerente, havendo necessidade de averiguar razões de ordem subjectiva (como a eventual negligência do autor na paralisação da acção), parece-nos que a intervenção do juiz terá de ser solicitada pelo interessado, alegando o factualismo conveniente e, se necessário, fornecendo os meios comprovativos."

1.11. Algumas referências finais

1.11.1. REPETIÇÃO DE PROVIDÊNCIA[334]

De acordo com o artigo 387.º, n.º 1, do CPC anterior, *"se a providência fo*[sse] *julgada injustificada ou caduca*[sse]*, o requerente (...) não pod*[ia] *requerer outra providência como dependência da mesma causa."* De imediato perfilaram-se duas teses. Uma que ia no sentido da proibição *stricto sensu* (proibindo a utilização, em relação ao mesmo litígio, de qualquer outro meio cautelar), e outra que defendia a possibilidade de se lançar mão de providência de teor diverso da que, anteriormente, tinha sido decretada (e que havia caducado ou sido julgada injustificada).

Com a revisão operada pelo DL n.º 329-A/95, de 12 de Dezembro, o artigo 390.º, n.º 1, do CPC, prescrevia que, ao requerente, em caso de caducidade ou de não justificação, *"(...) não lhe* [era] *(...) permitido requerer nova providência, com objecto idêntico, como dependência da mesma causa"*. Visava-se, assim, tornar claro que tal proibição abrangia apenas a repetição de providência cautelar com o mesmo objecto da anterior.

Porém, através do DL n.º 180/96, de 25 de Setembro, procedeu-se à transposição da norma sobre a admissibilidade de nova providência (repetição) para o artigo 381.º, n.º 4, do CPC, separando, de uma vez por todas, esta matéria da responsabilidade civil do requerente (artigo 390.º, n.º 1, do CPC).[335]

Através desta alteração, *"(...) estabelece-se que a improcedência ou caducidade de uma providência cautelar apenas obsta à repetição como dependência da causa de igual procedimento (ar-*

---

[334] Sobre esta matéria, *vide* JOAQUIM PIRES DE LIMA, "O Insucesso da Providência Cautelar e a Sanção Aplicável ao Requerente (A Propósito de uma Norma do Código de Processo Civil)", *ROA*, Lisboa, Ano 51.º, 1991, pp. 101--105; e JOSÉ LEBRE DE FREITAS, "Repetição de Providência e Caso Julgado em Caso de Desistência do Pedido de Providência Cautelar", *ROA*, Lisboa, Ano 57.º, 1997, pp. 461-483.

[335] Verificava-se esta mistura entre a *responsabilidade do requerente* e a *repetição da providência* no artigo 387.º, n.º 1, do CPC de 1961, e no artigo 390.º, n.º 1, do CPC, com a redacção que lhe foi dada pelo DL n.º 329-A/95, de 12 de Dezembro.

*tigo 381.º, n.º 4)."*³³⁶ Tal como vinha preconizando LEBRE DE FREITAS, *"(...) sob pena de inconstitucionalidade da proibição da repetição (...), o preceito do art. 387.º-1* [actual artigo 381.º, n.º 4, do CPC] *só se aplica aos casos de identidade de sujeitos e de objecto (pedido e causa de pedir) (...)."*³³⁷

Em virtude do que antecede, é perfeitamente concebível que seja solicitada, na dependência da mesma causa, outra providência de conteúdo diferente. ABRANTES GERALDES vai mais além dizendo que, *"uma vez que a lei apenas proíbe a repetição de providência por dependência da mesma causa, nada obsta a que, por apenso a outra acção, seja solicitada a mesma providência anteriormente decretada e que tenha caducado ou que tenha sido julgada injustificada."*³³⁸

1.11.2. RESPONSABILIDADE DO REQUERENTE

I – Segundo a redacção do artigo 390.º, n.º 1, do CPC, *"se a providência for considerada injustificada ou vier a caducar por facto imputável ao requerente, responde este pelos danos culposamente causados ao requerido, quando não tenha agido com a prudência normal."*

Em determinadas ocasiões, a providência requerida pode vir a mostrar-se injustificada (ou por falta dos requisitos legais para o seu decretamento, ou por falta de titularidade do direito ou, inclusive, por falta do próprio direito acautelado), ou, apesar de justificada, pode vir a caducar por facto imputável ao requerente.

Assim, verificando-se que o interessado no decretamento da providência – o requerente – agiu de forma dolosa ou não agiu com a *prudência normal*³³⁹ (sonegando ou alterando factos relevantes

---

[336] Relatório do DL n.º 180/96, de 25 de Setembro.

[337] JOSÉ LEBRE DE FREITAS, "Repetição...", *cit.*, p. 482.

[338] ABRANTES GERALDES, *Temas da Reforma...*, *cit.*, vol. III, pp. 124, *in fine*, e 125.

[339] Recorde-se que o artigo 96.º do CPC italiano de 1942 mandava condenar o requerente numa indemnização de perdas e danos quando, verificada a inexistência do direito para cuja segurança se havia decretado uma providência cautelar, o juiz entendesse que ele tinha procedido *sem a prudência normal* – *apud* ALBERTO DOS REIS, "A Figura...", *cit.*, p. 85.

para a boa decisão do procedimento; ocultando ou forjando meios de prova), para além de se sujeitar a uma condenação por litigância de má fé,[340] responderá, civilmente, por todos os prejuízos infligidos ao requerido – de acordo com as regras gerais da *responsabilidade civil* (artigos 483.º e seguintes do CC).[341]

II – Os riscos que advêm do decretamento de uma providência cautelar assente em meros juízos perfunctórios podem conduzir à prestação de uma caução idónea a garantir os prejuízos que, muito naturalmente, possam ser provocados na esfera jurídica do requerido.[342]

---

[340] *Cfr.*, a propósito da condenação em litigância de má fé nos procedimentos cautelares, a anotação ao Ac. RP de 03.06.1991, de MARIA DOS PRAZERES PIZARRO BELEZA, *Revista de Direito e de Estudos Sociais*, Ano XXXVI (IX da 2.ª Série), n.º 4, pp. 435 e 436: "Parece implícita à decisão a consideração habitual de que só se considera litigância de má-fé a litigância dolosa, não havendo que indemnizar a contraparte pelos prejuízos que sofreu em consequência de uma actuação processual negligente, ainda que gravemente. Essa orientação (...) é, porém, inaceitável à luz do princípio geral de direito da boa-fé, e é, aliás afastada em certos casos particulares. Assim no domínio das *providências cautelares* [itálico nosso] (...) se a providência decretada caducar ou for julgada infundada. A razão que facilmente se descortina para este agravamento, dentro da orientação perfilhada no Código, encontra-se, por um lado, na menor segurança que confere a prova de mera aparência em que se baseia o julgamento de uma providência e, por outro, na possibilidade de o requerido não ter sido ouvido previamente. (...)".

[341] Segundo ABRANTES GERALDES, *Temas da Reforma..., cit.*, vol. III, p. 323, "Como ocorre na generalidade das situações geradoras de responsabilidade civil, exige-se a conjugação de uma série de pressupostos: a) O evento, constituído pela constatação de que a providência era injustificada ou caducou; b) O dolo ou a culpa, resultante de conduta activa ou passiva do requerente que possa qualificar-se como dolosa ou decorrente da violação das regras da prudência normal; c) A ilicitude decorrente da violação do dever de veracidade ou do dever de cuidado; d) O dano correspondente aos prejuízos de ordem patrimonial ou moral determinados pela providência requerida; e) O nexo de causalidade entre o evento e o dano."

[342] Artigo 390.º, n.º 2, do CPC: "Sempre que o julgue conveniente em face das circunstâncias, pode o juiz, mesmo sem audiência do requerido, tornar a concessão da providência dependente da prestação de caução adequada pelo requerente."

1.11.3. GARANTIA PENAL DA PROVIDÊNCIA

Confrontados com o teor do artigo 391.º do CPC, verificamos que *"incorre na pena do crime de desobediência qualificada todo aquele que infrinja a providência cautelar decretada, sem prejuízo das medidas adequadas à sua execução coerciva."*[343-344]

O legislador português, após fervorosos debates jurisprudenciais e doutrinais,[345] optou por criminalizar[346] as condutas que infringiam a medida cautelar decretada (seja qual for a sua natureza e conteúdo).

---

[343] Artigo 348.º (*Desobediência*), n.º 2, do Código Penal: "A pena é de prisão até 2 anos ou de multa até 240 dias nos casos em que uma disposição legal cominar a punição da desobediência qualificada."

[344] Para maiores desenvolvimentos, *vide* JOÃO ALBERTO DE FIGUEIREDO MONTEIRO, "Crime de Desobediência – Não Acatamento de Decisão Judicial Proferida em Procedimento Cautelar", *Revista do Ministério Público*, Ano 6.º, n.º 22, pp. 133-143.

[345] A jurisprudência anterior a 1995 (já que, com a reforma operada pelo DL n.º 329-A/95, de 12 de Dezembro, as dúvidas dissiparam-se por completo – com efeito, no Relatório do DL citado, diz-se, de forma inequívoca, que "(...) no que se reporta à garantia da efectivação da providência cautelar, propõe-se a incriminação como desobediência qualificada do acto traduzido no respectivo desrespeito (...)") dividia-se. A incriminação era defendida, por exemplo, pelo Ac. RP de 21.12.1988, *CJ*, 1988, V, p. 235; e pelo Ac. RP de 09.06.1993, *CJ*, 1993, III, p. 256. No sentido inverso, ou seja, da não incriminação, *cfr.* Ac. STJ de 18.10.1989, *BMJ*, 390.º, p. 138. A nível doutrinal, L. P. MOITINHO DE ALMEIDA, *Providências...*, *cit.*, pp. 67 e ss., optava pela não incriminação, exceptuando, todavia, o caso em que a providência implicava, para o requerido, uma obrigação de *non facere*: "(...) Se a obrigação de «facere» se resolve, como vimos, pela aplicação do processo de execução (para entrega de coisa certa ou para prestação de facto) o mesmo já não pode dizer-se da obrigação de «non facere». (...) Afigura-se-nos que, se o réu ou requerido de providência cautelar não especificada não cumprir, apesar de para tanto intimado, a obrigação de *«non facere»* decretada no respectivo processo, incorre no crime de desobediência."

[346] Continuam a surgir, de alguns quadrantes, e relativamente à criminalização do incumprimento da medida cautelar, algumas vozes dissonantes. *Cfr.*, a este propósito, GIUSEPPE TARZIA, "Providências Cautelares...", *cit.*, p. 250: "(...) No meu país, reconhece-se que o sistema da tutela jurisdicional concedida com as medidas provisórias devia ser completado com a introdução geral da astreinte, que ainda não teve lugar em Itália (...). É, ao invés, algumas vezes

Como, acertadamente, refere ABRANTES GERALDES,³⁴⁷ "*é indiferente para o efeito* [efeito de incriminação] *que se trate de medida* [cautelar] *conservatória ou antecipatória, que envolva a intimação do requerido para a prática de certo acto ou para se abster de determinada conduta ou que imponha a obrigação de entregar quantia pecuniária ou de efectuar qualquer outra prestação.*"

O que se torna essencial, para fazer incorrer o requerido na referida infracção penal, é que estejam verificados os elementos constitutivos do crime de desobediência (previsto e punido no artigo 348.º do Código Penal Português): por um lado, o elemento material (falta de obediência devida a uma ordem ou mandado),³⁴⁸ e, por outro, o elemento subjectivo (que exista vontade em praticar o acto e conhecimento de que, através dele, se recusa a obediência a uma ordem de autoridade competente – *vulgo* intenção de desobedecer).

2. AS ESPECIALIDADES DO PROCESSO DO TRABALHO

2.1. Breve referência a alguns ordenamentos jurídicos estrangeiros

Cumprida que se encontra a árdua, mas, ao mesmo tempo, imprescindível, tarefa de proceder à análise da tramitação processual do *procedimento cautelar comum* ao nível do processo civil,³⁴⁹

---

invocada a sanção penal (...). Não posso esconder a minha perplexidade – que vejo expressa também na doutrina portuguesa – contra a criminalização do inadimplemento da medida cautelar, à qual se opõe, em grande parte, também a doutrina italiana. A sanção correcta é a da *astreinte*, da *multa*, consagrada na nova redacção do art. 461 do Código brasileiro."

³⁴⁷ ABRANTES GERALDES, *Temas da Reforma...*, *cit.*, vol. III, pp. 326 e 327.

³⁴⁸ Exigindo-se, desta feita, que a ordem ou mandado obedeça a três requisitos: a) Seja legítima; b) Tenha sido regularmente comunicada; e c) Emane da autoridade competente.

³⁴⁹ Embora corramos o risco de nos tornarmos repetitivos, de forma a comprovar a imprescindibilidade da análise que ora findou, vamos tornar a recorrer ao preâmbulo do DL n.º 480/99, de 09 de Novembro: "(...) estatuindo--se inequivocamente no sentido de que no foro laboral é admissível o recurso a

eis que é chegada a altura de passarmos ao estudo e, tanto quanto possível, ao aprofundamento das especialidades que este procedimento cautelar encerra no direito processual do trabalho português.

Porém, ainda antes de o fazermos, queremos chamar a atenção para o facto de não termos detectado, em alguns ordenamentos jurídicos que, por uma ou outra razão, nos são próximos, uma disposição semelhante à que se insere no nosso CPT. Em tais ordenamentos, a aplicação da tutela cautelar atípica continua a ser feita, a exemplo do que sucedia entre nós até à entrada em vigor do actual CPT, por aplicação subsidiária da respectiva legislação processual civil.[350]

Assim, e frustrando, em certa medida, as expectativas e os anseios de alguns dos cultores do processo do trabalho oriundos desses ordenamentos jurídicos, a adopção de procedimentos cautelares não especificados em países como Espanha,[351] Brasil[352] e

---

procedimentos não especificados, para tanto se regulamentando o procedimento cautelar comum por remissão para o Código de Processo Civil, com especialidades [vide artigo 32.º, n.º 1, do CPT], ao mesmo tempo que se assegura a sua aplicação subsidiária aos procedimentos cautelares especificados regulados no Código."

[350] A propósito desta subsidiariedade do processo civil face ao processo laboral, vide, ainda que com necessidade de proceder a algumas adaptações, ABRANTES GERALDES, "A Reforma do Processo Civil e o Foro Laboral", *Prontuário de Direito do Trabalho*, Actualização n.º 48, pp. 53 e ss..

[351] Conforme já referimos anteriormente, em Espanha, a tutela cautelar atípica foi regulada, até há pouco tempo atrás, pelo artigo 1428 da *Ley de Enjuiciamiento Civil de 1881* (com as alterações introduzidas na sequência da *Ley de Reforma Urgente de la LEC de 1984*). Todavia, com a entrada em vigor da *Ley de Enjuiciamiento Civil de 2000* (aprovada pela *Ley 1/2000, de 7 de enero*), a tutela cautelar passou a ter um tratamento unitário e sistematizado (nos artigos 721 e seguintes). Tal como refere, a este respeito, MIGUEL RODRÍGUEZ-PIÑERO, "Medidas Cautelares y Reforma del Proceso Civil", *Relaciones Laborales*, I, Madrid, La Ley, 2000, p. 36, "(...) la Ley de Enjuiciamiento Civil ha optado por un procedimiento cautelar único, y ha superado con éxito las dificultades propias de una ordenación unitaria de diversas materias hasta ahora tratadas de forma dispersa, ha introducido nuevas reglas sustantivas y procedimentales que cambian de forma radical la situación normativa preexistente en el proceso civil, y que habrá de influir de forma importante en nuestro proceso laboral, a la vista de la insuficiente regulación del tema en nuestra Ley de Procedimiento Laboral."

[352] No Brasil, as medidas cautelares atípicas encontram-se consagradas no artigo 798 do Código de Processo Civil ("(...) além dos procedimentos cautelares

II – Tramitação Processual

Itália,[353] em matéria laboral, é sempre feita, dada a inexistência de disposições expressas nesse sentido, com referência às normas que regulam o assunto no processo civil.[354]

---

específicos, que este Código regula no Capítulo II deste Livro, poderá o juiz determinar as medidas provisórias que julgar adequadas, quando houver fundado receio de que uma parte, antes do julgamento da lide, cause ao direito da outra lesão grave e de difícil reparação."). E, têm vindo a ser aplicadas ao processo laboral em virtude do disposto no artigo 769 da *Consolidação das Leis do Trabalho* ("Nos casos omissos, o direito processual comum será fonte subsidiária do direito processual do trabalho, exceto naquilo em que for incompatível com as normas deste Título.").

[353] Em Itália, tal como já tivemos o ensejo de referir, as "provvedimenti d'urgenza" são disciplinadas no artigo 700.º do CPC italiano, mais exactamente na "sezione IV del capo III del titolo I del quarto libro".

[354] O que vai merecendo alguns reparos por parte da respectiva doutrina. Assim, em Espanha, ANGEL BLASCO PELLICER, *Las Medidas Cautelares en el Proceso Laboral*, Madrid, Civitas, 1996, pp. 150 e 151, refere que "(...) ante la falta de instrumentos cautelares en el Texto Articulado de la Ley de Procedimiento Laboral, la admisión de la aplicabilidad del artículo 1.428 LEC [entretanto revogado, como vimos *supra*] en el ámbito del proceso laboral supone dotar de instrumentos al derecho a la tutela cautelar en el orden social y como consecuencia poder solucionar graves problemas de derecho material que, sin este instrumento, crean, normalmente, una grave inseguridad jurídica al trabajador." No Brasil, WAGNER D. GIGLIO, *Direito Processual do Trabalho*, 11.ª edição, São Paulo, Editora Saraiva, 2000, pp. 342 e 343: "(...) uma única medida cautelar específica era prevista na Consolidação das Leis do Trabalho, criada pela Lei n.º 6.203, de 17 de abril de 1975, à qual veio somar-se outra, mais recente, mediante a Lei n. 9.720, de 7 de abril de 1996. Todas as demais são reguladas pelo Código de Processo Civil, e requerem adaptação ao procedimento perante a Justiça do Trabalho. Até a entrada em vigor do CPC atual, o Direito Processual do Trabalho, de evolução recente, repelia o cabimento das medidas cautelares, sob alegação de que eram incompatíveis com os princípios trabalhistas. Com a vigência do Código de Processo Civil de 1973, contudo, renovaram-se os estudos e abriram-se as portas do Judiciário Trabalhista ao ingresso das medidas cautelares, diante da elaboração crescente dos litígios." Por último, em Itália, MARCELO PEDRAZZOLI, "La Tutela Cautelare delle Situazioni Soggettive nel Rapporto di Lavoro", *Rivista Trimestrale di Diritto e Procedura Civile*, Anno XXVII (1973), p. 1025: "(...) l'attendibilità di una teoria che stabilisce un rapporto fra procedimento d'urgenza *ex* art. 700 e procedimento in materia di lavoro intendendo il ricorso al primo come modo generalizzato di cautelare certe situazioni controverse nel secondo, come modo generalizzato di anticipare certi effetti della decisione a favore del lavoratore."

2.2. Especialidades previstas no CPT (Artigo 32.º do CPT)

2.2.1. Designação imediata de dia para a audiência final

A alínea a) do n.º 1 do artigo 32.º do CPT prescreve o seguinte: *"recebido o requerimento inicial, é designado dia para a audiência final;"*. Confrontando o teor deste artigo com o que lhe está mais próximo no âmbito do processo civil (artigo 386.º, n.º 1, do CPC), verificamos que, entre ambos, existe uma diferença substancial.

Enquanto que no processo civil a marcação da data para a realização da audiência final vai depender da observância, ou não, do contraditório do requerido,[355] no processo do trabalho, a audiência final, independentemente da admissibilidade de oposição daquele, deverá ser marcada logo após a entrada em juízo do requerimento inicial, e nunca, segundo cremos, para além de um período de dez dias.[356]

---

[355] Atendendo ao que se encontra regulado no artigo 386.º, n.º 1, do CPC, quando o requerido haja sido ouvido, a audiência final dever-se-á realizar findo o prazo da oposição – que, recorde-se, é, segundo o artigo 303.º, n.º 2, do CPC, de dez dias a contar da citação/notificação do requerido. Na falta de audição do requerido, embora não haja uma disposição legal a estabelecer um prazo para a marcação da audiência final, há que tomar em consideração que, dado o carácter urgente do *procedimento cautelar comum* e a obrigatoriedade que impende sobre o juiz de proferir a decisão no prazo máximo de quinze dias (artigo 382.º, n.º 2, *in fine*, do CPC), a audiência deve ser marcada de imediato e num prazo bastante exíguo (a exemplo do que é consignado, de forma expressa, no CPT).

[356] Havendo oposição, estes dez dias deverão ser contados a partir da citação ou da notificação do requerido (com a falibilidade que, logicamente, se encontra inerente à imprevisibilidade do momento em que, efectivamente, se levará a cabo a citação/notificação). Não sendo admissível a oposição do requerido, estes dez dias contar-se-ão a partir da data da entrada do requerimento inicial. Sustentamos esta nossa posição não só na enorme celeridade que se quis imprimir a este tipo de procedimentos, mas também na segunda especialidade do CPT (a abordar já de seguida), ou seja, na possibilidade que o requerido dispõe, sempre que tal seja admissível, de apresentar a sua oposição até ao início da audiência. Se o prazo para deduzir oposição é, no *procedimento cautelar comum cível*, de dez dias, e se o prazo normal para uma parte responder ao que for deduzido pela parte contrária é, do mesmo modo, de dez dias (artigo 153.º, n.º 1, *in fine*, do CPC), não vislumbramos razão para que o requerido goze, no *procedimento cautelar comum laboral*, de prazo mais dilatado.

O procedimento deve ser acelerado. As decisões devem ser tomadas em prazos curtíssimos. O direito do trabalho assim o obriga. Como refere RAÚL VENTURA (ainda que a propósito do processo do trabalho em geral – e não dos procedimentos cautelares em particular),

> São constantes as referências doutrinais à exigência da celeridade e a justificação é óbvia, pelas necessidades dos trabalhadores. Além destes interesses pessoais, um motivo de ordem geral exige nestes processos maior celeridade: a preservação da paz social. Não se trata apenas do fermento de inquietação social que qualquer litígio individual de trabalho pode produzir; trata-se sobretudo de evitar que, pela demora da solução do litígio, ele tenda a reproduzir-se, isto é, que a falta de definição de direitos individuais venha a conduzir – de boa ou de má fé – à repetição dos factos que dão origem ao litígio e que a pluralidade do litígio venha até a transformar-se em colectivização dele.[357]

2.2.2. APRESENTAÇÃO DA OPOSIÇÃO DO REQUERIDO ATÉ AO INÍCIO DA AUDIÊNCIA

Quando o juiz a admite, a oposição do requerido pode ser apresentada até ao início da audiência final.[358] Imbricada na especialidade precedente, esta especialidade do CPT só vem dar ainda mais ênfase à necessidade – e, porque não dizê-lo, à imperatividade – que recai sobre o juiz de marcar a audiência final dentro de um prazo nunca superior a dez dias após a citação ou notificação do requerido.

Como já deixáramos antever, se assim não fosse, estaríamos a beneficiar os requeridos dos *procedimentos cautelares comuns laborais*. Mas não só. Estaríamos a conceder-lhes um prazo mais alargado relativamente ao que se encontra prescrito para a *contestação*, em sede de processo comum de declaração.[359]

---

[357] RAÚL VENTURA, "Princípios...", *cit.*, p. 35.
[358] Artigo 32.º, n.º 1, alínea b), do CPT.
[359] Que, como muito bem se sabe, em face do artigo 56.º, alínea a), do CPT, é de dez dias a contar da data da frustração da conciliação no âmbito da audiência de partes. Não queremos deixar passar a oportunidade para alertar

Porém, mesmo com a observância deste prazo de dez dias, e partilhando das preocupações de C. M. FERREIRA DA SILVA, não podemos deixar de referir que a apresentação da oposição imediatamente antes da audiência, *"desequilibra o contraditório em favor do requerido que dispôs de tempo alargado para analisar a posição do requerente e, p. ex., providenciar por prova, quando este tem que se posicionar de imediato perante a sua resposta"*.[360]

E, *"pode acabar por implicar o adiamento da audiência sempre que esse posicionamento imediato (...) implique a violação efectiva do princípio do contraditório"*. Por último, mas não menos

---

que, relativamente ao CPT anterior, o actual regime tende a beneficiar os réus. Senão vejamos. No âmbito do CPT anterior (aprovado pelo DL n.º 272-A/81, de 30 de Setembro), o prazo para contestar era, no processo ordinário, de dez dias (artigo 55.º, n.º 1), e, no processo sumário, de oito dias (artigo 86.º, n.º 2), ambos, a contar da citação (após a entrada em vigor do novo CPC, em face da aplicação subsidiária deste último, estes prazos passaram a ser, respectivamente, de quinze dias e de dez dias – vide artigo 6.º, n.º 1, alíneas c) e b) do DL n.º 329--A/95, de 12 de Dezembro). Hoje, com o actual CPT, se os réus não tiverem qualquer pretensão conciliatória, dispõem, na prática, e no mínimo, de 25 (vinte e cinco) dias para contestar. Quinze dias, em virtude da realização obrigatória da audiência de partes (artigo 54.º, n.ºs 2 e 3, do CPT), aos quais acrescem mais dez dias (artigo 56.º, alínea a), do CPT).

[360] O que pode ser visto, de certa forma, como uma violação do princípio da *igualdade real das partes*. Como nota RAÚL VENTURA, "Princípios...", *cit.*, p. 38, "(...) a verdade é que, salvo, em limitadíssimos aspectos, o processo comum se contenta com a igualdade jurídica, que não pode satisfazer o processo do trabalho. Todos sabemos que não é uniforme a capacidade económica das entidades patronais (...). Ora, a potência económica pode traduzir-se numa facilidade processual que a parte trabalhadora não possua. O processo do trabalho não deve ser um processo punitivo da maior capacidade económica das entidades patronais, mas deve ser, por um lado, um processo *impeditivo* do abuso dessa diferença económica e, por outro lado, um processo *correctivo* da fraqueza económica e social da parte trabalhadora. A igualdade real das partes no processo do trabalho exige regras e espíritos específicos. (...) Não bastam, contudo, as regras; os juízes devem reconhecer que os poderes que lhes são conferidos tanto pela lei processual comum como pela lei processual do trabalho se destinam a conseguir essa igualdade real e como tal devem ser exercidos. O juiz deve ser imparcial, mas quando a lei lhe dá possibilidade de tratar desigualmente entidades desiguais deve usar esses poderes para restabelecer a igualdade."

importante, *"veda ao juiz uma maior ponderação dos problemas em discussão que podem ser muito complexos e sendo que a decisão tem que ser proferida imediatamente."* [361]

2.2.3. OBRIGAÇÃO DE COMPARÊNCIA PESSOAL DAS PARTES

Nos termos da redacção que foi conferida ao n.º 2 do artigo 32.º do CPT, nos casos em que seja admissível oposição, *"(...) as partes são advertidas para comparecerem pessoalmente na audiência (...)"*. Assim, não pode subsistir qualquer réstia de dúvida quanto à indispensabilidade de, no foro laboral, as partes estarem presentes na audiência final do *procedimento cautelar comum*.

O que equivale por dizer que não é, de todo, admissível que essas mesmas partes se façam representar por mandatário judicial, ainda que com poderes especiais. Se, por mera hipótese, tivesse sido esta a intenção do legislador, decerto que a redacção adoptada para este preceito teria sido semelhante à do artigo 54.º, n.º 3, do CPT.[362]

Neste último, abre-se a porta – mas, tão-somente, em casos de justificada impossibilidade de comparência[363] das partes – à representação por mandatário judicial (devidamente munido de procuração com poderes especiais para confessar, desistir e transigir).

A razão que terá estado na base desta diferença de regimes – e na consagração da necessidade de o requerente e o requerido

---

[361] C. M. FERREIRA DA SILVA, "Providências Antecipatórias no Processo de Trabalho Português", *Questões Laborais*, Ano VII (2000), n.º 15, p. 64.

[362] Artigo 54.º, n.º 3, do CPT: "O autor é notificado e o réu é citado para comparecerem pessoalmente *ou, em caso de justificada impossibilidade de comparência, se fazerem representar por mandatário judicial com poderes especiais para confessar, desistir ou transigir* [itálico nosso]."

[363] Contrariamente, como refere ABÍLIO NETO, *Código de Processo do Trabalho Anotado*, 3.ª edição, Lisboa, Ediforum, 2002, a págs. 134 (n. 5), "se alguma das partes faltar injustificadamente à audiência a que alude este artigo [audiência de partes] incorre nas sanções previstas no n.º 1 do art. 456.º do Cód. Proc. Civil para a litigância de má fé, ou seja, em multa e numa indemnização à parte contrária, se esta a pedir (art. 54.º, n.º 5, deste Cód. Proc. Trabalho)." Refira-se que, de acordo com o disposto no artigo 102.º, alínea a), do CCJ, a multa aplicável por litigância de má fé poderá oscilar entre 2 UC e 100 UC.

comparecerem, pessoalmente, na audiência final do *procedimento cautelar comum* – terá sido a tendência do actual CPT para fomentar a conciliação entre as partes ("*(...) permitindo aliviar* [ou, quiçá, agravar] *a tensão criada pela pendência do procedimento.*").[364]

2.2.4. A FALTA DE COMPARÊNCIA NÃO IMPLICA O ADIAMENTO DA AUDIÊNCIA

O n.º 3 do artigo 32.º do CPT refere que "*a falta de comparência de qualquer das partes ou dos seus mandatários não é motivo de adiamento.*" Relativamente às partes, o corpo deste artigo não constitui grande novidade relativamente ao que se encontra prescrito para o processo civil (visto que, como vimos *supra* em II.1.7.IV., se a falta disser respeito a estas, também, não é admissível o adiamento da audiência – sendo, quando muito, admitida a suspensão desta mesma audiência).

Porém, no tocante aos mandatários judiciais, a diferença é de grande monta. Enquanto que, no CPC (artigo 386.º, n.º 2), a falta de mandatário de alguma das partes constitui motivo de adiamento da audiência, no processo do trabalho tal não sucede. Como é perfeitamente óbvio, trata-se, uma vez mais, da preocupação, por parte do legislador processual laboral, de imprimir a este procedimento enorme celeridade.

Pese embora a falta de comparência (das partes e/ou dos seus mandatários) não conduzir ao adiamento da audiência, o CPT é omisso quanto ao efeito cominatório desta ausência – contrariando quer o que vem sendo tradição no domínio do direito processual do trabalho português,[365] quer o que se encontra estabelecido para a *suspensão de despedimento*.[366]

---

[364] ABRANTES GERALDES, *Temas da Reforma do Processo Civil – Procedimentos Cautelares Especificados*, vol. IV, 3.ª edição, Coimbra, Almedina, 2006, p. 348, *in fine*.

[365] Com efeito, actualmente, no processo comum de declaração (designadamente no artigo 71.º, n.ºˢ 2 e 3, do CPT), "se alguma das partes faltar injustificadamente e não se fizer representar por mandatário judicial, consideram-se provados os factos alegados pela outra parte que forem pessoais do

Somos de opinião que, com base no princípio da descoberta da verdade material, e sem embargo de uma confissão dos factos, se produzam, na medida do possível, as provas oferecidas e carreadas para os autos por ambas as partes.

2.2.5. Realização obrigatória de uma tentativa de conciliação

A realização obrigatória de uma *tentativa de conciliação* (artigo 32.º, n.º 2, *in fine*, do CPT) trata-se de uma inovação relativamente ao que se encontra estabelecido para o CPC, e vem no seguimento de um dos princípios gerais de direito processual do trabalho – a *hipervalorização do acto conciliatório*.[367-368]

---

faltoso." E, "se ambas as partes faltarem injustificadamente e não se fizerem representar por mandatário judicial, consideram-se provados os factos alegados pelo autor que sejam pessoais do réu." No domínio do CPT anterior, vigorava um efeito cominatório pleno. Se o autor faltasse, não justificasse a falta e não se fizesse representar por mandatário judicial, o réu era, se o requeresse, absolvido da instância (artigo 89.º, n.º 2, do CPT de 1981); Se, pelo contrário, fosse o réu, ou ambas as partes, a faltarem (não justificando as faltas, nem se fazendo representar por mandatários judiciais), era esse mesmo réu condenado no pedido – excepto se provasse por documento suficiente que a obrigação não existia (artigo 89.º, n.ºs 3 e 4, do CPT de 1981).

[366] Artigo 37.º (*Falta de comparência das partes*) do CPT: "1. Na falta de comparência injustificada do requerente, ou de ambas as partes, a providência é logo indeferida. 2. Se o requerido não comparecer nem justificar a falta no próprio acto, a providência é julgada procedente, salvo se tiver sido apresentado o processo disciplinar, caso em que o juiz decide com base nos elementos constantes daquele processo e na prova que oficiosamente determinar. 3. Se alguma ou ambas as partes faltarem justificadamente, o juiz decide nos termos da segunda parte do número anterior."

[367] Expressão de Perez Botija, *apud* Raúl Ventura, "Princípios...", *cit.*, p. 34. Como faz notar este último, "no processo do trabalho procura-se com maior insistência do que no processo comum conduzir as partes à conciliação; [contudo] o processo do trabalho não é nem pode ser um processo de conciliação."

[368] No processo comum de declaração, o actual CPT prescreve que, uma vez recebida a petição do autor e verificando-se que a acção se encontra em condições de prosseguir, o juiz deve designar uma *audiência de partes*, a realizar no prazo de quinze dias (artigo 54.º, n.º 2, do CPT). Esta solução, verdadeira

Esta tentativa de conciliação será presidida pelo juiz e destina-se a pôr termo ao litígio mediante um acordo equitativo (artigo 51.º, n.º 2, do CPT). Quando as houver, a desistência, a confissão ou a transacção não carecem de ser homologadas pelo juiz (artigo 52.º, n.º 1, do CPT). O resultado da conciliação deverá constar, expressamente, de auto (artigo 52.º, n.º 2, *in fine*, do CPT).

E, nos termos do n.º 3 do artigo 53.º do CPT, *"frustrando-se, total ou parcialmente, a conciliação, ficam consignados no respectivo auto os fundamentos que, no entendimento das partes, justificam a persistência do litígio."* Esta solução, *importada* do artigo 509.º, n.º 4, do CPC, tem merecido, por parte de alguma doutrina, umas quantas críticas.[369]

---

inovação do processo laboral, serve, em primeira linha, para tentar conciliar as partes, evitando, assim, o prosseguimento inútil da acção. Não pretendemos nesta sede (por não ser a mais apropriada) dissertar acerca do sucesso ou do insucesso desta medida (que, refira-se, apenas vem retomar determinadas experiências anteriores – mormente as tentativas de conciliação prévias sob a égide do Ministério Público ou das Comissões Corporativas ou mais tarde das Comissões de Conciliação e Julgamento). O que importa, realmente, dizer é que, com a introdução da *audiência de partes* (artigo 55.º do CPT) e da *audiência preliminar* (artigo 62.º do CPT) e com a tentativa obrigatória de conciliação a realizar na data da audiência final (artigo 70.º, n.º 1, *in fine*, do CPT), poderão existir 3 (três) momentos distintos para se procurar obter a conciliação entre as partes, com manifestas possibilidades de desgaste quer dessas mesmas partes, quer, porque não dizê-lo, do próprio tribunal.

[369] *Vide* C. M. Ferreira da Silva, "Providências...", *cit.*, p. 65: "Por nós, apenas vemos inconvenientes e nenhuma utilidade em que se exarem as razões de não conciliação. Efectivamente, o litígio terá sempre que resolver-se pela aplicação do direito à verdade material que se apurar. Assim sendo, que interessa a quem decide que do processo constem as razões da não conciliação? Vai-se deixar influenciar na decisão pelo posicionamento das partes na conciliação? Vai considerar esse posicionamento em sede de prova? Vai «sancionar» a parte que «devia» ter-se mostrado mais flexível, o que seria intolerável?"; e Abílio Neto, *Código de Processo Civil...*, *cit.*, p. 706: "O facto de ser obrigatório ficar consignado «em acta os fundamentos que, no entendimento das partes, justificam a persistência do litígio» (...), constitui inquestionavelmente um motivo inibidor de uma discussão franca entre as partes e seus mandatários, e acabará por conduzir, muitas vezes, à frustração total ou parcial da conciliação, para não se perderem «trunfos» indispensáveis em sede de julgamento." A favor desta solução,

2.2.6. A DECISÃO É DITADA PARA A ACTA E É SUCINTAMENTE FUNDAMENTADA

Conforme já tivemos a oportunidade de referir anteriormente (II.1.8.2.I.), a decisão que recai sobre o *procedimento cautelar comum*, no âmbito do CPC, deve ser proferida, de forma aconselhável e preferencialmente, logo após a audiência final e, por consequência, ditada para a acta.

Porém, contrariamente ao que sucede nos *alimentos provisórios* e no *arbitramento de reparação provisória*,[370] nada obsta – apesar de não ser recomendável – a que ela seja proferida, por escrito, em momento posterior àquele em que seja efectuada a produção das provas.

Ora, no processo do trabalho, por imposição expressa do artigo 32.º, n.º 1, alínea c), do CPT (*"a decisão é sucintamente fundamentada e ditada para a acta"*), o único momento para a prolação da decisão final é o que se segue à produção das provas e à prolação da decisão sobre a matéria de facto. Como é natural, o princípio da celeridade volta a ditar as suas leis.

Convém, no entanto, denotar, na esteira de raciocínio de C. M. FERREIRA DA SILVA,[371] que o facto de se dizer que a decisão deve ser ditada para a acta, apenas implica que ela tenha de ser proferida na audiência. Perante o silêncio da lei, nada impede que o juiz suspenda a audiência, retomando-a, tão-só, para ditar a decisão (apesar de teoricamente viável, cremos que, na prática, este *estratagema* processual não deve ser utilizado ou, em caso de indispensabilidade, que seja usado com extrema parcimónia).

---

cfr. ALBINO MENDES BAPTISTA, *Código de Processo do Trabalho Anotado*, 2.ª edição (reimpressão), Lisboa, Quid Juris, 2002, p. 125: "Trata-se de uma exigência que se crê possuir grandes potencialidades para efeitos de posterior sanação amigável do litígio, pois fica, desde logo, definida a *plataforma de desentendimento*."

[370] Onde, como vimos, a decisão é oral e ditada para a acta (artigos 400.º, n.º 3, *in fine*, e 404.º, n.º 1, ambos, do CPC).

[371] C. M. FERREIRA DA SILVA, "Providências...", *cit.*, p. 67.

2.3. Um caso particular – a prestação de caução

Apesar de não estar consagrada entre as especialidades que, de forma expressa, constam do elenco do artigo 32.º do CPT, temos de considerar que, em matéria de direito laboral, dada a natureza dos interesses e dos direitos em jogo, se torna de difícil aplicação prática a substituição da providência decretada por caução adequada (artigo 387.º, n.º 3, do CPC).

Conforme iremos constatar já de seguida, não obstante o direito do trabalho ser um terreno bastante fértil para a aplicação do *procedimento cautelar comum*, as hipóteses que permitem tal aplicação não se reconduzem, na esmagadora maioria das vezes, a meros interesses de natureza patrimonial.

Hipóteses tais como a violação de direitos que se prendem com a valorização e progressão profissional do trabalhador (com naturais implicações no bem-estar e saúde quer do próprio trabalhador, quer do seu agregado familiar); que tenham a ver com a sua dignidade (quer profissional, quer pessoal); que impliquem a inobservância das coordenadas temporais da prestação de trabalho (horário de trabalho, férias, feriados).

Nestas hipóteses – e em tantas outras – deve ser retirada ao requerido (quase sempre, mas não só – conforme teremos oportunidade de ver *infra* –, o empregador) a possibilidade de fazer uso da sua condição económica, normalmente, mais favorável, condição essa que lhe permitiria obter a substituição da providência decretada pela prestação de uma caução.[372]

---

[372] No sentido propugnado, *vide* JOSÉ DELGADO MARTINS, "Os Procedimentos...", *cit.*, p. 125: "A integral aplicação, como normativo subsidiário de legislação laboral, do disposto nos art.ºs 399 e sgs. [actuais artigos 381.º e ss.] do Cód. Proc. Civil não se nos afigura sempre adequada. Deste modo deveria ser retirado ao empregador a possibilidade de obter a substituição da providência por caução (art.º 401, n.º 3 [actual 387.º, n.º 3] do C.P.C.) em todos os casos em que os interesses dos trabalhadores em jogo não sejam passíveis de avaliação pecuniária"; e C. M. FERREIRA DA SILVA, "Providências...", *cit.*, p. 69: "Há que considerar, porém, que, em direito de trabalho, atenta a natureza dos direitos a efectivar, muitos dos quais se prendem com a dignidade da pessoa ou com a carência imediata de meios de subsistência para o trabalhador e sua família, se não configura com facilidade a adequação da substituição da providência por uma caução."

O que acabamos de dizer, pode, ainda que com certas adaptações, ser empregue relativamente à aplicação subsidiária do que se encontra preceituado no artigo 390.º, n.º 2, do CPC.[373] Porquanto, não vislumbramos como é que o trabalhador (enquanto requerente), *"(...) que (...) se encontra despojado da propriedade dos meios de produção, está sujeito à autoridade contratual do empregador, às coerções da vida da empresa e não tem resistência económica relativamente àquele (...)"*,[374] terá possibilidades de prestar uma caução.[375]

---

[373] Que, a par da sua aplicação ao nível do *procedimento cautelar comum*, só é aplicável, em sede de procedimentos cautelares especificados, ao *arresto* e ao *embargo de obra nova* (artigo 392.º, n.º 2, do CPC).

[374] B. G. LOBO XAVIER, *Curso de Direito do Trabalho*, 2.ª edição, s.l., Verbo, s.d., p. 254.

[375] Dúvida que paira, outrossim, nas mentes de C. M. FERREIRA DA SILVA, "Providências...", *cit.*, p. 70: "Nesta sede, em processo laboral, haverá, mais uma vez, que ponderar que a situação económica do trabalhador lhe não permitirá, em princípio, prestar caução."; e de ABRANTES GERALDES, *Temas da Reforma...*, *cit.*, vol. IV, p. 349, *in fine*: "Ainda que o circunstancialismo seja de difícil verificação em questões emergentes das relações laborais, a lei permite que o tribunal condicione a execução da providência à prestação de caução por parte do requerente, de acordo com o disposto no art. 390.º, n.º 2, do CPC."

III
ALGUMAS HIPÓTESES CONCRETAS DE APLICAÇÃO AO FORO LABORAL

1. NOTAS PRÉVIAS

I – Atingido o término do estudo que foi empreendido quanto ao encadeamento sequencial dos actos que compõem e integram o *procedimento cautelar comum* (*vulgo*, tramitação processual), resta embrenharmo-nos na análise de algumas das situações que, no foro laboral, comportam a aplicação de uma providência cautelar inominada.

Na esteira do que já deixáramos transparecer *supra* (em I.3.I.), o instrumento processual *sub judice* reveste-se, no âmbito do direito do trabalho, de imensas potencialidades e virtuosidades práticas. Nos tempos que correm, a relação jurídica de trabalho encontra-se impregnada de instabilidade e de volatilidade. Segundo a nossa opinião, a presença de uma medida desta índole é, para além de útil, absolutamente imprescindível.

Com efeito, tal como adverte ABRANTES GERALDES,[376]

> (...) *atentas as especificidades da relação jurídico-laboral, a dependência do trabalhador em relação ao posto de trabalho, as desigualdades substanciais, ainda que sob a capa de uma aparente igualdade formal, a dificuldade de impor o cumprimento de determinados direitos legalmente consagrados, a conjuntura económica*

---

[376] ABRANTES GERALDES, "A Reforma do Processo Civil e o Foro Laboral – Os Procedimentos Cautelares", *Prontuário de Direito do Trabalho*, Actualização n.º 51, p. 28.

e os respectivos efeitos no nível geral de emprego ou na mobilidade laboral e outras circunstâncias aconselham a previsão de instrumentos específicos ou a generalização, ao foro laboral, dos procedimentos cautelares [em especial, acrescentamos nós, do *procedimento cautelar comum*] *(...). Considerando a natureza instrumental dos procedimentos cautelares, não existe qualquer motivo para recusar, em sede de relação jurídico-laboral, pelo menos as mesmas garantias de que gozam os particulares sujeitos de relações jurídicas civilísticas.*

Ainda no tocante a esta matéria, é com alguma dose de resignação, e com uma regularidade que chega a ser verdadeiramente constrangedora, que, ao folhearmos a imprensa escrita nacional, nos deparamos com enormes parangonas alusivas a situações jurídico-laborais susceptíveis de motivar o recurso à figura do *procedimento cautelar comum*.[377]

II – Consciencializada para as extraordinárias potencialidades de que se reveste esta figura processual tem estado a doutrina, não só nacional[378] como estrangeira.[379] Não obstante, por questões que

---

[377] A título meramente exemplificativo, avançamos com as seguintes: "Ida à casa de banho valeu dia e meio em pé" (*O Comércio do Porto*, 25.04.2001, p. 13); "Trabalhadores da PT recusam transferência" (*Público*, 04.05.2001, p. 23); "Dispensados à força – Trabalhadores «emprateleirados» e esquecidos" (*Expresso*, 16.06.2001, Caderno "*Emprego*"); "Funcionárias com portões fechados após o almoço" (*O Comércio do Porto*, 20.06.2001); "Ordenados em atraso em Portugal" (*Público*, 26.06.2001, p. 41); "Sindicatos preocupados com horas extraordinárias no Santander" (*Jornal de Negócios*, 05.07.2001); "Trabalhadores das pedreiras discriminados" (*O Primeiro de Janeiro*, 16.06.2001); e, por último, "Pessoal impedido de entrar na Safil" (*Público*, 06.09.2001, p. 23).

[378] Em Portugal, honra lhe seja feita, uma voz tem-se destacado das demais. Esta voz – que nos tem acompanhado ao longo deste nosso percurso – pertence a ABRANTES GERALDES. Na sua obra, *Temas da Reforma..., cit.,* vol. IV, pp. 346 e 347 (a exemplo do que também sucede no seu estudo "A Reforma do Processo Civil e o Foro Laboral – Os Procedimentos Cautelares", *cit.,* pp. 43 e 44), este autor enuncia, de entre as diversas áreas do direito laboral, todo um rol de situações onde se pode suscitar a intervenção e o decretamento de providências cautelares *inespecíficas*. C. M. FERREIRA DA SILVA, "Providências...", *cit.*, p. 61, diz que "(...) a nova redacção do n.º 1 do art. 381.º do CPC (...) dá seguramente um novo fôlego ao estudo e aplicação da tutela antecipatória. E no direito de

III – Algumas Hipóteses Concretas de Aplicação ao Foro Laboral

trabalho são detectáveis diversas áreas em que uma tutela dessa natureza se justifica." Também ALBINO MENDES BAPTISTA, *Código de...*, *cit.*, p. 93, depois de apresentar três situações concretas que motivam o recurso a um *procedimento cautelar comum* (quais sejam, a *transferência do trabalhador para outro local de trabalho*, a *variação das coordenadas temporais da prestação* e a *situação de privação, total ou parcial da retribuição*) refere que "(...) uma providência cautelar inominada pode ser o meio adequado para tutelar provisoriamente situações laborais que o mereçam inteira e justificadamente."

[379] Em Espanha, as poucas vozes que se têm vindo a fazer ouvir não deslustram a importância do assunto. Assim, ANGEL BLASCO PELLICER, *Las Medidas...*, *cit.*, pp. 149 e 150, afirma que "una de las manifestaciones más claras de la escasa atención que la doctrina laboralista dedica al proceso cautelar en materia laboral es la nula referencia que se realiza a las medidas cautelares indeterminadas. En efecto, en la mayoría de los manuales sobre derecho procesal laboral, nada se dice sobre la cuestión; (...) Tan escaso interés resulta paradójico en la medida en que la institución cautelar que examinamos resulta imprescindible para hacer efectivo el derecho procesal de cautela que antes fue examinado y, consecuentemente, el de tutela judicial efectiva". Em Itália, a utilização da tutela cautelar indeterminada em matéria laboral, tem merecido, por parte da doutrina italiana, ao longo dos tempos, uma atenção deveras especial. Enumeram-se, de seguida, a título puramente ilustrativo, uma série de obras, anotações e estudos em torno do tema: SALVATORE SATTA, "Provvedimenti di Urgenza e Urgenza di Provvedimenti", *Massimario di Giurisprudenza del Lavoro*, VI Serie, Anno XXXV (1962), n.º 1, pp. 49-50; SALVATORE SATTA, "Ancora sui Provvedimenti d'Urgenza in Materia di Lavoro", *Massimario di Giurisprudenza del Lavoro*, VI Serie, Anno XLI (1968), n.º 5, pp. 420-421; SALVATORE SATTA, "Provvedimento di Urgenza e Rapporto di Lavoro", *Massimario di Giurisprudenza del Lavoro*, VII Serie, Anno XLIV (1971), n.ºs 4-5, pp. 455-456; SALVATORE MAZZAMUTO, "Provvedimenti d'Urgenza e Reintegrazione nel Posto di Lavoro", *Rivista Trimestrale di Diritto e Procedura Civile*, Anno XXVII (1973), pp. 593-612; MARCELO PEDRAZZOLI, "La Tutela...", *cit.*, pp. 1020-1101; e, por fim, GIOVANNI ARIETA, *I Provvedimenti...*, *cit.*, pp. 145-169. Importará notar, acerca da importância da tutela cautelar inominada em matéria laboral, aquilo que nos é dito por MARCELO PEDRAZZOLI, "La Tutela...", *cit.*, pp. 1095-1096: "La necessità di accelerazione del processo di lavoro e, quindi, di premunirlo com quella sua manifestazione fondamentale che è la cautela innominata, discende adunque dalla stessa struttura delle situazioni soggettive del dipendente, è la conseguenza, sul piano dei modi della tutela giurisdizionale,

nos ultrapassam, os tribunais do trabalho portugueses têm sido chamados a pronunciar-se, ao nível da tutela cautelar indeterminada, por muito poucas vezes (comparativamente com o que sucede com os seus congéneres cíveis).[380]

III – Uma última palavra, no que a estas notas concerne, vai para a necessidade imperiosa que recai sobre o *procedimento cautelar comum*, de modo a que este se adapte e se adeqúe às especialidades que revestem o direito processual do trabalho – isto para que este último confira efectividade aos fins pretendidos pelo direito do trabalho.

Ora, um desses fins, como é por demais sabido, encontra-se consubstanciado no *princípio do tratamento mais favorável do trabalhador (favor laboratoris)*.[381-382] Geralmente, e no caso de existência de um conflito de normas, deve entender-se que a norma que prevalece é a que estabeleça um regime mais favorável para o trabalhador.

---

delle qualità della relazione fra prestatore e beni che ricompongono la sua libertà, la sua dignità, le sue aspettative in quanto sia dedotta in contratto la prestazione di attività lavorativa subordinata. È un'idea di «proprietà operaia» – proprietà in senso metaforico, esattamente come si parla di proprietà industriale, letteraria, artistica, immateriale – che esige questo trattamento; è riconoscendo in capo al lavoratore, la titolarità di diritti personalissimi (o su beni immateriali o, come si sarebbe potuto dire più anticamente, su beni incorporali), che lo si giustifica."

[380] A propósito das decisões jurisprudenciais, em matéria cautelar inominada laboral, *vide* nota de rodapé 146.

[381] Previsto no artigo 4.º do CT (artigo que corresponde, com alterações, ao artigo 13.º, n.º 1, da LCT).

[382] *Cfr.*, a respeito do *princípio do tratamento mais favorável do trabalhador*, entre outros, MONTEIRO FERNANDES, "O Princípio do Tratamento Mais Favorável ao Trabalhador: Sua Função", *Estudos Sociais e Corporativos*, Ano VI (1967), n.º 21, pp. 73-93; JOÃO LEAL AMADO, "Tratamento Mais Favorável e Art. 4.º/1, do Código do Trabalho: O Fim de um Princípio?", *Temas Laborais*, s.l., Coimbra Editora, 2005, pp. 11-22; MARIA DO ROSÁRIO PALMA RAMALHO, *Direito do Trabalho – Parte I – Dogmática Geral*, Coimbra, Almedina, 2005, pp. 252--266; MONTEIRO FERNANDES, *Direito do Trabalho*, 13.ª edição, Coimbra, Almedina, 2006, pp. 123-125; e PEDRO ROMANO MARTINEZ, *Direito do Trabalho*, 3.ª edição, Coimbra, Almedina, 2006, pp. 217-222.

Porém, como refere B. G. LOBO XAVIER, *"(...) do facto de as normas do trabalho funcionarem, em regra, para proteger o trabalhador não se extrai qualquer princípio hermenêutico com aplicação prática. Basta pensar que nas leis do trabalho se encontram também as fontes de legitimidade dos poderes patronais (...) e, mesmo quanto às normas especificamente tutelares do trabalho, elas só podem pretender proteger os trabalhadores até um certo ponto."*[383]

Mutatis mutandis, se uma dada entidade empregadora necessitar de lançar mão de um *procedimento cautelar comum* (invertendo os papéis comummente estabelecidos, assumindo, por conseguinte, a posição processual de requerente e, por seu turno, o trabalhador de requerido), nada obsta a que o faça, conforme teremos oportunidade de ver *infra*.

2. ALGUMAS HIPÓTESES DE APLICAÇÃO

2.1. Transferência ilegítima do trabalhador para outro local de trabalho

I – A hipótese que seleccionamos para abordar em primeiro lugar constitui uma das hipóteses mais privilegiadas para o recurso a um *procedimento cautelar comum*. Pese embora podermos afirmar que a *transferência do trabalhador* se encontra dotada de uma autêntica vertente adjectiva, é indesmentível que ela encerra, sobretudo, e principalmente, uma vertente substantiva, vertente esta que, como é natural, vem sendo alvo de amplo tratamento doutrinal[384] e jurisprudencial.[385]

---

[383] B. G. LOBO XAVIER, *Curso de...*, cit., p. 265.

[384] *Cfr.*, a título de exemplo, entre nós, B. G. LOBO XAVIER, "O Lugar da Prestação do Trabalho", *Estudos Sociais e Corporativos*, Ano IX (1970), n.º 33, pp. 11-61; JÚLIO GOMES, "Algumas Considerações sobre a Transferência do Trabalhador (Nomeadamente no que Concerne à Repartição do Ónus da Prova)", em colaboração com AGOSTINHO GUEDES, *Revista de Direito e de Estudos Sociais*, Ano XXXIII (VI da 2.ª Série), n.ºs 1-2, pp. 77-127; B. G. LOBO XAVIER,

Por razões óbvias, não é este o local apropriado para discorrer, detalhada e minuciosamente, acerca de todas as questões substantivas que se colocam a propósito da transferência do trabalhador. Assim, procuraremos, tão-somente, e a exemplo do que faremos com as restantes hipóteses que se lhe seguirão, abordar, de uma forma ligeira, as principais temáticas, mas nunca perdendo de vista o fito a que nos propusemos – o *procedimento cautelar comum*.

II – O CT,[386] contrariamente ao que sucedia no domínio da anterior LCT, estabelece o lugar onde deverá ser efectuada a pres-

---

Curso de..., *cit.*, pp. 350 e ss.; ALBINO MENDES BAPTISTA, *Jurisprudência do Trabalho Anotada*, Lisboa, Lusolivro, 1994, pp. 174-210; ALBINO MENDES BAPTISTA, "Transferência do Local de Trabalho – Significado da Apresentação do Trabalhador no Novo Lugar", *Prontuário de Direito do Trabalho*, Actualização n.º 53, pp. 59-65; ALBINO MENDES BAPTISTA, "Transferência do Trabalhador para Outro Local de Trabalho, Aviso Prévio e Esclarecimento Sobre as Condições da Mudança", *Questões Laborais*, Ano VI (1999), n.º 14, pp. 196-212; MARIA DO ROSÁRIO PALMA RAMALHO, *Direito do Trabalho – Parte II – Situações Laborais Individuais*, Coimbra, Almedina, 2006, pp. 411-423; MONTEIRO FERNANDES, *Direito do...*, *cit.*, pp. 422-434; e PEDRO ROMANO MARTINEZ, *Direito do ...*, *cit.*, pp. 728-736. Ao nível da doutrina estrangeira, *vide*, entre tantos outros, GIUSEPPE PERA, "Sul Trasferimento del Lavoratore", *Il Foro Italiano*, vol. IC, parte quinta, 1976, pp. 65-69; LUIS PLANAS PUCHADES, "La Modificación Sustancial de las Condiciones de Trabajo", *Revista Española de Derecho del Trabajo*, 1983, n.º 13, pp. 108-109; PATRIZIA TULLINI, "Il Trasferimento del Lavoratore: La Nozione e I Profili Applicativi", *Lo Statuto dei Lavoratore: Vent'Anni Dopo*, Turim, 1990; ANA MARIA DE MIGUEL LORENZO, *La Extinción Causal del Contrato de Trabajo por Voluntad del Trabajador*, Primera Edición, Madrid, Civitas, 1993, pp. 61 e ss.; JOAQUÍN GARCÍA MURCIA, *Traslados y Desplazamientos en la Empresa*, Valencia, Tirant lo Blanch, 1996.

[385] *Verbi gratia*, Ac. STJ de 26.05.1993, *ADSTA*, Ano XXXII, n.º 382, p. 1072; Ac. RE de 22.06.1993, *BMJ*, 428.º, p. 711; Ac. STJ de 23.11.1994, *ADSTA*, Ano XXXIV, n.º 400, p. 486; Ac. STJ de 17.12.1997, *ADSTA*, Ano XXXVII, n.º 436, p. 548; Ac. STJ de 02.12.1998, *BMJ*, 482.º, p. 128; Ac. STJ de 03.03.1999, *BMJ*, 485.º, p. 220; Ac. STJ de 24.03.1999, *BMJ*, 485.º, p. 239; e Ac. STJ de 09.12.1999, *ADSTA*, Ano XXXIX, n.ºs 464/465, p. 1209.

[386] Mais concretamente, no seu artigo 154.º: "1. O trabalhador deve, em princípio, realizar a sua prestação no local de trabalho contratualmente definido, sem prejuízo do disposto nos artigos 315.º a 317.º. 2. O trabalhador encontra-se adstrito às deslocações inerentes às suas funções ou indispensáveis à sua formação profissional."

tação de trabalho. Contudo, mesmo que o não fizesse, pela própria natureza da relação jurídico-laboral, em todo e qualquer contrato de trabalho, de forma expressa ou tácita, é usual convencionar-se um dado lugar para a prestação da actividade intelectual ou manual do trabalhador.

Como muito bem observa B. G. LOBO XAVIER,

> *(...) fixado no contrato o lugar da prestação, o trabalhador vai dispor nesses termos a sua maneira de viver. De acordo com o local em que trabalha vai organizar o seu plano de vida, pois é tendo em vista o sítio onde desempenha a sua actividade que o trabalhador fixa a sua residência, resolve o problema dos seus transportes, cuida da educação dos filhos e programa até o gozo dos seus ócios. Com efeito, trabalhar num determinado lugar significa o mesmo que ir viver para esse lugar. E aqui se compreende uma série de valores em que entram elementos económicos e materiais de vulto, como o custo de vida e a fadiga e demora dos transportes, e outros interesses, talvez de maior importância: saúde, bem--estar, educação e a simples alegria de viver...* [387]

Assim sendo, uma vez fixado, o local de trabalho assume para o trabalhador um carácter deveras vital. Por conseguinte, nada justifica que esse local possa ser alterado despoticamente, a bel-prazer de uma das partes (mais concretamente, da entidade empregadora). Visando impedir qualquer acção tendente nesse sentido, o nosso ordenamento jurídico tem vindo a consagrar uma garantia de *inamovibilidade*.[388]

Nos termos da alínea f) do artigo 122.º do CT (alínea que corresponde, com alterações, à anterior alínea e) do n.º 1 do artigo 21.º da LCT) é proibido ao empregador "*(...) transferir o trabalhador para outro local de trabalho, salvo nos casos previstos neste Código e nos instrumentos de regulamentação colectiva de trabalho, ou quando haja acordo;*". Pelos próprios termos em que se encontra estabelecida, esta garantia está restrita ao disposto nos

---

[387] B. G. LOBO XAVIER, "O Lugar da...", *cit.*, p. 17.
[388] *Vide*, a este propósito, JOÃO LEAL AMADO, "Inamovibilidade: Uma Garantia Supletiva?", *Questões Laborais*, Ano I (1994), n.º 3, pp. 175-177.

artigos 315.º a 317.º do CT,[389] artigos que aceitam, expressamente, a estipulação de cláusulas onde conste a possibilidade de a entidade empregadora determinar, livremente, e a todo o tempo, o lugar da prestação do trabalho.[390-391]

---

[389] **Artigo 315.º do CT** (sob a epígrafe *Mobilidade geográfica*): "1. O empregador pode, quando o interesse da empresa o exija, transferir o trabalhador para outro local de trabalho se essa transferência não implicar prejuízo sério para o trabalhador. 2. O empregador pode transferir o trabalhador para outro local de trabalho se a alteração resultar da mudança, total ou parcial, do estabelecimento onde aquele presta serviço. 3. Por estipulação contratual as partes podem alargar ou restringir a faculdade conferida nos números anteriores. 4. No caso previsto no n.º 2, o trabalhador pode resolver o contrato se houver prejuízo sério, tendo nesse caso direito à indemnização prevista no n.º 1 do artigo 443.º. 5. O empregador deve custear as despesas do trabalhador impostas pela transferência decorrentes do acréscimo dos custos de deslocação e resultantes da mudança de residência."; **Artigo 316.º do CT** (sob a epígrafe *Transferência temporária*): "1. O empregador pode, quando o interesse da empresa o exija, transferir temporariamente o trabalhador para outro local de trabalho se essa transferência não implicar prejuízo sério para o trabalhador. 2. Por estipulação contratual as partes podem alargar ou restringir a faculdade conferida no número anterior. 3. Da ordem de transferência, além da justificação, deve constar o tempo previsível da alteração, que, salvo condições especiais, não pode exceder seis meses. 4. O empregador deve custear as despesas do trabalhador impostas pela transferência temporária decorrentes do acréscimo dos custos de deslocação e resultantes do alojamento."; **Artigo 317.º do CT** (sob a epígrafe *Procedimento*): "Salvo motivo imprevisível, a decisão de transferência de local de trabalho tem de ser comunicada ao trabalhador, devidamente fundamentada e por escrito, com trinta dias de antecedência, nos casos previstos no artigo 315.º, ou com oito dias de antecedência, nos casos previstos no artigo 316.º."

[390] Por intermédio destas cláusulas – insertas quer em contratos individuais de trabalho, quer em instrumentos de regulamentação colectiva do trabalho – é permitido às entidades empregadoras a livre transferência dos seus trabalhadores (consagrando, assim, uma espécie de *amovibilidade*). Ainda que a título meramente exemplificativo, e no que toca à possibilidade de as partes convencionarem, válida e livremente, a possibilidade de transferência dos trabalhadores, *cfr.* a cláusula 39.ª do *acordo colectivo de trabalho para o sector bancário* (publicado, originariamente, no BTE, 1.ª série, n.º 31, de 22.08.1990, e cujo texto consolidado foi publicado no BTE, 1.ª série, n.º 4, de 29.01.2005 – com as alterações e actualizações adrede vindas a lume – *vide infra*): "1. A Instituição pode transferir o trabalhador para outro local de trabalho dentro da mesma localidade ou para qualquer localidade do Concelho onde resida. 2. Quando o trabalhador

Destarte, por intermédio da redacção conferida ao artigo 315.º do CT (artigo que corresponde, com alterações, ao anterior artigo 24.º da LCT), a entidade empregadora, salvo estipulação contratual em contrário, só pode transferir o trabalhador para outro local de trabalho, quando o interesse da empresa o exija, e se essa transferência não implicar prejuízo sério para o trabalhador ou se resultar da mudança, total ou parcial, do estabelecimento onde aquele presta serviço.

III – O preceito legal *sub judice* (artigo 315.º do CT) contém, em si mesmo, duas hipóteses distintas: no seu n.º 1 refere-se à apelidada *transferência individual*; no seu n.º 2, faz referência à chamada *transferência colectiva*.[392]

---

exerça a sua actividade nos Concelhos de Coimbra, Lisboa ou Porto, pode ser transferido para Concelhos limítrofes do respectivo local de trabalho; no caso de Lisboa não se consideram limítrofes os Concelhos situados na margem sul do rio Tejo, com excepção do concelho de Almada. 3. Fora dos casos previstos nos n.ºs 1 e 2, a Instituição não pode transferir o trabalhador para localidade diferente da do seu local de trabalho, se essa transferência causar prejuízo sério ao trabalhador, salvo se a transferência resultar da mudança total ou parcial do estabelecimento onde aquele presta serviço. 4. Para os efeitos previstos nos números 2 e 3, a Instituição deve comunicar a transferência com a antecedência mínima de 30 dias. (...)". Para uma panorâmica mais satisfatória acerca da transferência de trabalhador em sede de *contratação colectiva*, vide ALBINO MENDES BAPTISTA, "Transferência do Trabalhador para...", *cit.*, pp. 209 e ss..

[391] Em sentido diverso, ainda que no domínio da legislação laboral anterior, vide JOÃO MOREIRA DA SILVA, *Direitos e Deveres dos Sujeitos da Relação Individual de Trabalho*, Coimbra, Almedina, 1983, p. 44: "(...) O que já não nos parece possível é que as partes convencionem validamente (por contrato individual ou C.C.T.) a possibilidade de a entidade patronal transferir unilateral e livremente o trabalhador, afastando, nomeadamente, a relevância do requisito prejuízo sério. (...) Tendemos assim, a configurar o art. 24.º da L.C.T. como uma norma imperativa mínima, tendo a expressão do seu n.º 1 «salva estipulação em contrário» (conjugada com a expressão «só pode»), apenas o sentido de permitir a estipulação das partes para limitar ou excluir o poder patronal de transferência individual (cfr. art. 13.º, n.º 1 da L.C.T. e art. 14.º, n.º 1 da L.R.C.T.)."

[392] Para ALBINO MENDES BAPTISTA, "Transferência do Trabalhador para...", *cit.*, p. 196, "ambas as designações são susceptíveis de crítica. [E isto porque] pode haver transferência colectiva sem haver mudança de estabelecimento. [E] mais raro, mas possível, (...) transferência individual provocada por mudança de

Estoutra é uma hipótese que concede às entidades empregadoras a faculdade de alterarem o lugar de trabalho a todo o seu pessoal, alteração (transferência) esta que resulta da própria mudança, total ou parcial, do estabelecimento. Nestes casos, como facilmente se depreende, não funcionará qualquer tipo de garantia de *inamovibilidade*.

Porém, não se julgue que os interesses dos trabalhadores são, de todo, desatendidos ou olvidados. Muito pelo contrário. Como já tivemos ensejo para constatar, em face do n.º 4 do artigo 315.º do CT (anterior n.º 2 do artigo 24.º da LCT), a transferência do local de trabalho em resultado de mudança de estabelecimento confere ao trabalhador o direito de resolução do seu contrato de trabalho, sendo por tal resolução indemnizado – a não ser que a entidade empregadora demonstre que da transferência não resulta prejuízo sério para o trabalhador.

IV – A questão da *transferência individual* é, sem dúvida alguma, aquela que, sobre si, concita mais atenções. O empregador só pode transferir um trabalhador para outro local de trabalho[393] quando o interesse da empresa o exija e, outrossim, quando tal transferência não cause ao trabalhador *prejuízo sério*.[394]

---

estabelecimento." Prosseguindo, conclui o autor que "(...) os dois tipos de transferência («individual» e «colectiva») são realidades de tal modo diversas que a lei deveria tratar com intensidade diferenciadora aquilo que é intrinsecamente diferente."

[393] "O problema das transferências individuais põe-se (...), em regra, quando a empresa funciona em várias localidades – são os casos de firmas de grande raio de acção, que têm sucursais ou filiais em vastas regiões. A necessidade de se efectuarem tais transferências é por vezes imperiosa. Com efeito, não raro se torna útil proceder a uma redistribuição do pessoal, em excesso num lugar e em falta noutro (...). Ainda, a própria carreira profissional na empresa (tirocínios, promoções) exigirá não poucas vezes transferências semelhantes." – B. G. LOBO XAVIER, "O Lugar da...", *cit.*, p. 33.

[394] Sobre este assunto, *vide* ALBINO MENDES BAPTISTA, "O Conceito de «Prejuízo Sério» e a Transferência de Local de Trabalho nas Grandes Aglomerações Urbanas", *Prontuário de Direito de Trabalho*, Actualização n.º 54, pp. 27-32.

A garantia da *inamovibilidade* funciona aqui na perfeição. A entidade empregadora só pode transferir o seu trabalhador quando demonstrar,[395] inequivocamente, que a transferência que pretende operar não causa ao trabalhador um prejuízo relevante, não o afectando seriamente no seu plano de vida, quer profissional quer pessoal.[396]

> "O «prejuízo sério» é um conceito indeterminado. (...) [Nele] há que ponderar aspectos como os incidentes sobre a escolha da residência, o custo de vida, a duração e horário dos transportes, mas também os relacionados com a vida familiar do trabalhador, com as suas relações sociais e os seus centros de interesses extra-laborais, assim como as expectativas respeitantes à carreira profissional. Por isso, o prejuízo sério não tem que revestir carácter patrimonial."[397]

Se a entidade empregadora não lograr provar que determinada *transferência individual* (quer esta se enquadre no âmbito da designada *mobilidade geográfica* prevista no n.º 1 do artigo 315.º do

---

[395] É, para nós, tido como indiscutível que o *ónus da prova* do *prejuízo sério* incumbe à entidade empregadora. A posição ora assumida é partilhada, outrossim, por B. G. LOBO XAVIER, "O Lugar da...", *cit.*, p. 34; por JÚLIO GOMES, "Algumas Considerações...", *cit.*, e *Direito do...*, *cit.*, p. 644; e por ALBINO MENDES BAPTISTA, *Jurisprudência do...*, *cit.*, p. 192, e "Transferência do Local...", *cit.*, pp. 63 e 64. Não obstante, certa doutrina – leia-se, MARIA DO ROSÁRIO PALMA RAMALHO, *Direito do Trabalho – Parte II...*, *cit.*, p. 415; MONTEIRO FERNANDES, *Direito do...*, *cit.*, pp. 430-432; PEDRO ROMANO MARTINEZ, *Direito do...*, *cit.*, p. 733 – e vária jurisprudência (*verbi gratia*, Ac. RE de 22.06.1993, *cit.*; e Ac. STJ de 17.12.1997, *cit.*), defendem que é ao trabalhador que cabe o ónus de alegar (e provar) o *prejuízo sério*. Insurgindo-se contra tal entendimento, JÚLIO GOMES, "Algumas Considerações...", *cit.*, refere, a págs. 101, que "(...) é agora tempo de referir o sistema que sobre a matéria da distribuição do ónus de alegação e prova foi proposto por MONTEIRO FERNANDES, sistema sem dúvida engenhoso, mas que, para expressar a nossa opinião sem quaisquer rodeios, parece-nos constituir um equívoco." Prosseguindo, conclui, a págs. 118, que "(...) em suma, na hipótese de transferência individual, cabe à entidade patronal o ónus da prova da inexistência de prejuízo sério *porque esse é o pressuposto constitutivo do seu direito de mudar o local de trabalho (...)*."

[396] Aliás, tal como refere JÚLIO GOMES, "Algumas Considerações...", *cit.*, p. 99, "(...) nem sempre da transferência resultará um prejuízo para o trabalhador, sendo até possível que dela decorra para este, em certos casos, uma vantagem (...)".

[397] ALBINO MENDES BAPTISTA, "O Conceito de...", *cit.*, p. 28.

CT, quer esta se enquadre no âmbito da *transferência temporária* prevista no n.º 1 do artigo 316.º do CT) de local de trabalho não acarreta prejuízo sério para o trabalhador, e se persistir nos seus intentos de o transferir, este mesmo trabalhador encontra-se legitimado para recusar a transferência. Porém, tal pode não significar a vontade de resolver o contrato. Pode significar, isso sim, o exercício do *ius resistentiae*.

De acordo com o preceituado no artigo 121.º, n.º 1, alínea d), do CT (artigo que corresponde, com alterações, ao anterior artigo 20.º, n.º 1, alínea c), da LCT), o trabalhador deve *"cumprir as ordens e instruções do empregador em tudo o que respeite à execução e disciplina do trabalho, salvo na medida em que se mostrem contrárias aos seus direitos e garantias;"*.

Assim, o dever de obediência, que encontra o seu próprio fundamento no contrato de trabalho, acha-se limitado pelos direitos e pelas garantias dos trabalhadores. Perante uma ordem de transferência ilegítima ou ilegal, ao trabalhador é reconhecido um verdadeiro direito de resistência e, porque não dizê-lo, de desobediência.

Não obstante, apesar de este direito de resistência constituir uma atitude legítima do trabalhador, ele pode ser um elemento de extrema instabilidade e de crispação da relação de trabalho. De um lado teremos o interesse do empregador em transferir o trabalhador (este interesse na transferência traduz, não raras vezes, uma espécie de sanção disciplinar encoberta),[398] e, do outro, o interesse deste em impedir a violação da sua garantia à *inamovibilidade*.

Ensaiando um paralelismo com aquilo que dissemos *supra* (I.2.4.) – a propósito dos requisitos dos procedimentos cautelares – tal como o decretamento de uma providência só deve ser concedido na medida em que o prejuízo que acarrete para o requerido não exceda consideravelmente o dano que se pretende evitar, também a transferência só deve ser lícita quando corresponda a uma conveniência importante da entidade empregadora que sobreleve consideravelmente as desvantagens do trabalhador.

---

[398] O que pode consubstanciar outra das hipóteses de recurso à figura do *procedimento cautelar comum*, hipótese esta que abordaremos *infra* – estamos a referir-nos à aplicação de sanções disciplinares abusivas e/ou proibidas por lei.

Com esta constatação, somos, de novo, reconduzidos para a importância crucial e fulcral do conceito de *prejuízo sério*, e para o cuidado redobrado que há que ter na sua apreciação casuística.

V – De facto, pode muito bem suceder que haja uma dissemelhança de entendimentos quanto à transferência. A entidade empregadora, por considerar que não existe prejuízo sério para o trabalhador, entende que a sua ordem de transferência é, para além de justificada, lícita. Ao invés, o trabalhador, por considerar que a sua transferência lhe acarretaria prejuízos desmedidos, entende, legitimamente, o oposto (isto é, que está a ser alvo de uma transferência ilícita).

Nestes casos, como é bom de ver, o trabalhador achar-se-á perante um dilema. Ou acata a determinação da sua entidade empregadora (o que, por si só, não implica a aceitação da transferência),[399] ou, pelo contrário, ignora-a, correndo um risco deveras evidente, ou seja, o de um tribunal do trabalho considerar que a transferência não lhe causava prejuízo sério[400] e, por consequência, que a ordem era legítima e a sua desobediência ilegítima.

---

[399] Com efeito, a mera apresentação do trabalhador no novo local de trabalho não pode traduzir a aceitação (ainda que tácita) da transferência. Em muitas situações, só depois de operada a transferência é que o trabalhador se pode aperceber das desvantagens e do prejuízo da prestação da sua actividade noutro local de trabalho. Deste modo, é perfeitamente concebível que o trabalhador apenas no novo lugar venha a optar pela resolução do contrato de trabalho – contanto que o faça, nos termos do artigo 442.º, n.º 1, do CT, nos 30 (trinta) dias subsequentes ao conhecimento dos factos que a justificam. A este propósito, atentemos nas palavras de ALBINO MENDES BAPTISTA, "Transferência do Local...", *cit.*, p. 65: "(...) Os factos que justificam a rescisão [actualmente, resolução] precisam de avaliação por parte do trabalhador. Isso basta para que se exija não só um conhecimento, mas também uma valoração: conhecimento do acto de transferência e ponderação dos prejuízos que o acto causa ao trabalhador. Ponderação que pode ser posterior à transferência, contando-se o respectivo prazo legal a partir da constatação, por parte do trabalhador, do prejuízo sério."

[400] Para termos uma noção mais exacta daquilo que a jurisprudência vem entendendo acerca do conceito de *prejuízo sério*, seleccionamos excertos de dois arestos que, para não irmos mais longe, são, no mínimo, surpreendentes. Assim, segundo o Ac. STJ de 23.11.1994, *cit.*, pp. 489 e 490, "(...) no caso presente,

VI – Em resultado do anteriormente exposto, como forma de reduzir e/ou eliminar transferências ilegítimas de trabalhadores e, outrossim, como forma de permitir uma apreciação judicial *ex ante* da legitimidade da ordem de transferência, defendemos que se deva lançar mão, sem quaisquer peias, do *procedimento cautelar comum*.

Esta opinião tem vindo a ser sufragada pela mais diversa e avalizada doutrina.[401] A título meramente ilustrativo, concentremo-nos nas palavras de GIUSEPPE PERA:

> como único facto lesivo para o recorrente, apurou-se que, em consequência da transferência, obrigou-o a despender duas horas diárias a mais para atingir o seu novo local de trabalho. (...) No entanto, tal prejuízo, no quadro da vida urbana actual, não pode ser considerado mais do que sério incómodo (...). A modificação «total» de hábitos de vida, não significa em si e sem mais «prejuízo sério», lesante do interesse de estabilidade do emprego." Também se refere, no Ac. STJ de 24.03.1999, *cit.*, p. 239, que "(...) não configura um prejuízo sério, antes se enquadra um simples incómodo ou transtorno, o facto de a transferência do trabalhador para outro local de trabalho implicar um acréscimo de *100 Km* [itálico nosso] em deslocações e acarretar uma maior dificuldade para o trabalhador em visitar o seu pai que padece de doença crónica." Por contraponto, e por concordarmos com o acerto da decisão, optamos por seleccionar e transcrever o que é dito no Ac. STJ de 17.12.1997, *cit.*, pp. 556 e 557: "(...) Na verdade, com a transferência para Lisboa, o A. teria de alterar o seu tipo de vida que tem tido ao serviço da R. em Beja. É aí que ele tem a sua família e o seu centro de interesses. Aquela transferência iria provocar um agravamento do seu estado de saúde; o A. tem de seguir uma dieta adequada ao seu estado de saúde, dieta essa que lhe seria difícil cumprir em Lisboa, como se provou; deixaria ou ficaria gravemente comprometida a necessidade de prestar apoio e assistência à sua mãe, facto também provado, o que já não aconteceria em Beja, dado que, apesar das deslocações que teria de efectuar, raramente dormia fora e tomava a maior parte das suas refeições em família; a transferência para Lisboa, com o consequente afastamento da família, os problemas de trânsito e a poluição aumentariam o seu «stress» e agravariam a sua doença. Face a esta matéria de facto, e da restante constante dos autos, dúvidas não pode haver de que a transferência do A. lhe causaria um «prejuízo sério» (...)".
>
> [401] Entre a qual cumpre destacar: GIUSEPPE PERA, "Sul Trasferimento...", *cit.*, p. 69; GIOVANNI ARIETA, *I Provvedimenti...*, *cit.*, pp. 160 e 161; JÚLIO GOMES, "Algumas Considerações...", *cit.*, p. 116; GARCÍA MURCIA, *apud* ANGEL BLASCO PELLICER, *Las Medidas...*, *cit.*, p. 159; ABRANTES GERALDES, "A Reforma do Processo Civil e o Foro Laboral – Os Procedimentos Cautelares", *cit.*, p. 43; e, por fim, ALBINO MENDES BAPTISTA, *Código de...*, *cit.*, pp. 92-93.

III – Algumas Hipóteses Concretas de Aplicação ao Foro Laboral

(...) Proprio perché il provvedimento di trasferimento infligge al lavoratore nell'immediatezza danni sostanzialmente irreparabili, perfino alla vita di relazione, e per qualche verso anche difficilmente quantificabili in sede meramente risarcitoria (chi ci compenserà del forzato allontanamento da una persona cara, verso la quale abbiamo obblighi di assistenza?), il rimedio ad hoc sta, pressocché esclusivamente, nel possibile provvedimento d'urgenza del giudice.[402]

Porém, a exemplo do que já foi aflorado entre nós, a jurisprudência tem sido chamada a intervir, a nível cautelar, em sede de transferência de local de trabalho, por raras vezes.[403] E, numa dessas ocasiões, entendeu, contrariamente ao que vimos sustentando, que "*(...) não há fundamento para recorrer ao procedimento cautelar comum se a entidade patronal tiver procedido a indevida transferência individual do trabalhador.*"[404]

Compreendemos e aceitamos que, no nosso País, o estado da questão não se encontre tão linearmente estabelecido como em certos ordenamentos jurídicos, mormente o brasileiro.[405] Todavia, somos em crer que não podem subsistir quaisquer réstias de dúvidas quanto à admissibilidade da aplicação da figura do *procedimento cautelar comum* em sede de transferência de local de trabalho.

Alerte-se, contudo, para a absoluta indispensabilidade de um controlo judicial *ex post* (através da acção de processo comum

---

[402] GIUSEPPE PERA, "Sul Trasferimento...", cit., p. 69, *in fine*.

[403] *Cfr.* Ac. RL de 12.07.2006 (Proc. n.º 5104/2006-4), acessível em http://www.dgsi.pt; Ac. RL de 18.10.2006 (Proc. n.º 6799/2006-4), acessível em http://www.dgsi.pt.

[404] Ac. RL de 09.06.1999, cit..

[405] No Brasil, como forma de corresponder aos anseios da doutrina, criou-se uma medida cautelar para coibir as transferências abusivas – *medida liminar contra transferência*. Como refere WAGNER D. GIGLIO, *Direito Processual...*, cit., p. 345, "atendendo às reivindicações doutrinárias e à orientação da jurisprudência, o legislador da Lei n. 6.203/75 modificou os arts. 469 e 470 da CLT, regulando de forma mais rígida as hipóteses em que é lícita a transferência do empregado, ao acrescentar a exigência de prova de *real necessidade de serviço*, e adicionou um inciso, de n. IX, ao art. 659, estabelecendo a competência privativa dos presidentes de Juntas (atualmente Varas) para «conceder medida liminar, até decisão final do processo, em reclamações trabalhistas que visem a tornar sem efeito transferência disciplinada pelos parágrafos do art. 469 desta Consolidação»."

respectiva), controlo esse que irá pronunciar-se, de forma definitiva, sobre a legitimidade ou ilegitimidade da ordem de transferência individual do trabalhador. Não nos esqueçamos que a providência cautelar solicitada visa, tão-somente, acautelar o efeito útil da acção principal.

VII – Não queremos deixar passar a oportunidade para referir que o trabalhador, para obter o decretamento da providência cautelar solicitada, deve, no seu requerimento inicial, alegar todos os factos que concretizam o *prejuízo sério* que lhe advém da transferência.

Se o juiz optar pela audiência da requerida (entidade empregadora), deve a mesma, na oposição, alegar e provar que, por exemplo, a mudança se realizou para lugar pouco distante ou, eventualmente, mais próximo ainda da residência do trabalhador; que não houve agravamento do seu custo de vida (designadamente, ao nível das despesas quotidianas, quais sejam, de alimentação, de transportes, de educação com filhos menores, entre outras); e, essencialmente, que o trabalhador não teve qualquer *prejuízo sério*.

Provando-se, ainda que de forma perfunctória, que a ordem de transferência era ilegítima (por probabilidade séria de existência de prejuízos de enorme monta na esfera jurídica do trabalhador e pelo fundado receio de que, com a transferência, o trabalhador sofra lesão grave e de difícil reparação), o juiz deverá decretar a providência solicitada, impondo à requerida/entidade empregadora que esta se abstenha da sua conduta tendente à transferência do trabalhador para outro local de trabalho (e, de igual forma, anulando ou revogando a ordem ilegítima de transferência).

Se, pelo contrário, nos autos do procedimento cautelar, se vier a decidir pela legitimidade da transferência, então outra alternativa não restará ao trabalhador que não seja a de aceitar a ordem de transferência, indo trabalhar para o seu novo local de trabalho (sem prejuízo de um eventual recurso desta decisão), sem direito à resolução do seu contrato.[406]

---

[406] Primeira das formas estabelecidas para a cessação do contrato de trabalho por iniciativa do trabalhador, e que vem prevista na Subsecção I (*Resolução*) da Secção V (*Cessação por iniciativa do trabalhador*) do Capítulo IX

2.2. Violação do direito do trabalhador à ocupação efectiva

I – A relação jurídico-laboral, em virtude da própria natureza de que está imbuída, pressupõe que o seu beneficiário, isto é, o empregador, proporcione ao trabalhador todas as condições materiais tidas como indispensáveis para o exercício da sua actividade (intelectual ou manual). É sobre o empregador que recai o encargo de criar e fornecer todas as condições e todos os meios para que a prestação de trabalho seja, material e legalmente, exigível.

Não basta, portanto, que o trabalhador se coloque à disposição da sua entidade empregadora. É necessário que esta pratique todos os actos de *cooperação*[407] para com aquele e que não se recuse, injustificadamente,[408] a receber a prestação de trabalho.

(*Cessação do contrato*) do Título II (*Contrato de trabalho*) do Livro I (*Parte Geral*) do CT (mais concretamente, nos artigos 441.º a 446.º) – e que corresponde, com algumas alterações, à anterior *rescisão com justa causa* consagrada nos artigos 34.º a 37.º do RJCCT. Como é óbvio, nada impede que o trabalhador denuncie o seu contrato, independentemente de justa causa, desde que, para tanto, observe o prazo de *aviso prévio* prescrito no CT (*vide*, para o efeito, artigos 447.º e 448.º – e que correspondem, com alterações, aos anteriores artigos 38.º, 39.º e 52.º, n.º 5, todos, do RJCCT). Para maiores desenvolvimentos ao nível do regime da cessação do contrato do trabalho, *vide* PEDRO ROMANO MARTINEZ, *Da Cessação do Contrato*, 2.ª edição, Coimbra, Almedina, 2006, pp. 377-519.

[407] A respeito do *dever de cooperação* a cargo da entidade empregadora, *vide* JOÃO MOREIRA DA SILVA, *Direitos e...*, *cit.*, pp. 107-108.

[408] Dentre os casos que permitem uma recusa justificada da entidade empregadora em receber a prestação de trabalho temos, por exemplo, a *suspensão preventiva do trabalhador* no decurso de um procedimento disciplinar (artigos 371.º, n.º 3, e 417.º do CT – anteriores artigos 31.º, n.º 2, da LCT e 11.º do RJCCT); a sanção disciplinar de *suspensão do trabalho com perda de retribuição e de antiguidade* (artigos 366.º, alínea e), e 368.º, n.º 3, do CT – anteriores artigos 27.º, n.º 1, alínea d), e 28.º, n.º 2, da LCT); e a recusa da prestação de trabalho quando esta for oferecida em moldes gravemente inadequados e que possam causar à entidade empregadora prejuízos consideráveis e avultados (é o caso, por exemplo, do trabalhador que comparece ao local de trabalho manifestamente alcoolizado ou sob o efeito de estupefacientes; do trabalhador que comparece ao local de trabalho sem envergar o traje profissional adequado e, em certas circunstâncias, obrigatório – a respeito deste caso específico, *vide* anotação ao Ac. RP de 28.01.1991, de B. G. LOBO XAVIER, *Revista de Direito e de Estudos Sociais*, Ano XXXIII (VI da 2.ª Série), n.ºˢ 3-4, pp. 329-367).

Contudo, para além deste ónus de cooperação, tem vindo a ser afirmado, a nível doutrinal e jurisprudencial, e de forma *quasi* unânime, que, sobre a entidade empregadora, impende um verdadeiro dever jurídico de *ocupação efectiva do trabalhador* – dever este que tem como correspondência, logicamente, o direito do trabalhador a ser efectivamente ocupado.

A nível legal, com a inclusão, por parte do Código do Trabalho (aprovado pela Lei n.º 99/2003, de 27 de Agosto), da alínea b) do artigo 122.º (*"É proibido ao empregador: (...) obstar, injustificadamente, à prestação efectiva do trabalho;"*), veio colocar-se termo a uma querela que apaixonava os cultores do direito do trabalho e que se reconduzia à questão de se saber se o dever jurídico de *ocupação efectiva do trabalhador* encontrava ou não consagração expressa no ordenamento jurídico-laboral anterior.

II – Na doutrina, a corrente maioritária defendia a consagração, no anterior direito do trabalho português, do chamado *dever de ocupação efectiva do trabalhador*.[409] Contudo, algumas vozes insurgiam-se contra este entendimento, chegando, inclusive, a rebater, de forma veemente, todos os argumentos reunidos pelos defensores do *dever de ocupação efectiva*.[410]

Outros preferiam colocar a questão em moldes diversos.

---

[409] *Cfr.*, entre outros, JOÃO MOREIRA DA SILVA, *Direitos e...*, cit., p. 111; ANTÓNIO MENEZES CORDEIRO, "Da Cessação do Contrato de Trabalho por Inadaptação do Trabalhador Perante a Constituição da República Portuguesa", *Revista de Direito e de Estudos Sociais*, Ano XXXIII (VI da 2.ª Série), n.ºs 3-4, p. 394; e MONTEIRO FERNANDES, *Direito do...*, cit., pp. 284-293. O *direito à ocupação efectiva* tem vindo a ser, de igual forma, defendido em Espanha – ALBERTO GUANCHE MARRERO, *El Derecho del Trabajador a la Ocupación Efectiva*, Madrid, Civitas, 1993, p. 33: "(...) el derecho a la ocupación efectiva como contenido particularizado del derecho constitucional al trabajo es un derecho absoluto y esencial del trabajador, arropado por el principio de irrenunciabilidad (art. 3.5 del ET) y que opera como límite a los poderes de organización y dirección empresariales."

[410] Casos de ANTÓNIO NUNES DE CARVALHO, "Sobre o Dever de Ocupação Efectiva do Trabalhador", *Revista de Direito e de Estudos Sociais*, Ano XXXIII (VI da 2.ª Série), n.ºs 3-4, pp. 261-327; e de B. G. LOBO XAVIER, *Curso de...*, cit., pp. 338-340. Este último chegou mesmo a afirmar que "(...) o crédito patronal

Dever de ocupação é uma expressão algo equívoca. Do que, com efeito, se trata é de um dever de proporcionar ao trabalhador condições de trabalho, ou seja, de lhe não recusar a prestação e de praticar os actos de cooperação necessários à sua viabilização. (...) São, como se tentou mostrar, várias as razões e, a meu ver, consistentes os argumentos que permitem concluir que a actual ordem jurídica portuguesa consagra o direito de trabalhar e o correspectivo dever do empregador de viabilização prática do seu exercício. (...) Trata-se (...) de um interesse, como se referiu, que só o exercício da actividade profissional pode satisfazer.[411]

Já ao nível da jurisprudência a solução resultava de uma forma muito mais clara e inequívoca. Quase em bloco, os nossos tribunais superiores consideravam que o anterior sistema jurídico-laboral consagrava o dever de ocupação efectiva do empregador relativamente ao seu trabalhador.[412]

III – Entre aqueles que defendiam achar-se consagrado, de forma expressa, no ordenamento jurídico português um *dever de ocupação efectiva do trabalhador*, era usual encontrarmos referências a várias disposições, quer de cariz constitucional (designadamente às que se referiam aos direitos fundamentais dos trabalhadores), quer de cariz laboral.

às prestações do trabalho dos vários trabalhadores ao serviço serve os fins organizacionais da empresa pela qual o empresário é o principal responsável. Esse crédito não está juridicamente finalizado ao objectivo de proporcionar ocupação ao seu devedor. (...) Como o empresário terá de continuar a pagar o salário, esse desaproveitamento envolverá naturalmente a impossibilidade económica de dar aplicação a um recurso disponível, que se perde. A grande prejudicada é sempre a entidade patronal."

[411] JORGE LEITE, "Direito de Exercício da Actividade Profissional no Âmbito do Contrato de Trabalho", *Revista do Ministério Público*, Ano 12.º, n.º 47, pp. 12, n. 6, 28 e 32.

[412] *Cfr.*, por exemplo, Ac. STJ de 12.07.1985, *ADSTA*, Ano XXIV, n.º 287, p. 1293; Ac. STJ de 14.10.1987, *BMJ*, 370.º, p. 445; Ac. STJ de 29.01.1988, *BMJ*, 373.º, p. 451; Ac. RE de 12.05.1988, *CJ*, 1988, III, p. 325; Ac. STJ de 22.05.1991, *BMJ*, 407.º, p. 288; Ac. RE de 23.06.1992, *BMJ*, 418.º p. 883; Ac. RL de 04.11.1992, *CJ*, 1992, V, p. 185; Ac. RC de 22.04.1993, *BMJ*, 426.º, p. 536; Ac. RC de 26.01.1994, *BMJ*, 433.º, p. 628.

As normas constitucionais que serviam para fundamentar a consagração de tal dever eram as constantes do artigo 53.º (sob a epígrafe *Segurança no emprego*),[413] do artigo 58.º (*Direito ao trabalho*), n.º 1,[414] e do artigo 59.º (*Direitos dos trabalhadores*), n.º 1, alíneas b) e c),[415] da CRP. Em bom rigor, segundo a nossa opinião, nenhuma destas normas reconhecia, de forma clara e expressa, o direito do trabalhador à *ocupação efectiva*.[416-417] Elas traduzem, isso sim, as condições em que o trabalho deverá ser prestado ou exigido.

Para além destas normas constitucionais, muitas outras serviam para que se dissesse que o nosso anterior ordenamento jurídico dava acolhimento ao *dever de ocupação efectiva* do trabalhador. Normas que iam desde o artigo 18.º, n.º 1, passando pelos

---

[413] Artigo 53.º da CRP: "É garantida aos trabalhadores a segurança no emprego, sendo proibidos os despedimentos sem justa causa ou por motivos políticos ou ideológicos."

[414] Artigo 58.º, n.º 1, da CRP: "Todos têm direito ao trabalho."

[415] Artigo 59.º, n.º 1, da CRP: "Todos os trabalhadores, sem distinção de idade, sexo, raça, cidadania, território de origem, religião, convicções políticas ou ideológicas, têm direito: (...) b) A organização do trabalho em condições socialmente dignificantes, de forma a facultar a realização pessoal e a permitir a conciliação da actividade profissional com a vida familiar; c) A prestação do trabalho em condições de higiene, segurança e saúde; (...)".

[416] Na esteira das posições de JORGE LEITE, "Direito de Exercício da...", *cit.*, p. 14; e de ANTÓNIO NUNES DE CARVALHO, "Sobre o Dever de...", *cit.*, pp. 301-308. Para maiores desenvolvimentos acerca da polémica respeitante à consagração do dever/direito de ocupação efectiva, *vide* PEDRO ROMANO MARTINEZ, *Direito do...*, *cit.*, pp. 504-512.

[417] Queremos, contudo, alertar para o exemplo espanhol. Pese embora o *direito de ocupação efectiva* tenha consagração expressa no *Estatuto de los Trabajadores* (no art. 4, 2, a)), ele não deixa de encontrar amparo na *Constitución Española* (mais concretamente no direito constitucional ao trabalho). Isto mesmo é-nos dito por MANUEL-CARLOS PALOMEQUE, *apud* ALBERTO GUANCHE MARRERO, *El Derecho del...*, *cit.*, prólogo: "Que los trabajadores tengan derecho, en la relación de trabajo, a la ocupación efectiva [art. 4.2. a) ET] no deja de ser, inequívocamente, la manifestación legislativa principal del derecho al trabajo, estando vigente la relación de empleo. Es verdad que, antes de ese momento, el derecho constitucional al trabajo de todos los españoles (art. 35.1 CE) protege el interés de sus titulares a obtener (y después conservar de modo efectivo, naturalmente) un puesto de trabajo dentro de la estructura ocupacional del país."

artigos 19.º, alínea d), 21.º, n.º 1, alínea a), 22.º, n.º 1, 27.º, n.º 2, e 43.º, todos, da LCT, até ao artigo 35.º, n.º 1, alíneas b) e e), do RJCCT (aprovado pelo DL n.º 64-A/89, de 27 de Fevereiro).[418]

Fazendo nossas, com a devida vénia, as palavras de JORGE LEITE, *"(...) importa salientar que, a meu ver, nenhuma das citadas normas reconhece, expressamente um tal direito* [direito do trabalhador a ser efectivamente ocupado] *(...); o valor ou interesse que estas normas procuram preservar e promover não é, assim, o valor do trabalho em si ou o interesse do trabalhador no exercício da sua actividade profissional, mas o valor da vida, da saúde, da integridade física e moral do trabalhador enquanto cumpre a obrigação contratualmente assumida de prestar trabalho sob as ordens do empregador."*[419]

IV – Apesar de não merecer, ao abrigo do ordenamento jurídico-laboral anterior, apoio legal expresso, o direito do trabalhador a estar efectivamente ocupado era, na nossa modesta opinião, algo de incontornável e inultrapassável.

Impossível de negar em certos casos-limite (casos em que a inactividade acarreta prejuízos profissionais excessivamente graves;[420] e casos em que o desaproveitamento e a desocupação da mão-de-obra, ainda que remunerados, são feitos, dolosamente, com intuitos meramente persecutórios, provocatórios ou vexatórios), deve entender-se que a *ocupação efectiva* estava, ainda que implicitamente, consagrada no anterior direito do trabalho português.

---

[418] Em sentido contrário ao da aplicação destes artigos como consagradores de um *dever de ocupação efectiva*, vide ANTÓNIO NUNES DE CARVALHO, "Sobre o Dever de...", *cit.*, pp. 308-316; e PEDRO ROMANO MARTINEZ, *Direito do...*, *cit.*, p. 507.

[419] JORGE LEITE, "Direito de Exercício da...", *cit.*, p. 14.

[420] São os casos das profissões em que o trabalhador tem um contacto imediato com o público, valendo-se da sua imagem profissional e da sua notoriedade para fazer recrudescer a sua cotação (*verbi gratia*, jogadores de futebol, actores de cinema, jornalistas); e, também, das profissões em que o exercício da actividade é motivo de valorização profissional e realização – não só profissional como pessoal (estamo-nos a lembrar, entre tantos outros, dos cientistas, dos cirurgiões, dos advogados, dos professores, dos arquitectos).

O interesse no trabalho efectivo ultrapassa, na esmagadora maioria das vezes, o carácter material (a retribuição). A inactividade, para além de impedir a realização e a valorização do trabalhador, não apenas nessa qualidade mas igualmente como pessoa, pode lançá-lo num turbilhão sem retorno (com óbvias repercussões ao nível da sua vida e da sua saúde, quer física quer psíquica).

V – Assim sendo, da existência deste direito do trabalhador – e, consequentemente, deste dever patronal – deve referir-se que, em caso de violação do *direito à ocupação efectiva*, o trabalhador dispõe da possibilidade de resolver o seu contrato de trabalho com justa causa (ao abrigo das alíneas b) e/ou e) do n.º 2 do artigo 441.º do CT).

As alíneas *sub judice* – "*b) violação culposa das garantias legais ou convencionais do trabalhador; (...) e) lesão culposa de interesses patrimoniais sérios do trabalhador;*" – só servirão para fundamentar uma resolução na medida em que o trabalhador consiga provar que, em virtude da sua desocupação e inactividade, lhe sobrevieram prejuízos e/ou uma violação das garantias que lhe assistem enquanto prestador de trabalho.

VI – Se não optar pela resolução do seu contrato de trabalho (que, recorde-se, confere, nos termos do artigo 443.º, n.º 1, do CT, "*(...) uma indemnização por todos os danos patrimoniais e não patrimoniais sofridos, devendo esta corresponder a uma indemnização a fixar entre quinze e quarenta e cinco dias de retribuição base e diuturnidades por cada ano completo de antiguidade*"),[421] o trabalhador pode instaurar uma acção judicial pedindo ao tribunal a condenação da sua entidade empregadora a proporcionar-lhe

---

[421] Indemnização que é computada de modo bem diverso ao que era preconizado pelo anterior artigo 36.º do RJCCT, que mandava calcular a indemnização nos termos do artigo 13.º, n.º 3, daquele mesmo diploma legal: "Em substituição da reintegração pode o trabalhador optar por uma indemnização correspondente a um mês de remuneração de base por cada ano de antiguidade ou fracção, não podendo ser inferior a três meses, contando-se para o efeito todo o tempo decorrido até à data da sentença."

ocupação e a atribuir-lhe as funções correspondentes à sua categoria profissional.[422]

VII – Conjugando, por um lado, tudo aquilo que ficou dito, e retomando, por outro, o tema central desta nossa dissertação, devemos concluir que o trabalhador que esteja a ser vítima de uma violação do seu *direito à ocupação efectiva* tem ao seu alcance, através do *procedimento cautelar comum*, uma arma poderosa apta a impedir o prosseguimento de uma medida atentatória perpetrada pelo seu empregador.

Na verdade, se uma entidade empregadora impuser, injustificadamente, a um seu trabalhador, um período mais ou menos dilatado de inactividade, nada impede que este requeira contra aquela uma providência cautelar inominada que ponha termo, de pronto, a uma situação gritante de obstrução ao exercício da sua actividade profissional.

No mesmo sentido, JORGE LEITE[423] preconiza que, *"(...) em caso de violação do dever de aceitar (de não obstruir) ou de viabilizar a prestação de trabalho, mesmo quando se não trate, como pode suceder, de um acto vexatório ou discriminatório, dispõe o trabalhador dos seguintes meios de tutela do seu direito (...)"*, encabeçando o respectivo rol, *"uma acção cautelar não especificada"*.[424]

Não queremos deixar passar o ensejo para nos congratularmos com um aresto do Tribunal da Relação de Lisboa[425] que deferiu, nesta matéria, e ao abrigo do artigo 399.º do CPC anterior, uma *providência cautelar não especificada* requerida por uma trabalha-

---

[422] E ainda, caso assim entenda, a condenação do empregador no pagamento, outrossim, de uma indemnização pelos danos patrimoniais e não patrimoniais sofridos em consequência da sua inactividade.

[423] JORGE LEITE, "Direito de Exercício da...", *cit.*, p. 34.

[424] Embora não estejamos de acordo com a designação empregue – e isto em face das razões aduzidas, anteriormente, na nota de rodapé 39 – aplaudimos a inserção, entre os *meios de tutela do direito de exercício da actividade profissional*, de uma "acção cautelar não especificada".

[425] Ac. RL de 27.11.1996, *cit.*; *cfr.*, no mesmo sentido, o Ac. RL de 02.06.2005 (Proc. n.º 10.759/2004-4), *www.dgsi.pt*.

dora. Como forma, quiçá, de incentivar e incrementar a utilização do *procedimento cautelar comum* nesta – e noutras – áreas do direito do trabalho, permita-se-nos a ousadia de transcrever integralmente o sumário desta decisão jurisprudencial.

> *I –   Mesmo encontrando-se a empresa em reorganização dos seus serviços, a obrigação imposta a uma trabalhadora, secretária da direcção, de permanecer numa sala durante o seu horário de trabalho, sem qualquer tarefa distribuída, ofende o «direito à ocupação efectiva» dessa trabalhadora.*
>
> *II – Verificando-se os requisitos genéricos das providências cautelares, é de deferir a providência cautelar não especificada requerida pela trabalhadora ao abrigo do artigo 399.º [actual 381.º] do Código de Processo Civil, no sentido de ser ordenado à entidade patronal que lhe seja dada ocupação efectiva.*
>
> *III – Em caso de recusa de cumprimento pela entidade patronal da determinação do tribunal, pode recorrer-se à aplicação da sanção pecuniária compulsória prevista no artigo 829.º-A do Código Civil.*

2.3. Aplicação de sanções disciplinares proibidas por lei e abusivas

I – Através da parte última da definição de *contrato de trabalho* (que nos é fornecida pela lei)[426] – "*(...) é aquele pelo qual uma pessoa se obriga, mediante retribuição, a prestar a sua actividade a outra ou outras pessoas, sob a autoridade e direcção destas*" – verificamos que o trabalhador se encontra subordinado juridicamente ao seu empregador (ou empregadores – *vide*, para o efeito, artigo 92.º do CT), devendo prestar o seu trabalho sob a autoridade e direcção daquele.

Tem-se entendido que este poder de autoridade e direcção do empregador se desdobra num *poder genérico de direcção*,[427] num

---

[426] Artigo 10.º do CT (que corresponde, com algumas alterações, ao anterior artigo 1.º da LCT e ao artigo 1152.º do CC).

[427] Para alguns, este poder directivo desdobra-se ainda num *poder determinativo da função* (atribuição ao trabalhador de uma função ou posto de trabalho na organização concreta da empresa – de acordo com as necessidades desta mesma empresa e com as qualificações/aptidões do trabalhador) e num

*poder regulamentar*⁴²⁸ e, por fim, num *poder disciplinar*, cabendo a este último assegurar a plena eficácia dos primeiros.

II – No que tange ao poder disciplinar – único que ora nos interessa –⁴²⁹ podemos referir que o mesmo se encontra reconhecido e estabelecido no artigo 365.º do CT (artigo que corresponde, com ligeiras alterações, ao artigo 26.º da LCT) e que se traduz na *"(...) faculdade de esta* [entidade empregadora] *punir o trabalhador, por meio de sanções correctivas ou até expulsivas, a fim de assegurar a conformidade da conduta do trabalhador com os interesses do serviço para que foi contratado e defender a empresa, enquanto corpo organizado, de quaisquer actuações susceptíveis de a afectar."*⁴³⁰

Surgindo como um conjunto de medidas destinadas a actuar sobre (e inflectir, em situações análogas)⁴³¹ o comportamento do

---

poder conformativo da prestação (faculdade de determinar o modo de agir do trabalhador – tendo como limites os contornos da função previamente determinada) – MONTEIRO FERNANDES, *Direito do...*, *cit.*, pp. 260-263.

⁴²⁸ Poder que se encontra previsto no artigo 153.º do CT (anterior artigo 39.º, n.º 2, da LCT) – para maiores desenvolvimentos, *cfr.* JOÃO MOREIRA DA SILVA, *Direitos e...*, *cit.*, pp. 79-89; MARIA DO ROSÁRIO PALMA RAMALHO, *Direito do Trabalho – Parte II...*, *cit.*, pp. 589-592; e JÚLIO GOMES, *Direito do... cit.*, pp. 632-635.

⁴²⁹ Para uma panorâmica muito satisfatória acerca do *poder disciplinar*, vide, entre outros, ALMEIDA POLICARPO e MONTEIRO FERNANDES, "Fundamento do Poder Disciplinar", *Estudos Sociais e Corporativos*, Ano VI (1967), n.º 24, pp. 17-51; JOSÉ ANTÓNIO MESQUITA, "Poder Disciplinar", *Direito do Trabalho (Suplemento ao Boletim do Ministério da Justiça)*, Lisboa, 1979, pp. 215-272; JOÃO MOREIRA DA SILVA, *Direitos e...*, *cit.*, pp. 91-103; ANTÓNIO GARCIA PEREIRA, "O Poder Disciplinar da Entidade Patronal – Seu Fundamento", *Temas Laborais*, Lisboa, Vega, 1988, pp. 11-90; PEDRO DE SOUSA MACEDO, *Poder Disciplinar Patronal*, Coimbra, Almedina, 1990; MARIA DO ROSÁRIO PALMA RAMALHO, *Do Fundamento do Poder Disciplinar Laboral*, Coimbra, Almedina, 1993; MARIA DO ROSÁRIO PALMA RAMALHO, *Direito do Trabalho – Parte II...*, *cit.*, pp. 607-662; MONTEIRO FERNANDES, *Direito do...*, *cit.*, pp. 266-280; PEDRO ROMANO MARTINEZ, *Direito do...*, *cit.*, pp. 616-627; e JÚLIO GOMES, *Direito do...*, *cit.*, pp. 879-898.

⁴³⁰ ABÍLIO NETO, *Contrato de Trabalho – Notas Práticas*, 14.ª edição, Lisboa, Ediforum, 1997, p. 172.

⁴³¹ Como bem nota MONTEIRO FERNANDES, *Direito do...*, *cit.*, pp. 279, *in fine*, e 280, "as sanções disciplinares não têm, pois, primariamente, finalidade «retributiva» – isto é, não se destinam apenas a retribuir a falta com um prejuízo – mas

trabalhador (quando este for lesivo ou violador da panóplia de deveres a que o prestador de trabalho se encontra adscrito), o poder disciplinar tanto pode ser exercido directamente pelo empregador como pelo superior hierárquico do trabalhador (desde que o seja nos termos por aquele estabelecidos).[432]

Sempre que o trabalhador se coloque, na vigência do contrato de trabalho e no âmbito da empresa em que se insere, numa situação censurável e atentatória dos interesses da sua entidade empregadora, ele comete uma *infracção disciplinar*. Porém, a lei não nos faculta qualquer noção do que seja uma infracção deste género, limitando--se, tão-somente, a indicar vários tipos avulsos de infracções.[433]

Ao cometer uma dada infracção disciplinar, o trabalhador, consoante a gravidade da infracção cometida e a sua culpabilidade,[434] coloca-se à mercê do poder disciplinar do empregador, empregador esse que irá desencadear um procedimento disciplinar[435] tendente, por um lado, a averiguar os factos concretos que constituem a violação dos deveres a que o prestador de trabalho se encontra obrigado e, por outro, a discernir quanto à *sanção disciplinar* mais adequada.[436-437]

---

eminentemente *preventiva*. Por outro lado, elas têm também uma função (secundariamente) *conservatória* da vinculação entre entidade patronal e trabalhador, na medida em que se destinam a repor a situação de disponibilidade acima referida e, com ela, as condições de viabilidade do contrato de trabalho."

[432] Artigo 365.º, n.º 2, do CT.

[433] *Verbi gratia*, artigos 223.º, n.º 2, 231.º, n.º 2, e alíneas a) a m) do n.º 3 do artigo 396.º do CT.

[434] Artigo 367.º do CT: "A sanção disciplinar deve ser proporcional à gravidade da infracção e à culpabilidade do infractor, não podendo aplicar-se mais do que uma pela mesma infracção."

[435] Ver, a este respeito, AUGUSTO TINOCO DE ALMEIDA, *Processo Disciplinar na Prática*, edição do autor, Coimbra, 1977; JOAQUIM PINTADO NUNES e LUÍSA AGUIAR, *Guia Prático do Processo Disciplinar*, 2.ª edição, Coimbra, Almedina, 2000; ABÍLIO NETO, *Processo Disciplinar e Despedimentos*, Lisboa, Ediforum, 2004; e DIOGO VAZ MARECOS, *Prática e Procedimentos do Processo Disciplinar*, Estoril, Princípia, 2007.

[436] De acordo com o artigo 372.º, n.º 1, do CT, "o procedimento disciplinar deve exercer-se nos sessenta dias subsequentes àquele em que o empregador, ou o superior hierárquico com competência disciplinar, teve conhecimento da

III – No que concerne às *sanções disciplinares*,[438] o nosso legislador optou por prever um elenco de sanções com carácter meramente exemplificativo.[439] Assim, em face da redacção do artigo 366.º do CT (que corresponde, com alterações, ao anterior artigo 27.º, n.º 1, da LCT), "*o empregador pode aplicar (...) as seguintes sanções disciplinares, independentemente de outras fixadas em instrumento de regulamentação colectiva de trabalho e sem prejuízo dos direitos e garantias gerais do trabalhador: a) Repreensão; b) Repreensão registada;*[440] *c) Sanção pecuniária;*[441] *d) Perda de dias de férias* [inovação do CT]*; e) Suspensão do trabalho com*

---

infracção"; em face do artigo 371.º, n.º 1, do CT, "a sanção disciplinar não pode ser aplicada sem audiência prévia do trabalhador"; e, finalmente, dada a redacção do artigo 373.º do CT, "a aplicação da sanção só pode ter lugar nos três meses subsequentes à decisão."

[437] De notar que, em face do artigo 372.º, n.º 2, do CT, "a infracção disciplinar prescreve ao fim de um ano a contar do momento em que teve lugar, salvo se os factos constituírem igualmente crime, caso em que são aplicáveis os prazos prescricionais da lei penal."

[438] *Cfr.* MONTEIRO FERNANDES, "As Sanções Disciplinares e sua Graduação", *Estudos Sociais e Corporativos*, II Série (1973), n.º 36, pp. 23-54.

[439] Porém, tal como nos refere JOSÉ ANTÓNIO MESQUITA, "Poder Disciplinar", *cit.*, p. 240, "(...) a nossa lei adoptou um esquema de enumeração de sanções disciplinares, confessadamente exemplificativo, mas de tal modo adoptado na prática da contratação colectiva que bem se pode dizer que existe entre nós algo semelhante a uma tipologia de sanções disciplinares."

[440] A *repreensão* é uma sanção que deve ser aplicada àquelas faltas de menor gravidade, e cuja aplicação consistirá na emissão de um mero juízo de censura ao comportamento do trabalhador (dirigida, portanto, ao seu foro moral). Quando se pretenda imprimir um cunho mais formal à sanção optar-se-á por registá-la no "cadastro disciplinar" do trabalhador, assumindo assim a característica de uma *repreensão registada*.

[441] A *sanção pecuniária* (anterior *multa*) assume um carácter mais gravoso do que a repreensão. Daí, não espantará que a lei tenha estipulado um limite à sua aplicação (artigo 368.º, n.º 1, do CT): o seu quantitativo não poderá exceder um terço da retribuição diária e, em cada ano civil, a retribuição correspondente a trinta dias (sem prejuízo do agravamento destes limites para o dobro – artigo 369.º, n.º 1, do CT). Refira-se ainda que esta sanção disciplinar não tem carácter indemnizatório ou ressarcitório (visto não reverter a favor dos empregadores – artigo 370.º do CT).

perda de retribuição e de antiguidade;[442] *e) Despedimento sem qualquer indemnização ou compensação."*[443]

Conforme o que antecede, a enumeração das sanções disciplinares não é taxativa, razão pela qual, de acordo com os próprios termos da lei, outros tipos poderão ser criados através de instrumentos de regulamentação colectiva do trabalho. Contudo, esta faculdade de criação de sanções pela via convencional está sujeita a uma outra restrição de efeitos práticos deveras importantes: ela não pode envolver *"prejuízo dos direitos e garantias gerais dos trabalhadores."*

Por intermédio desta restrição legal ficam, desde logo, excluídas algumas sanções disciplinares que, por uma ou por outra razão, fazem parte da tradição disciplinar de algumas entidades empregadoras. São os casos da *despromoção* do trabalhador (proibida pela alínea e) do artigo 122.º do CT); da *transferência disciplinar* (face à, já analisada, alínea f) do artigo 122.º do CT);[444] e da *diminuição da retribuição* (salvaguardando-se as hipóteses previstas na segunda parte da alínea d) do artigo 122.º do CT).

Não queremos deixar passar a oportunidade sem tecermos uma breve consideração a propósito do caso concreto de uma sanção

---

[442] A *suspensão do trabalho com perda de retribuição e de antiguidade* é a sanção disciplinar imediatamente anterior ao despedimento, devendo ser aplicada quando o trabalhador cometa uma falta particularmente grave e culposa, mas que, todavia, possibilite ainda a subsistência da relação de trabalho. Não pode exceder, por cada infracção, 30 dias e, em cada ano civil, o total de 90 dias (sem prejuízo do agravamento destes limites até ao dobro – artigos 368.º, n.º 3, e 369.º, n.º 1, do CT).

[443] É a sanção disciplinar mais grave do ordenamento jurídico-laboral. Tem por base a prática de uma infracção disciplinar do trabalhador que, pela sua gravidade e consequências, torne imediata e praticamente impossível a subsistência da relação de trabalho (artigo 396.º, n.º 1, do CT).

[444] Estamos, deste modo, em manifesto desacordo e em clara dissonância com a posição manifestada por B. G. Lobo Xavier, "O Lugar da...", *cit.*, p. 30, quando este autor refere que, "(...) se é permitida a amovibilidade do trabalhador por intermédio de contrato individual, encontramo-nos em face de uma garantia que não há que acautelar, por maioria de razão, em confronto das convenções colectivas. *Julgamos pois ser lícita a estipulação da pena de transferência disciplinar contida em convenção colectiva."*

disciplinar que vigorou durante alguns anos no sector bancário. O *contrato colectivo de trabalho* aplicável a este sector previa, na alínea e) do n.º 1 da cláusula 110.ª, a sanção disciplinar de *"interrupção do contrato de trabalho até cento e oitenta dias, com garantia de regresso ao lugar findo esse período"*.[445]

A razão que, muito provavelmente, esteve na base da consagração desta sanção disciplinar era a de que ela, ao invés de prejudicar os trabalhadores do sector bancário, na verdade até os beneficiava, na medida em que, não raras vezes, evitava bastantes despedimentos, permitindo assim, apesar da sua dureza, a manutenção da relação laboral.

Contudo, não tardou muito para que se levantassem inúmeras vozes a manifestar a discordância relativamente a esta mesma sanção,[446] o que levou o STJ a considerá-la nula *"(...) na medida*

---

[445] Esta sanção foi criada pelo então *contrato colectivo de trabalho do sector bancário* de 1980 (publicado no *BTE*, 1.ª série, n.º 26, de 15.07.1980, pp. 1770 e ss.). Manteve a mesma redacção, embora com alteração da numeração da cláusula onde se inseria (passando a estar regulada na cláusula 114.ª, n.º 1, alínea e)) nas revisões operadas – agora já sob a designação de *acordo colectivo de trabalho vertical do sector bancário* (ACTV) – em 1982 (*BTE*, 1.ª série, n.º 26, de 15.07.1982, pp. 1542 e ss.) e em 1984 (*BTE*, 1.ª série, n.º 28, de 29.07.1984, pp. 1634 e ss.). Na revisão levada a cabo em 1986 (*BTE*, 1.ª série, n.º 28, de 29.07.1986, pp. 1735 e ss.), as partes outorgantes desta convenção colectiva, apesar de terem mantido esta sanção, modificaram ligeiramente a redacção da alínea e) do n.º 1 da cláusula 114.ª, para deixar claro que o que estava em causa era, não propriamente a garantia de regresso ao lugar, como se dizia nas versões anteriores, mas a garantia de regresso ao serviço ("interrupção do contrato de trabalho até 180 dias, com garantia de regresso ao *serviço* findo esse período").

[446] Algumas das quais de forma bastante contundente. Atentemos nas palavras do então Desembargador PAIVA CARVALHO (Relator do Ac. RE de 03.03.1988, *cit.*): "É manifesto que tal cláusula – al. *e)* – é mais do que simplesmente ilegal: é até claramente inconstitucional! (...) Diremos apenas que é um espanto como é possível, cerca de 10 anos após o 25 de Abril de 1974, seja inventada uma sanção disciplinar que nem sequer figurava no calendário das sanções disciplinares de um Regime Jurídico do Contrato de Trabalho, existente desde... 24-11-1969!... Só se pode entender que esta sanção disciplinar violentíssima surja num A.C.T.V. datado de 1984, por manifesta distracção das partes outorgantes!!! (...) É que suspender ou interromper um contrato de trabalho como sanção disciplinar implica obviamente o não pagamento de salários,

em que, por um lado, viola os direitos e garantias gerais do trabalhador e, por outro, não respeita os limites fixados nos artigos 28.º, n.º 2, e 29.º, n.º 1, da Lei do Contrato de Trabalho."[447]

Actualmente,[448] a cláusula 117.ª do Acordo Colectivo de Trabalho do sector bancário, acabando com o pomo de discórdia, eliminou a possibilidade de aplicar a sanção de *"interrupção do contrato de trabalho até 180 dias"*, limitando-se a reproduzir o elenco legal das sanções previstas nas várias alíneas do artigo 366.º do CT.[449] Não obstante, no seu n.º 4, estabelece como limites máximos para a suspensão do trabalho com perda de retribuição e de antiguidade *"24 dias por cada infracção e, em cada ano civil, o total de 60 dias"*.

Refira-se, ainda a este propósito, que, actualmente, através da conjugação entre o n.º 3 do artigo 368.º do CT e do n.º 1 do artigo 369.º do CT, se encontra, novamente, aberta a porta para que um

---

pois em caso contrário não seria uma sanção mas umas férias pagas que eram concedidas pela entidade patronal... Ora, como é que é possível aplicar a um qualquer trabalhador, a um ser humano que por definição vive unicamente da venda do produto do seu trabalho, uma sanção disciplinar que implique que o mesmo esteja 180 dias sem auferir retribuição?... (...) Quem é que pode subsistir, hoje em dia, sem receber o salário diário, sem auferir o pão nosso de cada dia? (...) É, pois, obviamente inconstitucional e, também, simplesmente ilegal, a sanção disciplinar «sub judice»."

[447] Ac. STJ de 01.02.1995, *BMJ*, 444.º, p. 452. *Cfr.*, ainda a propósito deste assunto, o Ac. STJ de 24.01.1990, *BMJ*, 393.º, p. 455.

[448] A partir da revisão efectuada ao ACT do sector bancário em 1990 (*BTE*, 1.ª série, n.º 31, de 22.08.1990, pp. 2418 e ss.) – com as posteriores alterações publicadas nos *BTE*, 1.ª série, n.º 30, de 15.08.1991; *BTE*, 1.ª série, n.º 3, de 22.01.1992; *BTE*, 1.ª série, n.º 31, de 22.08.1992; *BTE*, 1.ª série, n.º 32, de 29.08.1993; *BTE*, 1.ª série, n.º 42, de 15.11.1994; *BTE*, 1.ª série, n.º 41, de 08.11.1995; *BTE*, 1.ª série, n.º 2, de 15.01.1996; *BTE*, 1.ª série, n.º 15, de 22.04.1997; *BTE*, 1.ª série, n.º 24, de 29.06.1998; *BTE*, 1.ª série, n.º 24, de 29.06.1999; *BTE*, 1.ª série, n.º 25, de 08.07.2000; *BTE*, 1.ª série, n.º 24, de 29.07.2001; *BTE*, 1.ª série, n.º 28, de 29.07. 2002; e *BTE*, n.º 26, de 15.07.2003; e cujo texto consolidado foi publicado no *BTE*, 1.ª série, n.º 04, de 29.01.2005 (com alterações posteriores publicadas no BTE, 1.ª série, n.º 44, de 29.11.2006).

[449] Acrescentando apenas, na alínea e) do n.º 1, "(...) excepto para efeitos do regime de segurança social previsto neste Acordo;".

instrumento de regulamentação colectiva do trabalho institua uma sanção disciplinar de *suspensão* (ou interrupção) *do trabalho com perda de retribuição e de antiguidade* por 180 (cento e oitenta) dias!

IV – Após termos procedido a uma análise muito superficial de algumas das sanções disciplinares que são proibidas por imposição da lei,[450] convém referir que há certas situações em que essa mesma lei considera que, ao aplicar uma sanção (ainda que com respeito pelos limites máximos impostos), a entidade empregadora está a cometer um *abuso* que ultrapassa e exorbita o seu poder disciplinar sobre o trabalhador.[451]

Assim sendo, nos termos do artigo 374.º, n.º 1, do CT, "*considera-se abusiva a sanção disciplinar motivada pelo facto de o trabalhador: a) haver reclamado legitimamente contra as condições de trabalho; b) recusar-se a cumprir ordens a que não devesse obediência, nos termos da alínea d) do n.º 1 e do n.º 2 do artigo 121.º; c) exercer ou candidatar-se a funções em organismos de representação de trabalhadores; d) em geral, exercer, ter exercido, pretender exercer ou invocar os direitos e garantias que lhe assistem.*"

Já o n.º 2 deste mesmo artigo 374.º do CT consagra uma presunção de que o despedimento ou a aplicação de qualquer sanção sob a aparência de punição de outra falta, quando tenha lugar nos seis meses seguintes ao trabalhador ter reclamado legitimamente contra as condições de trabalho, ou haver-se recusado a

---

[450] Com apelo quer ao artigo 366.º do CT (anterior 27.º, n.º 1, da LCT) – "(...) sem prejuízo dos direitos e garantias gerais do trabalhador (...)" – quer aos limites máximos estabelecidos nos artigos 368.º e 369.º do CT (anteriores 28.º e 29.º da LCT). Acentue-se, ainda a este propósito, que o Ac. STJ de 24.01.1990, *cit.*, sumaria, no seu n.º IV, que "(...) se é certo que, como se viu, as sanções disciplinares laborais não são indicadas taxativamente na lei, aceitando-se sanções de carácter convencional, já não se pode aceitar que sejam alteradas, mesmo por via convencional, as sanções que a lei expressamente prescreve, designadamente na respectiva medida máxima."

[451] JOSÉ ANTÓNIO MESQUITA, "Poder Disciplinar", *cit.*, p. 250, define *sanções abusivas* como "(...) todas aquelas sanções a que presidiu, por parte da entidade patronal, uma particular motivação, constituindo autênticos desvios do poder disciplinar e que, por isso mesmo, são severamente tratados pela lei."

cumprir ordens a que não devesse obediência, ou, ainda, em geral, exercer, ter exercido, pretender exercer ou invocar os direitos e garantias que lhe assistem, são abusivos.

O mesmo não sucedendo (isto é, não se presumindo o abuso) quando se aplique qualquer sanção disciplinar nos termos da alínea c) do n.º 1 do artigo 374.º do CT, o que vem romper com aquilo que era previsto no anterior número 3 do artigo 32.º da LCT.[452]

Nos casos precedentes, bastará que o trabalhador alegue e prove, em tribunal, que assumiu alguma dessas atitudes, a data em que o fez, bem como a data da aplicação da sanção abusiva. Esta prova será mais do que suficiente para que a sua entidade empregadora seja condenada a indemnizá-lo, nos termos do artigo 375.º do CT (artigo que corresponde, com alterações, aos artigos 33.º e 34.º da LCT).[453-454]

---

[452] Artigo 32.º, n.º 3, da LCT – "A entidade patronal que aplicar a qualquer trabalhador que exerça ou tenha exercido há menos de um ano as funções referidas na alínea c) do n.º 1 [funções em organismos corporativos ou de previdência ou em missões corporativas] alguma sanção sujeita a registo nos termos do artigo 35.º ou o despedir com ou sem justa causa deve comunicar o facto, fundamentando-o, ao Instituto Nacional do Trabalho e Previdência [leia-se, à Inspecção-Geral do Trabalho] no prazo de oito dias."

[453] Artigo 375.º do CT (*Consequências gerais da aplicação de sanção abusiva*): "1. O empregador que aplicar alguma sanção abusiva nos casos previstos nas alíneas do n.º 1 do artigo anterior fica obrigado a indemnizar o trabalhador nos termos gerais, com as alterações constantes dos números seguintes. 2. Se a sanção consistir no despedimento, o trabalhador tem o direito de optar entre a reintegração e uma indemnização calculada de modo idêntico ao previsto no n.º 4 do artigo 439.º [ou seja, uma indemnização entre trinta e sessenta dias de retribuição base e diuturnidades, cabendo ao tribunal fixar o montante]. 3. Tratando-se de sanção pecuniária ou suspensão, a indemnização não deve ser inferior a dez vezes a importância daquela ou da retribuição perdida. 4. O empregador que aplicar alguma sanção abusiva no caso previsto na alínea c) do n.º 1 do artigo anterior, indemniza o trabalhador nos seguintes termos: a) Os mínimos fixados no número anterior são elevados para o dobro; b) Em caso de despedimento, a indemnização nunca é inferior à retribuição base e diuturnidades correspondentes a doze meses de serviço."

[454] Há que conjugar a alínea b) do n.º 4 do artigo 375.º do CT com os números 2 e 5 do artigo 456.º do mesmo código.

Porém, não nos podemos esquecer que, no n.º 2 do artigo 374.º do CT, estamos perante uma presunção *iuris tantum*, podendo, por conseguinte, a entidade empregadora ilidi-la, provando que a aplicação da sanção disciplinar dita abusiva tinha perfeito cabimento face ao comportamento do trabalhador. Assim, logrando fazer esta prova, a entidade empregadora eximir-se-á ao pagamento das indemnizações a que se aludiu *supra*.

V – Passadas, também, em revista as sanções que a lei considera como abusivas, é chegada a altura de penetrarmos na questão da *sindicabilidade das sanções disciplinares*.[455] Em face da ampla dose de discricionariedade de que goza o detentor do poder disciplinar (ou seja, o empregador e/ou o superior hierárquico do trabalhador/arguido),[456] são vários os meios de reacção, comummente, atribuídos aos trabalhadores que são vítimas de sanções disciplinares proibidas por lei e abusivas: a *reclamação hierárquica*; a *indemnização* nos termos do artigo 375.º do CT (analisada *supra*); a *resolução do contrato de trabalho com justa causa*; e, por último, mas não menos importante, a acção de *impugnação judicial de sanção disciplinar*.

Quanto ao primeiro meio de reacção, podemos afirmar que o mesmo se encontra disciplinado no artigo 371.º, n.º 2, do CT: "*Sem prejuízo do correspondente direito de acção judicial, o trabalhador pode reclamar para o escalão hierarquicamente superior na*

---

[455] Expressão de José António Mesquita, "Poder Disciplinar", *cit.*, p. 247.

[456] O que fez com que alguns não deixassem de se pronunciar com alguma perplexidade quanto ao próprio poder disciplinar patronal: "(...) Sem deixar de manifestar a estranheza pela incoerência que representa no nosso ordenamento jurídico a atribuição a particulares de um poder sancionatório sobre outros particulares e em defesa de puros interesses privados (maxime quando se defenda, como nós, a natureza contratual da relação de trabalho e a sua subordinação ao princípio da legalidade), cremos que a teorização sobre os fundamentos do poder disciplinar corresponde já, de alguma forma, a um esforço de o limitar, reduzindo o arbítrio do empregador. Tal parece-nos ser igualmente o objectivo do legislador ao regulamentá-lo em termos bastante mais detalhados do que os dedicados aos restantes poderes patronais (...)" – João Moreira da Silva, *Direitos e...*, *cit.*, pp. 94-95.

competência disciplinar àquele que aplicou a sanção ou, sempre que existam, recorrer a mecanismos de composição de conflitos previstos em instrumento de regulamentação colectiva de trabalho ou na lei."[457]

Não beliscando a utilidade e a necessidade de uma figura deste género, temos, contudo, que alertar para o facto de o legislador laboral não ter estabelecido qualquer *prazo* para o trabalhador proceder a esta *reclamação hierárquica*, nem, tão-pouco, se ter pronunciado quanto ao *efeito* desta (suspensivo ou meramente devolutivo).

Perante esta omissão, tem sido propugnado, acertadamente, que *"(...) nada tendo previsto a lei quanto ao prazo e quanto aos efeitos, podem esses aspectos ser objecto de tratamento e previsão nos regulamentos internos das empresas e, naturalmente, nas convenções colectivas."*[458]

Saltando, por razões óbvias, o segundo meio de reacção, importará dizer que sempre que o trabalhador não se conforme com o exercício e com a efectividade do poder disciplinar patronal, ele terá à sua disposição a *resolução do contrato de trabalho com justa causa*, o que lhe conferirá uma indemnização calculada nos termos dos n.ºs 1 e 2 do artigo 443.º do CT (uma indemnização por todos os danos patrimoniais e não patrimoniais sofridos, devendo esta corresponder a uma indemnização a fixar entre quinze e quarenta e cinco dias de retribuição base e diuturnidades por cada ano completo de antiguidade, sendo que, no caso de fracção de ano, aquele valor de referência é calculado proporcionalmente, não podendo, contudo, ser nunca inferior a três meses de retribuição base e diuturnidades).[459]

---

[457] Artigo que corresponde, com alterações, ao anterior n.º 4 do artigo 31.º da LCT.

[458] José António Mesquita, "Poder Disciplinar", *cit.*, p. 248. Idêntica posição tem defendido Abílio Neto, *Contrato de Trabalho...*, *cit.*, p. 181 (n. 4).

[459] De referir, outrossim, que, de acordo com o n.º 4 do artigo 441.º do CT, a *justa causa* é apreciada, com as necessárias adaptações, nos termos do n.º 2 do artigo 396.º do CT.

Mesmo que colocado diante de uma sanção apenas proibida por lei (por não ser abusiva), entendemos que o trabalhador, querendo, poderá e deverá resolver o seu contrato de trabalho com justa causa. Não ao abrigo da alínea c) do n.º 2 do artigo 441.º do CT, mas sim fazendo apelo ao preceituado na alínea b) do n.º 2 daquele mesmo preceito legal.

Já no que toca às sanções abusivas, dúvidas não restam que o trabalhador que queira resolver, com justa causa, o contrato de trabalho que outorgou com a entidade empregadora que, ora, pretende exercer, abusivamente, o seu poder disciplinar, o deva fazer com base na alínea c) do n.º 2 do artigo 441.º do CT.[460]

Neste caso, para além do direito à indemnização a que se aludiu *supra* (por força do artigo 443.º do CT), o trabalhador terá, igualmente, direito à indemnização que se encontra prevista nos, já citados, n.ºs 2, 3 e 4 do artigo 375.º do CT.[461]

Guardamos para último, de forma propositada, a possibilidade que assiste ao trabalhador de instaurar uma acção de processo comum de *impugnação judicial de sanção disciplinar*.[462] Com efeito, se um trabalhador não se conforma com determinada sanção que lhe foi aplicada, ele pode, perfeitamente, recorrer a tribunal, impugnando-a. O tribunal deverá fiscalizar e pronunciar-se quanto ao acerto da sanção disciplinar aplicada.

---

[460] Artigo 441.º, n.º 2, alínea c), do CT: "Constituem justa causa de resolução do contrato pelo trabalhador, nomeadamente, os seguintes comportamentos do empregador: (...) c) Aplicação de sanção abusiva (...)".

[461] Para que o trabalhador venha a ser ressarcido pelos restantes danos sofridos (danos patrimoniais e eventuais danos não patrimoniais), "(...) terá ainda de alegar e provar, nos termos gerais de direito (arts. 483.º e segs. do Cód. Civ.), quer os danos e a respectiva natureza, quer o nexo de causalidade entre estes e a sanção aplicada" – ABÍLIO NETO, *Contrato de Trabalho...*, cit., p. 189 (n. 1).

[462] Hipótese bem diversa daquela que se encontra consagrada na Secção IV (*Impugnação judicial de decisão disciplinar*) do Capítulo III (*Processo do contencioso das instituições de previdência, abono de família e associações sindicais*) do Título VI (*Processos especiais*) do CPT (mais concretamente, nos artigos 170.º a 172.º). Do que ali se trata é de um processo especial de aplicação restrita aos beneficiários ou contribuintes das instituições de previdência ou de abono de família e aos sócios das associações sindicais, a quem essas mesmas instituições e associações aplicaram uma sanção.

Competir-lhe-á tomar uma de duas decisões.[463] O tribunal manterá a decisão disciplinar se constatar que a sanção nada tem de ilegal ou de abusiva, não restando, portanto, outra alternativa ao trabalhador que não seja a de acatar e cumprir a sanção que, afinal de contas, lhe foi legitimamente imposta.

Caso contrário, isto é, constatando que a sanção que foi aplicada ao trabalhador é manifestamente ilegal ou abusiva, não restará, desta feita, ao juiz outra alternativa que não seja a de revogar a decisão disciplinar, condenando a entidade empregadora no pagamento das indemnizações a que houver lugar.

VI – Porém, como é facilmente constatável, na grande maioria das vezes as decisões judiciais tardam bastante. Assim, no caso vertente, o trabalhador poderá e, quando for manifesta a ilegalidade ou o abuso da sanção disciplinar, deverá lançar mão, como preliminar ou como incidente da competente acção de impugnação, de um *procedimento cautelar comum* (ao abrigo do artigo 32.º do CPT).[464]

Na hipótese de estarmos perante sanções disciplinares *proibidas por lei* (como, por exemplo, uma despromoção, uma transferência de local de trabalho de cariz disciplinar, e uma diminuição da retribuição), o trabalhador deverá, no seu requerimento inicial, alegar e apresentar prova sumária de que está a ser alvo de uma destas sanções, pedindo ao tribunal que a revogue e que ordene ao seu empregador que se abstenha de qualquer conduta tendente à sua despromoção, à sua transferência ou à diminuição da sua retribuição.

---

[463] Veja-se, a este respeito, o Ac. STJ de 24.04.1996, *Questões Laborais*, Ano III (1996), n.º 8, p. 192: "I – A entidade patronal detém a exclusiva titularidade do poder disciplinar, o que implica não poder fazer-se um controlo judicial da sanção aplicada de modo a proceder-se à sua correcção, substituindo-a. II – Por isso, se o trabalhador impugnar judicialmente a sanção que lhe foi cominada, ao tribunal apenas cabe revogar ou confirmar a sanção, não podendo substituir-se ao empregador na determinação da medida da sanção."

[464] Excluindo-se, obviamente, aqueles casos em que as sanções disciplinares em causa sejam *despedimentos*. Nestas ocasiões, o único procedimento cautelar que se torna admissível é o procedimento cautelar especificado de *suspensão de despedimento individual* (artigos 34.º a 40.º do CPT e 434.º do CT).

Quando estivermos na presença de uma sanção disciplinar aplicada *em excesso*, há que diferenciar consoante a mesma seja uma *sanção pecuniária* ou uma *suspensão do trabalho com perda de retribuição e de antiguidade*. Se for uma *sanção pecuniária* que sobreleve os limites dos artigos 368.º, n.º 1, ou 369.º, n.º 1, ambos, do CT, o juiz só deverá decretar a providência solicitada (suspensão do pagamento) se a mesma ainda não tiver sido paga ou descontada na retribuição do trabalhador (artigo 270.º, n.º 2, alínea c), e n.º 3, do CT).[465-466]

Isto porque, se ela já tivesse sido paga pelo trabalhador ou descontada na sua retribuição, a lesão que o *procedimento cautelar comum* visava impedir já se encontrava consumada. *"O processo cautelar não tem por razão de ser corrigir situações, mas sim prevenir lesão que venha a ser grave e dificilmente reparável."*[467]

É óbvio que se o trabalhador obtiver provimento na acção de impugnação judicial desta sanção disciplinar, a mesma virá a ser revogada e, em consequência, o montante pago ou deduzido ser-lhe-á restituído (com a indemnização pelos danos que ele tiver, eventualmente, sofrido com a privação deste montante).

Já quanto à *suspensão do trabalho com perda de retribuição e de antiguidade*, o trabalhador, quando a suspensão exceda os limites impostos pelos artigos 368.º, n.º 3, e 369.º, n.º 1, ambos, do CT, pode pedir que se ordene à entidade empregadora/requerida que suspenda, até decisão judicial na competente acção de impugnação, a execução da suspensão de trabalho que, ilegalmente, lhe foi aplicada e que lhe sejam pagas todas as remunerações que, nos termos legais e convencionais, lhe são devidas.

---

[465] Artigo 270.º, n.º 2, alínea c), do CT: "O disposto no número anterior [1. Na pendência do contrato de trabalho, o empregador não pode compensar a retribuição em dívida com créditos que tenha sobre o trabalhador, nem fazer quaisquer descontos ou deduções no montante da referida retribuição] não se aplica: (...) c) À sanção pecuniária a que se refere a alínea c) do artigo 366.º (...)".

[466] Artigo 270.º, n.º 3, do CT: "Com excepção da alínea a) os descontos referidos no número anterior não podem exceder, no seu conjunto, um sexto da retribuição."

[467] Ac. RE de 11.06.1987, *cit.*.

É com enorme dose de satisfação e de regozijo que verificamos que tem sido esta a posição manifestada e assumida pela jurisprudência nacional – ainda que ao abrigo do anterior CPT e, portanto, ainda com recurso à figura das *providências cautelares não especificadas*.[468]

Para finalizar, resta-nos abordar a hipótese de estarmos perante uma sanção disciplinar abusiva, isto é, recorde-se, uma sanção a que tenha presidido, por parte da entidade empregadora, uma particular motivação. Se a sanção abusiva for uma *sanção pecuniária*, o trabalhador só poderá instaurar um *procedimento cautelar comum* caso esta ainda não tiver sido paga ou descontada na retribuição.

O motivo que nos leva a defender esta posição é exactamente o mesmo que serviu para justificar a impossibilidade de recurso a um procedimento cautelar inominado quando estivéssemos perante uma sanção pecuniária aplicada em excesso, mas já paga ou descontada na retribuição (reiteramos que o *procedimento cautelar comum* não serve para corrigir situações; esta tarefa incumbirá, como é lógico, à acção principal de impugnação, já instaurada ou a instaurar).

Se esta sanção tiver sido uma *suspensão do trabalho com perda de retribuição e de antiguidade* aplica-se, *ipsis verbis*, o que atrás ficou dito a propósito da suspensão aplicada em inobservân-

---

[468] Veja-se, para este efeito, e ainda que ao abrigo dos anteriores limites previstos no n.º 2 do artigo 28.º e n.º 1 do artigo 29.º, ambos, da LCT, o Ac. RE de 31.01.1985, *cit.*: "I – É admissível a providência cautelar não especificada onde se peça a suspensão da execução da sanção disciplinar de suspensão de 180 dias do exercício e vencimento do trabalhador arguido, até decisão da respectiva acção de impugnação (...)"; o Ac. RE de 03.03.1988, *cit.*: "I – É ilegal a sanção disciplinar constante de um instrumento de regulação colectiva de trabalho de 6 meses de suspensão sem vencimento, de um trabalhador. II – É admissível a providência cautelar não especificada para suspender a execução daquela sanção até decisão da respectiva acção de impugnação"; e, em último lugar, o Ac. RE de 07.03.1988, *cit.*: "I – É adequada uma provisão cautelar destinada à suspensão da execução da decisão da entidade patronal que suspende o seu trabalhador, até à sentença a proferir na consequente acção de impugnação. II – Como tal situação não tem moldura legal específica nos Códigos de Processo Civil e/ou de Trabalho, tal providência é a «não especificada».". Já ao abrigo do nosso *procedimento cautelar comum*, vide Ac. RL de 18.05.2005 (Proc. n.º 1608/2005-4), www.dgsi.pt.

cia dos limites máximos estabelecidos por lei. Assim, o trabalhador/ /requerente poderá pedir ao tribunal que ordene a sua entidade empregadora/requerida a suspender, até sentença definitiva, a execução da suspensão de trabalho que, abusivamente, lhe foi aplicada, e que lhe sejam pagas todas as retribuições que lhe são devidas.

2.4. Alteração das coordenadas temporais da prestação de trabalho

O contrato de trabalho é, por natureza, um contrato que se destina a persistir e a perdurar no tempo. A obrigação assumida pelo trabalhador incide, sobretudo, na disponibilização da sua força de trabalho, o que, convenhamos, poderá prolongar-se por mais ou por menos tempo. Destarte, e como bem se compreende, o *tempo de trabalho* (definido, actualmente, no artigo 155.º do CT) assume um papel de suma importância – ele constitui a dimensão ou a *medida quantitativa da prestação de trabalho.*[469]

Toda a prestação de trabalho necessita de ter as suas coordenadas temporais determinadas (sob pena de uma intolerável imiscuição na esfera pessoal do trabalhador). Não podemos olvidar que o tempo de trabalho, para além de envolver uma certa dose de esforço (manual ou intelectual), ocupa uma parte considerável do quotidiano do prestador de trabalho.

E não podemos esquecer, outrossim, que, uma vez determinado o tempo de trabalho, estão, consequentemente, determinados os tempos de repouso e de lazer absolutamente indispensáveis não só para recarregar e armazenar energias, mas também para a sã convivência familiar e social do trabalhador enquanto ser humano.

Assim sendo, e revestindo-se a determinação quantitativa da prestação de trabalho de um carácter de essencialidade, é da mais elementar justiça que o trabalhador que seja alvo de violações e de atropelos à mesma possa recorrer a juízo. Por esta razão, decidimos seleccionar três hipóteses que, para além de terem em comum esta vertente *tempo*, comportam a utilização do *procedimento cautelar comum*.

---

[469] Expressão de B. G. LOBO XAVIER, *Curso de...*, cit., p. 356.

2.4.1. MUDANÇA UNILATERAL DO HORÁRIO DE TRABALHO

I – "*Entende-se por horário de trabalho a determinação das horas do início e do termo do período normal de trabalho diário bem como dos intervalos de descanso.*"[470] Através da noção legal de *horário de trabalho* verificamos que o mesmo diz respeito a cada trabalhador, individualmente considerado,[471] e é nele que se fixa a distribuição das horas do *período normal de trabalho*,[472] dentro dos limites do *período de funcionamento*.[473]

II – Dentro dos condicionalismos legais, é ao empregador que cabe definir os horários de trabalho dos trabalhadores ao seu serviço (artigo 170.º, n.º 1, do CT). Contudo, nada impede que o horário de trabalho seja acordado no âmbito do contrato individual de trabalho, ou negociado a nível colectivo (envolvendo, portanto, a intervenção de *associações sindicais*).[474]

---

[470] Artigo 159.º, n.º 1, do CT.

[471] Não se deve, pois, confundir *horário de trabalho* (relativo a cada trabalhador) com o *mapa de horário de trabalho*. Este último é um documento que deve ser afixado pelo empregador, em todos os locais de trabalho, em lugar bem visível, e no qual devem constar os horários de trabalho de todo o pessoal do estabelecimento (artigo 179.º do CT). A regulamentação dos *mapas de horário de trabalho* encontra-se efectuada nos artigos 179.º a 182.º da RCT.

[472] O *período normal de trabalho* é o número de horas diárias e semanais que o trabalhador está contratualmente obrigado a prestar (artigo 158.º do CT). Na redacção originária do n.º 1 do artigo 5.º do DL n.º 409/71, de 27 de Setembro, a duração máxima do período normal de trabalho semanal era de quarenta e oito horas. A Lei n.º 2/91, de 17 de Janeiro, reduziu essa duração máxima para quarenta e quatro horas. Com a entrada em vigor da Lei n.º 21/96, de 23 de Julho, a duração máxima do período normal de trabalho semanal foi fixada em quarenta horas semanais, duração que, presentemente, se mantém no artigo 163.º, n.º 1, *in fine*, do CT.

[473] O *período de funcionamento* é o intervalo de tempo diário durante o qual os estabelecimentos podem exercer a sua actividade (artigo 160.º, n.º 1, do CT). O período de funcionamento dos estabelecimentos de venda ao público denomina-se *período de abertura* (artigo 160.º, n.º 2, do CT); e o período de funcionamento dos estabelecimentos industriais denomina-se *período de laboração* (artigo 160.º, n.º 3, do CT).

[474] Manifestando posição contrária, *vide* B. G. LOBO XAVIER, *Curso de...*, cit., pp. 363, *in fine*, e 364: "(...) Entendemos que o horário não pode ser

Problemática bem diversa é a que resulta da *alterabilidade* desse mesmo horário. Depois de se encontrar definido o horário de trabalho, poderá o empregador modificá-lo sem necessidade de acordo do trabalhador, ou seja, modificá-lo unilateralmente? Esta questão – e, por inerência, a resposta que lhe há-de ser dada – é assaz delicada.

Estão em confronto, por um lado, uma das principais manifestações do poder organizacional do trabalho (faculdade de definir e/ou adaptar o horário de trabalho às políticas de gestão da empresa) que, por via de regra, pertence à entidade empregadora, e, por outro, a organização da vida do próprio trabalhador – alterar o horário de trabalho (que é o mesmo que dizer, fixar um novo) pode ter repercussões gravíssimas na vida extra-profissional do trabalhador.

Por tal motivo, alguma da mais avalizada doutrina tem defendido que,

> *(...) uma vez que a fixação do h.t.* [horário de trabalho] *tem fundamentalmente a ver com a salvaguarda da auto-disponibilidade do trabalhador, qualquer modificação relevante do mesmo, operada unilateralmente pela entidade patronal, constitui uma alteração substancial do contrato de trabalho, na medida em que se envolve uma mudança significativa na vida privada do trabalhador. Por isso, toda a iniciativa do empregador com um alcance dessa natureza só poderá produzir os seus efeitos com o consentimento do trabalhador. Não entender assim, é admitir que este não tem direito à preservação da respectiva auto-disponibilidade e, por conseguinte, que se encontra num estado de sujeição perante a empresa.*[475]

---

determinado em cláusulas de convenção colectiva, constituindo matéria da *exclusiva responsabilidade patronal*. (...) Aliás, parece-nos altamente duvidoso que a competência patronal de definir os horários de trabalho (...) possa ser posta em causa mesmo contratualmente. Para além de casos individuais de carácter marginal, supõe-se que a competência para definir o horário de trabalho faz parte de uma função indeclinável do chefe da empresa, não sujeita a negociação."

[475] FRANCISCO LIBERAL FERNANDES, "Alteração Unilateral do Horário de Trabalho", *Questões Laborais*, Ano I (1994), n.º 3, p. 163. JOÃO MOREIRA DA SILVA, *Direitos e...*, *cit.*, pp. 80 e 81, também defende que a "(...) definição do horário de trabalho (...), não obstante corresponder a um poder unilateral do empregador (art. 11.º, n.º 1 do Dec.-Lei n.º 409/71, de 27-9), não deverá, após

Ciente da acuidade de que se reveste a alteração do horário de trabalho, o nosso legislador laboral rodeou esta matéria de especiais cautelas. Com efeito, no artigo 173.º do CT (nos seus vários números),[476] e nos artigos 177.º e seguintes da RCT, estabeleceu-se, quanto à alteração dos horários de trabalho, uma série de exigências legais.[477]

Assim sendo, mercê do regime legal instituído, terá ficado claro que, desde que exista uma estrita observância de todos os condicionalismos legais, a regra é a da possibilidade de alteração unilateral dos horários de trabalho por parte da entidade empregadora.[478]

Só assim não será quando o trabalhador tiver sido contratado expressamente para um determinado horário de trabalho (constando, portanto, do seu contrato individual de trabalho), ou quando um instrumento de regulamentação colectiva proíba tal alteração. Nestes casos, o horário de trabalho só poderá ser alterado com o

---

a sua fixação, ser unilateral e arbitrariamente alterado. (...) Funcionarão tais cláusulas como direitos adquiridos dos trabalhadores, devendo a sua alteração ficar dependente da aceitação do trabalhador e ser fundamentada por interesses sérios ligados ao próprio funcionamento da empresa."

[476] Que corresponde, com algumas alterações, ao artigo 12.º, n.º 3, alíneas b), c) e d), do DL n.º 409/71, de 27 de Setembro (com a redacção que lhe foi conferida pelo artigo 5.º da Lei n.º 21/96, de 23 de Julho).

[477] Destas exigências legais, cumpre destacar: a proibição da alteração unilateral dos horários de trabalho acordados individualmente (artigo 173.º, n.º 1, do CT); a consulta prévia aos trabalhadores afectados, à comissão de trabalhadores ou, na sua falta, à comissão sindical ou intersindical ou aos delegados sindicais; a afixação na empresa, com a antecedência de sete dias (ou de três dias, no caso de microempresa – n.º 3 do artigo 173.º do CT), das alterações dos horários de trabalho; a comunicação à Inspecção-Geral do Trabalho (artigo 173.º, n.º 2, do CT); o dever de compensar economicamente os trabalhadores que, por força dessas alterações, tenham que suportar um aumento de despesas (artigo 173.º, n.º 5, do CT). De acordo com o artigo 178.º da RCT, "A comunicação de alterações dos horários de trabalho deve ser feita nos termos previstos para os mapas de horário de trabalho."

[478] Com interesse para esta matéria, *vide* AMADEU DIAS, *Redução do Tempo de Trabalho, Adaptabilidade do Horário e Polivalência Funcional*, s.l., Coimbra Editora, 1997, pp. 101-119.

consentimento do trabalhador. Esta posição tem sido propugnada por alguma doutrina,[479] e encontra-se sedimentada na jurisprudência.[480]

III – Em virtude do que antecede temos, inelutavelmente, de concluir que sempre que uma entidade empregadora altere, unilateralmente, o horário de trabalho de um dado trabalhador, e essa alteração tiver sido feita com a inobservância dos condicionalismos legais ou em clara ofensa de cláusulas do contrato individual de trabalho ou de instrumentos de regulamentação colectiva, o trabalhador, desde que não manifeste o seu acordo, pode recusar o cumprimento da alteração,[481] resolver o seu contrato de trabalho, ou exigir judicialmente que a prestação do seu trabalho seja levada a cabo no horário que praticava anteriormente.

E, do mesmo modo, pode instaurar, como preliminar ou como incidente da acção principal, um *procedimento cautelar comum*. Isto pelo facto de estarem a ser colocados em causa hábitos adquiridos pelo trabalhador relativamente à utilização do seu tempo (que podem durar há já vários anos), havendo, portanto, não apenas um fundado receio de dano, mas também um dano efectivo (continuado) que se pode mostrar ser de grave e de difícil reparação.

---

[479] ABÍLIO NETO, *Contrato de Trabalho...*, *cit.*, p. 524; MARIA DO ROSÁRIO PALMA RAMALHO, *Direito do Trabalho – Parte II...*, *cit.*, p. 457; MONTEIRO FERNANDES, *Direito do...*, *cit.*, p. 344; e PEDRO ROMANO MARTINEZ, *Direito do...*, *cit.*, pp. 719-720.

[480] A título ilustrativo, *vide* Ac. RP de 16.01.1989, *CJ*, 1989, I, p. 224; Ac. RL de 25.11.1992, *CJ*, 1992, V, p. 192; Ac. RC de 22.04.1993, *CJ*, 1993, II, p. 80; Ac. STJ de 29.09.1993, *ADSTA*, Ano XXXIII, n.º 385, p. 112; Ac. RL de 05.06.1996, *CJ*, 1996, III, p. 164; Ac. STJ de 21.01.1998, *BMJ*, 473.º, p. 294; Ac. RL de 23.09.1998, *CJ*, 1998, IV, p. 173; e Ac. RP de 01.03.1999, *BMJ*, 485.º, p. 486.

[481] Sem que este seu comportamento constitua *justa causa* de despedimento. Tal como, aliás, vem sendo decidido pela jurisprudência – *verbi gratia*, Ac. RP de 01.03.1999, *cit.*: "Sempre que o trabalhador tenha sido expressamente contratado para determinado horário, ou quando o instrumento de regulamentação colectiva proíba que o horário seja alterado sem o acordo do trabalhador, não ocorre justa causa de despedimento se a entidade patronal altera o horário de trabalho e o trabalhador não dá o seu consentimento a essa alteração, não cumprindo a determinação patronal."

Destarte, o trabalhador que não tenha consentido na alteração de horário de trabalho que lhe foi imposta (ilegitimamente), pode requerer ao tribunal que este ordene a sua entidade empregadora a mantê-lo, até decisão final no processo principal, no horário de trabalho anterior à dita alteração.[482]

2.4.2. Violação das normas sobre períodos de descanso

I – Como já deixamos entrever, um dos aspectos basilares do direito do trabalho é o da necessidade de assegurar o *descanso* do trabalhador. Como decorrência desta necessidade, a CRP consagra, no seu artigo 59.º, n.º 1, alínea d), o direito dos trabalhadores *"ao repouso e aos lazeres, a um limite máximo da jornada de trabalho, ao descanso semanal e a férias periódicas pagas; (...)"*.

II – Antes de tudo o mais, torna-se conveniente referir que ao utilizarmos o termo *descanso* podemos estar a utilizá-lo em várias vertentes ou perspectivas: o *intervalo de descanso*; o *descanso diário*; o *descanso semanal* (obrigatório); e *o descanso semanal complementar*.

De acordo com o artigo 174.º do CT, *"a jornada de trabalho diária deve ser interrompida por um intervalo de descanso, de duração não inferior a uma hora, nem superior a duas, de modo a que os trabalhadores não prestem mais de cinco horas de trabalho consecutivo."*[483]

---

[482] Na mesma linha de orientação do Ac. RL de 09.10.1996, *cit.* – "(...) III – Assim, é de deferir a providência cautelar requerida pelo trabalhador em que pede que se determine que a empresa que alterou o horário de trabalho sem o seu consentimento, o mantenha no horário anterior à alteração até decisão final no processo principal."; e do Ac. RP de 19.06.2006 (Proc. n.º 0543923), www.dgsi.pt.

[483] Note-se, contudo, que podem existir certos desvios a esta regra. A este propósito, atente-se no disposto no artigo 175.º do CT (*Redução ou dispensa de intervalo de descanso*): "1. Por instrumento de regulamentação colectiva de trabalho pode ser estabelecida a prestação de trabalho até seis horas consecutivas e o intervalo diário de descanso ser reduzido, excluído ou ter uma duração superior à prevista no artigo anterior, bem como ser determinada a frequência

O *intervalo de descanso* consiste, assim, na interrupção que, no decurso de um horário de trabalho, separa duas partes do dia (destinando-se, a maior parte das vezes, ao almoço). O *intervalo de descanso* é *"(...) um período de descontinuidade sem disponibilidade, uma verdadeira «quebra» na execução diária do contrato de trabalho, não podendo, por conseguinte, ser qualificado, à luz de nenhum critério, como tempo de trabalho."*[484]

Por seu turno, o *descanso diário* consiste no intervalo entre o final de uma jornada de trabalho e o início da que imediatamente se lhe segue. Por ser um tempo dedicado, única e exclusivamente, ao repouso, o *descanso diário* foi alvo de intervenção legislativa. De forma a impedir que o mesmo fosse excessivamente cerceado, o n.º 1 do artigo 176.º do CT, refere que *"é garantido ao trabalhador um período mínimo de descanso de onze horas entre dois períodos diários de trabalho consecutivos."*

Já quanto ao *descanso semanal*, a regra encontra-se vertida no n.º 1 do artigo 205.º do CT (sob a epígrafe, *descanso semanal obrigatório*).[485] Exceptuando os casos especiais previstos no

---

e a duração de quaisquer outros intervalos de descanso do período de trabalho diário. 2. Compete à Inspecção-Geral do Trabalho, mediante requerimento do empregador, instruído com declaração escrita de concordância do trabalhador abrangido e informação à comissão de trabalhadores da empresa e ao sindicato representativo do trabalhador em causa, autorizar a redução ou exclusão dos intervalos de descanso, quando tal se mostre favorável aos interesses dos trabalhadores ou se justifique pelas condições particulares de trabalho de certas actividades. 3. Não é permitida a alteração aos intervalos de descanso prevista nos n.ºs 1 e 2, se ela implicar a prestação de mais de seis horas consecutivas de trabalho, excepto quanto a actividades de pessoal operacional de vigilância, transporte e tratamento de sistemas electrónicos de segurança e indústrias em que o processo de laboração não possa ser interrompido por motivos técnicos e, bem assim, quanto a trabalhadores que ocupem cargos de administração e de direcção e outras pessoas com poder de decisão autónomo que estejam isentos de horário de trabalho. 4. O pedido de redução ou dispensa de intervalo de descanso previsto no n.º 2 considera-se tacitamente deferido se não for proferida a decisão final dentro do prazo de quinze dias a contar da apresentação do requerimento."

[484] MONTEIRO FERNANDES, *Direito do...*, cit., p. 398.

[485] Artigo 205.º, n.º 1, do CT: "O trabalhador tem direito a, pelo menos, um dia de descanso por semana."

n.º 2[486] e nas várias alíneas do n.º 3 deste mesmo artigo,[487] este período de repouso, obrigatório por lei, deverá ocupar um dia completo de calendário (das 0.00 horas às 24.00 horas), que será o domingo.

Actualmente, para além do direito à prerrogativa mínima de um dia de descanso semanal, instituiu-se, como prática corrente, a concessão de mais um ou meio dia de descanso semanal que vulgarmente se apelida de *descanso semanal complementar*.[488]

Os *descansos semanais complementares* são alvo de um tratamento diferenciado relativamente aos *descansos semanais obrigatórios*. Nesta medida, se o trabalhador prestar trabalho em dia de *descanso semanal obrigatório*, para além do direito a ser remunerado com um acréscimo de 100% da retribuição, ele terá direito, ainda, a um dia de descanso compensatório remunerado, a gozar num dos três dias úteis seguintes.[489]

Porém, se esta prestação de trabalho ocorrer num *dia de descanso complementar*, ela conferirá direito, para além do mesmo acréscimo de 100% na retribuição, a um descanso compensatório remunerado correspondente, apenas, a 25% das horas de trabalho suplementar realizado, descanso esse que se vencerá quando se perfizer um número de horas igual ao período normal de trabalho diário e que deverá ser gozado nos noventa dias seguintes.[490]

---

[486] Artigo 205.º, n.º 2, do CT: "O dia de descanso semanal só pode deixar de ser o domingo quando o trabalhador preste serviço a empregador que esteja dispensado de encerrar ou suspender a laboração um dia completo por semana ou que seja obrigado a encerrar ou a suspender a laboração num dia que não seja o domingo."

[487] Artigo 205.º, n.º 3, do CT: "Pode também deixar de coincidir com o domingo o dia de descanso semanal: a) De trabalhador necessário para assegurar a continuidade de serviços que não possam ser interrompidos ou que devam ser desempenhados em dia de descanso de outros trabalhadores; b) De pessoal dos serviços de limpeza ou encarregado de outros trabalhos preparatórios ou complementares que devam necessariamente ser efectuados no dia de descanso dos restantes trabalhadores; c) De pessoal operacional de vigilância, transporte e tratamento de sistemas electrónicos de segurança; d) De trabalhador que exerça actividade em exposições e feiras; e) Nos demais casos previstos em legislação especial."

[488] Regulado no artigo 206.º do CT.

[489] *Cfr.* artigos 258.º, n.º 2, e 202.º, n.º 3, ambos, do CT.

[490] Artigos 258.º, n.º 2, e 202.º, n.ºˢ 1 e 2, do CT.

III – Daqui decorre que sempre que a entidade empregadora, fora das situações previstas na lei (redução, por instrumento de regulamentação colectiva de trabalho, do intervalo de descanso; dispensa do intervalo de descanso mediante autorização administrativa e com a concordância do trabalhador), reduza ou, pura e simplesmente, suprima os *intervalos de descanso*, podem os trabalhadores intentar acção judicial por violação do preceito legal que impõe a existência daquele intervalo.[491]

E, como forma de prevenir e acautelar a ocorrência de situações futuras em tudo semelhantes, nada obsta, na nossa opinião, a que estes mesmos trabalhadores recorram a tribunal e requeiram um *procedimento cautelar comum* tendente a impedir a verificação de posteriores (e mais do que verosímeis) violações do *intervalo de descanso* a que têm direito.

Igual raciocínio poderá ser empregue a propósito do *descanso diário*. Se a entidade empregadora violar, sistemática e reiteradamente, o intervalo mínimo entre jornadas de trabalho normal,[492] nada impede que o trabalhador intente acção judicial e, preliminar ou incidentalmente, *procedimento cautelar comum* (visando, estoutro, obstaculizar, até decisão final da acção principal, o trabalho em períodos de *descanso diário*).

---

[491] MONTEIRO FERNANDES, *Direito do...*, cit., p. 397, entende que o "(...) trabalho que [o trabalhador] seja chamado a prestar nesse período [isto é, no intervalo de descanso] será qualificado de suplementar e como tal deverá ser remunerado." Porém, no Ac. RL de 31.01.1996, *CJ*, 1996, I, p. 164, defende-se que "a inexistência do intervalo, nas 8 horas do trabalho diário, não caracteriza a produção de trabalho suplementar, mas apenas a violação do preceito que impõe a existência daquele intervalo." É que o *trabalho suplementar*, não nos esqueçamos, apesar de ser de *prestação obrigatória* (artigo 198.º do CT), tem de obedecer não só aos *pressupostos* indicados no artigo 199.º do CT, mas também aos limites quantitativos fixados no artigo 200.º do mesmo código. Quando não se verifiquem esses *pressupostos* e quando sejam ultrapassados esses *limites*, estar-se-á perante ordens ilegítimas do empregador (legitimando, assim, a *desobediência* do trabalhador).

[492] Chamamos a particular atenção para as excepções à regra que vem formulada no n.º 1 do artigo 176.º do CT, excepções essas constantes dos números 2 a 5 desse mesmo preceito legal.

Já no tocante à matéria do *descanso semanal obrigatório*, quando a entidade empregadora, em clara violação da lei, impeça o trabalhador de gozar este dia de descanso,[493] ou, na circunstância de o trabalho ter sido prestado em tal dia (de *descanso semanal obrigatório*), essa mesma entidade o impeça de gozar o *descanso compensatório* num dos três dias subsequentes, o trabalhador, sempre que tenha fundado receio de repetição ou continuação de actos lesivos do seu direito, poderá intentar *procedimento cautelar comum* para que a sua entidade empregadora se abstenha destas condutas impeditivas.

Por último, há que fazer uma breve referência ao *descanso semanal complementar*. Como vimos *supra*, a prestação de trabalho em dia de *descanso semanal complementar* confere também direito a um *descanso compensatório* remunerado de 25% das horas de trabalho prestado, que se vencerá quando perfizer um número de horas igual ao período normal de trabalho diário, e que deve ser gozado nos noventa dias seguintes.

Se o empregador impedir que o trabalhador goze o direito que tem ao dia de *descanso compensatório* (quando, obviamente, ele se vencer), e se este mesmo trabalhador continuar a prestar trabalho em dias de *descanso complementar*, não é, de todo, descabido que se possa utilizar um *procedimento cautelar comum* para que a violação do direito ao gozo do dia de *descanso compensatório* não se volte a repetir.

---

[493] Quanto ao gozo deste dia de descanso semanal obrigatório no *trabalho por turnos*, vide Ac. RP de 07.01.1985, *BMJ*, 343.º, p. 375: "Sendo a semana constituída por sete dias, haverá que nela, ou série de sete dias, inserir o dia de repouso. E, dado que a problemática do trabalho por turnos envolve «motivo ponderoso» para que o descanso não coincida sempre com o Domingo, concluir--se-á que esse dia se terá de inserir na apontada série de sete dias em estrita obrigação da respectiva colocação, ou seja, sem interessar o número de dias consecutivos de trabalho que o deverão preceder e quantos o deverão seguir. O que é obrigatório, isso sim, é a concessão ao trabalhador de um dia de descanso por semana de trabalho."

2.4.3. VIOLAÇÃO DAS NORMAS SOBRE GOZO OU MARCAÇÃO DE FÉRIAS

I – As *férias*[494] constituem interrupções da prestação de trabalho (em regra, por vários dias consecutivos) que são concedidas "(...) *de modo a possibilitar a recuperação física e psíquica do trabalhador e assegurar-lhe condições mínimas de disponibilidade pessoal, de integração na vida familiar e de participação social e cultural.*"[495]

Em cada ano civil, os trabalhadores têm direito a um período de férias retribuídas,[496] reportando-se, em regra, ao trabalho que foi prestado no ano civil anterior, e não estando, por outro lado, condicionado à assiduidade ou à efectividade de serviço.[497] O direito a férias é, igualmente, e, em princípio, um direito irrenunciável[498] e o

---

[494] Para uma visão de carácter geral acerca das *férias*, vide J. DANIEL SANTOS, *O Direito a Férias e ao Subsídio de Férias – Na Legislação Laboral e Jurisprudência*, Lisboa, Multinova, 1981; B. G. LOBO XAVIER, *Curso de...*, cit., pp. 425-433; MARIA DO ROSÁRIO PALMA RAMALHO, *Direito do Trabalho – Parte II...*, cit., pp. 482--500; MONTEIRO FERNANDES, *Direito do...*, cit., pp. 408-418; PEDRO ROMANO MARTINEZ, *Direito do...*, cit., pp. 544-547; e JÚLIO GOMES, *Direito do...*, cit., pp. 707-721.

[495] Artigo 211.º, n.º 2, do CT.

[496] Artigo 211.º, n.º 1, do CT.

[497] Artigo 211.º, n.º 4, do CT. Há, somente, que fazer referência quer ao disposto no artigo 212.º, n.º 3, do CT ("No caso de sobrevir o termo do ano civil antes de decorrido o prazo referido no número anterior [No ano da contratação, o trabalhador tem direito, após seis meses completos de execução do contrato, a gozar dois dias úteis de férias por cada mês de duração do contrato, até ao máximo de vinte dias úteis] ou antes de gozado o direito a férias, pode o trabalhador usufrui-lo até 30 de Junho do ano civil subsequente."), quer ao disposto no artigo 232.º (*Efeitos das faltas no direito a férias*), n.º 2, do CT, porquanto, "nos casos em que as faltas determinem perda de retribuição, as ausências podem ser substituídas, se o trabalhador expressamente assim o preferir, por dias de férias, na proporção de um dia de férias por cada dia de falta, desde que seja salvaguardado o gozo efectivo de vinte dias úteis de férias ou da correspondente proporção, se se tratar de férias no ano de admissão."

[498] Importando, apenas, tomar em atenção o disposto no n.º 5 do artigo 213.º do CT. Para maiores desenvolvimentos, acerca da irrenunciabilidade do direito a férias, *cfr.* MONTEIRO FERNANDES, "A Irrenunciabilidade do Direito a Férias: Algumas Questões", *Estudos de Direito do Trabalho*, Coimbra, Almedina, 1972, pp. 127--154. *Cfr.*, a nível jurisprudencial, Ac. RE de 05.01.1993, *BMJ*, 423.º, p. 624.

seu gozo efectivo não pode ser substituído por qualquer compensação económica ou outra, ainda que com o acordo dos trabalhadores.[499]

O período anual de férias tem a duração mínima de vinte e dois dias úteis,[500-501] sendo que a contagem dos dias úteis compreende os dias da semana, de segunda-feira a sexta-feira, com excepção dos feriados, não podendo as férias ter início em dia de descanso semanal do trabalhador.[502]

Nestas breves considerações acerca do *direito a férias*, importa referir que ele se adquire com a celebração de um contrato de trabalho e vence-se no dia 01 de Janeiro de cada ano civil,[503] excepto, no ano da contratação, ano em que o trabalhador tem direito, após seis meses completos de execução do contrato, a gozar dois dias úteis de férias por cada mês de duração do contrato, até ao máximo de vinte dias úteis.[504]

II – Durante este período de férias mantém-se o dever de a entidade empregadora retribuir o trabalhador, sendo que essa *retribuição "(...) corresponde à que o trabalhador receberia se estivesse*

---

[499] Redacção do n.º 3 do artigo 211.º do CT.

[500] Artigo 213.º, n.º 1, do CT.

[501] Havendo, portanto, que tomar em consideração o que vem preceituado no n.º 3 do artigo 213.º do CT, segundo o qual "A duração do período de férias é aumentada no caso de o trabalhador não ter faltado ou na eventualidade de ter apenas faltas justificadas, no ano a que as férias se reportam, nos seguintes termos: a) Três dias de férias até ao máximo de uma falta ou dois meios dias; b) Dois dias de férias até ao máximo de duas faltas ou quatro meios dias; c) Um dia de férias até ao máximo de três faltas ou seis meios dias."

[502] Artigo 213.º, n.º 2, do CT.

[503] Artigo 212.º, n.º 1, do CT.

[504] Redacção do nosso já conhecido n.º 2 do artigo 212.º do CT. Eliminou-se, deste modo, e, a nosso ver, acertadamente, a distinção que era feita, ao abrigo da legislação laboral anterior, pelos números 2 e 3 do artigo 3.º do DL n.º 874/76, de 28 de Dezembro, segundo a qual "quando o início da prestação de trabalho ocorre[sse] no primeiro semestre, o trabalhador, após um período de sessenta dias de trabalho efectivo, t[inha] direito a um período de férias de oito dias úteis" – artigo 3.º, n.º 3, do DL n.º 874/76, de 28 de Dezembro; e "quando o início da prestação de trabalho ocorr[esse] no 2.º semestre do ano civil, o direito a férias só se venc[ia] após o decurso de seis meses completos de serviço efectivo" – n.º 2 do artigo 3.º do DL n.º 874/76, de 28 de Dezembro.

em serviço efectivo."[505] Para além desta retribuição, *"(...) o trabalhador tem direito a um subsídio de férias cujo montante compreende a retribuição base e as demais prestações retributivas que sejam contrapartida do modo específico da execução do trabalho"*, e que *"(...) deve ser pago antes do início do período de férias e proporcionalmente nos casos previstos no n.º 6 do artigo 217.º."*[506-507]

III – O princípio que rege quanto à *marcação* do período de férias é o do *mútuo acordo* (artigo 217.º, n.º 1, do CT). Todavia, quando não exista este acordo, é à entidade empregadora que caberá a elaboração de um *mapa de férias*.[508] Neste caso, a entidade empregadora poderá marcar *unilateralmente* as férias, tendo, no entanto, e nos termos do n.º 3 do artigo 217.º do CT, que as marcar no período compreendido entre 01 de Maio e 31 de Outubro, salvo parecer favorável em contrário da comissão de trabalhadores ou disposição diversa de instrumento de regulamentação colectiva de trabalho (de notar que este n.º 3 não tem aplicação no que concerne às microempresas – vide, a este propósito, artigo 217.º, n.º 8, e artigo 91.º, n.º 1, alínea a), ambos, do CT).

Salvo se houver prejuízo grave para o empregador, os cônjuges que trabalhem na mesma empresa ou estabelecimento (bem como as pessoas que vivam em economia comum ou união de facto há mais de dois anos, independentemente do sexo)[509] devem gozar férias no mesmo período (n.º 5 do artigo 217.º do CT).

---

[505] Artigo 255.º, n.º 1, do CT.

[506] Artigo 255.º, n.ºs 2 e 3, do CT.

[507] Sobre o *subsídio de férias*, vide BRANCA DO AMARAL, "Do Subsídio de Férias. A sua Generalização. A Estruturação do seu Regime", *Estudos Sociais e Corporativos*, Ano 1973 (II Série), n.º 35, pp. 67-80.

[508] Artigo 217.º, n.º 2, do CT: "Na falta de acordo, cabe ao empregador marcar as férias e elaborar o respectivo mapa, ouvindo para o efeito a comissão de trabalhadores."

[509] Chamamos a vossa particular atenção para a Lei n.º 6/2001, de 11 de Maio (que adopta medidas de protecção para as pessoas que vivam em economia comum), e para a Lei n.º 7/2001, de 11 de Maio (que adopta medidas de protecção das uniões de facto). No artigo 4.º, n.º 1, alínea b), da Lei n.º 6/2001, refere-se que "Às pessoas em situação de economia comum são atribuídos os seguintes direitos: b) Benefício do regime jurídico das *férias* [itálico nosso],

Para rematar esta série de considerações, há que referir que as férias poderão ser gozadas *interpoladamente*, desde que para isso haja acordo entre o trabalhador e a entidade empregadora, e salvaguardando, no mínimo, um período de dez dias úteis consecutivos (artigo 217.º, n.º 6, do CT).

IV – A *violação*, total ou parcial, do *direito a férias* (consubstanciada no facto de o empregador, com culpa, não proporcionar, dentro do ano respectivo, a fruição ou o gozo do período de férias) acarreta uma duplicidade de sanções. Por um lado, acarreta o pagamento de uma compensação ao trabalhador;[510] e, por outro, o pagamento de uma coima (por constituir, nos termos do n.º 1 do artigo 665.º do CT,[511] uma contra-ordenação grave).[512]

No que concerne à compensação, o trabalhador terá direito a receber o triplo da retribuição correspondente ao período em falta, desde que faça a prova da situação obstativa do exercício do *direito a férias* (competindo-lhe alegar e provar que não gozou férias e que este facto se ficou a dever à sua entidade empregadora, quer por acção, quer por omissão).[513]

---

feriados e faltas, aplicável por efeito de contrato individual de trabalho, equiparado ao dos cônjuges, nos termos da lei." Outrossim, no artigo 3.º, alínea c), da Lei n.º 7/2001, refere-se que "As pessoas que vivem em união de facto nas condições previstas na presente lei têm direito a: c) Beneficiar de regime jurídico das *férias* [itálico nosso], feriados e faltas, aplicado por efeito de contrato individual de trabalho, equiparado ao dos cônjuges, nos termos da lei".

[510] Artigo 222.º (*Violação do direito a férias*) do CT: "Caso o empregador, com culpa, obste ao gozo das férias nos termos previstos nos artigos anteriores, *o trabalhador recebe, a título de compensação, o triplo da retribuição correspondente ao período em falta* [itálico nosso], que deve obrigatoriamente ser gozado no primeiro trimestre do ano civil subsequente."

[511] Que corresponde, com alterações, ao anterior artigo 15.º, n.º 1, do DL n.º 874/76, de 28 de Dezembro (com a redacção que lhe foi conferida pela Lei n.º 118/99, de 11 de Agosto).

[512] A propósito das contra-ordenações laborais e do seu regime jurídico, vide JOÃO SOARES RIBEIRO, *Contra-Ordenações Laborais*, 2.ª edição, Coimbra, Almedina, 2003.

[513] Tal como tem vindo a ser defendido pela jurisprudência nacional. *Cfr.*, a título de exemplo, o Ac. RP de 13.07.1987, *CJ*, 1987, IV, p. 269; o Ac. RP de 04.07.1988, *CJ*, 1988, IV, p. 230; o Ac. STJ de 05.05.1993, *CJ*, 1993, II,

V – De tudo o que antecede, constata-se que o *direito a férias* constitui mais um terreno propício para a utilização do *procedimento cautelar comum*. Isto não só no que respeita à violação das normas sobre o gozo, mas também das normas sobre a marcação das ditas férias.

Com efeito, sempre que a entidade empregadora impeça o trabalhador de gozar o *direito a férias* entretanto vencido (quer ele seja de vinte e dois dias úteis, nos termos do n.º 1 do artigo 213.º do CT; de vinte e três, vinte e quatro ou vinte e cinco dias úteis, de acordo com o n.º 3 do artigo 213.º do CT; ou, finalmente, em face do artigo 214.º do CT, de dois dias úteis por cada mês completo de duração do contrato),[514] o trabalhador pode, como vimos

---

p. 276; e o Ac. STJ de 27.05.1993, *CJ*, 1993, III, p. 92. Veja-se, a propósito do que deve ser entendido por situação obstativa do gozo do direito a férias, o Ac. STJ de 27.01.1989, *BMJ*, 383.º, p. 469: "I – Para efeitos do art. 13.º do Decreto-Lei n.º 874/76, de 28 de Dezembro [actual artigo 222.º do CT], considera-se que a entidade patronal obsta ao gozo de férias do trabalhador não só quando determina que o trabalhador não as goze efectivamente, quer não as estabelecendo, quer solicitando a sua dispensa, mas também quando não recusa a prestação de trabalho do trabalhador no período legal de férias. II – Assim, sempre que a entidade patronal não zele por que o trabalhador goze férias, beneficiando da prestação de trabalho deste, incorre na cominação indemnizatória da sua retribuição em triplo, estatuída no citado art. 13.º."

[514] No actual CT, eliminou-se a referência expressa que era feita pelo anterior artigo 5.º do DL n.º 874/76, de 28 de Dezembro, ao caso dos *contratos de trabalho a termo* (nos contratos a termo cuja duração, inicial ou renovada, não atingisse um ano, os trabalhadores "(...) t[inham] direito a um período de férias equivalente a dois dias úteis por cada mês completo de serviço" – artigo 5.º, n.º 1, do DL citado). Não obstante, e mercê da actual redacção do artigo 214.º do CT, os contratos de trabalho a termo cuja duração total não atinja os seis meses são, na prática, alvo do mesmo regime. Convirá, talvez, alertar para o facto de, segundo o artigo 142.º, n.º 1, do CT, "o contrato [de trabalho a termo certo] só pode[r] ser celebrado por prazo inferior a seis meses nas situações previstas nas alíneas *a)* a *g)* do n.º 2 do artigo 129.º [a] Substituição directa ou indirecta de trabalhador ausente ou que, por qualquer razão, se encontre temporariamente impedido de prestar serviço; b) Substituição directa ou indirecta de trabalhador em relação ao qual esteja pendente em juízo acção de apreciação da licitude do despedimento; c) Substituição directa ou indirecta de trabalhador em situação de licença sem retribuição; d) Substituição de trabalhador a tempo

supra, instaurar acção judicial pedindo o pagamento da compensação a que alude o artigo 222.º do código citado.

Porém, em face do disposto na parte final deste mesmo artigo 222.º do CT, o período de férias em falta deverá, obrigatoriamente, ser gozado no primeiro trimestre do ano civil subsequente. Como forma de se precaver da morosidade do processo principal, será mais do que conveniente que o trabalhador requeira *procedimento cautelar comum* tendente a intimar a entidade empregadora faltosa a proporcionar-lhe o gozo do período de férias a que tem direito e, ao mesmo tempo, a abster-se, quando tal prática for corrente na empresa, de actos impeditivos do exercício deste mesmo direito a férias.

Já quanto à *marcação das férias*, sempre que o empregador, na falta de acordo com os trabalhadores,[515] marque férias fora do período compreendido entre os dias 01 de Maio e 31 de Outubro; e sempre que marque períodos de férias distintos para cônjuges ou para pessoas que vivam em economia comum ou união de facto e que trabalhem na mesma empresa, podem os trabalhadores solicitar uma *providência cautelar* que intime a entidade empregadora a marcar férias para um período consentâneo com a lei e, tanto quanto possível, com os interesses dos trabalhadores.

Por último, sempre que o empregador marque interpoladamente as férias, sem acordo dos trabalhadores e sem observância do período mínimo de dez dias úteis consecutivos, podem estes mesmos trabalhadores requerer um *procedimento cautelar comum*, que se pretende tão expedito quão célere, como forma de evitar a produção de danos que se prevêem ser de muito difícil reparação.

---

completo que passe a prestar trabalho a tempo parcial por período determinado; e) Actividades sazonais ou outras actividades cujo ciclo anual de produção apresente irregularidades decorrentes da natureza estrutural do respectivo mercado, incluindo o abastecimento de matérias-primas; f) Acréscimo excepcional de actividade da empresa; g) Execução de tarefa ocasional ou serviço determinado precisamente definido e não duradouro]."

[515] E, nos termos do n.º 3 do artigo 217.º do CT, na falta de parecer favorável da comissão de trabalhadores, ou na falta, do mesmo modo, de instrumento de regulamentação colectiva de trabalho que, expressamente, permita a marcação de férias fora do período legal estabelecido neste mesmo n.º 3 (ou seja, entre 01 de Maio e 31 de Outubro).

2.5. Exercício ilegítimo do *ius variandi*

I – A posição que o trabalhador assume em determinada organização empresarial define-se tomando como ponto de referência aquilo que, nessa mesma organização, lhe incumbirá fazer, isto é, o conjunto de tarefas e serviços que, formando o objecto da prestação de trabalho, lhe competem. A posição assim estabelecida (a que, de um modo geral, corresponde uma designação – *verbi gratia, servente, caixeiro, escriturário, dactilógrafo, vendedor*)[516] é a *categoria* do trabalhador.[517]

A *categoria*, tal como refere MONTEIRO FERNANDES, "*(...) resulta do jogo de dois factores pré-contratuais: pelo lado do empregador, a «vaga» existente na organização e que se define pela «função» ou pelos «serviços» necessários; pelo lado do trabalhador, a sua profissão ou as qualificações profissionais adquiridas, ou, mais simplesmente, as suas aptidões laborais (físicas, psíquicas e técnicas).*"[518]

A *categoria* constitui, assim, um meio fundamental para determinar os direitos e as garantias que assistem ao trabalhador (define, por exemplo, o seu estatuto remuneratório; situa-o no sistema das carreiras profissionais). Por esta razão, a *categoria* é dotada de protecção legal. Segundo o artigo 122.º, alínea e), do CT,

---

[516] Estas *categorias* foram extraídas do Anexo I do *contrato colectivo de trabalho para o sector do comércio e serviços do distrito do Porto*, publicado, originariamente, no *BTE*, 1.ª série, n.º 15, de 22.04.1981 (este contrato colectivo de trabalho foi alvo, posteriormente, de uma série de alterações salariais e de revisões globais: *BTE*, 1.ª série, n.º 30, de 15.08.1998; *BTE*, 1.ª série, n.º 34, de 15.09.1999; *BTE*, 1.ª série, n.º 33, de 08.09.2000; *BTE*, 1.ª série, n.º 33, de 08.09.2001; *BTE*, 1.ª série, n.º 32, de 29.08.2002; *BTE*, 1.ª série, n.º 35, de 22.09.2003).

[517] Sobre este assunto, *vide*, entre outros, B. G. LOBO XAVIER, "A Determinação Qualitativa da Prestação de Trabalho", *Estudos Sociais e Corporativos*, Ano III (1964), n.º 10, pp. 09-45; JOÃO MOREIRA DA SILVA, *Direitos e...*, *cit.*, pp. 23-29; AMADEU DIAS, *Redução do...*, *cit.*, pp. 127-132; e MONTEIRO FERNANDES, "A Categoria Profissional e o Objecto do Contrato de Trabalho", *Questões Laborais*, Ano V (1998), n.º 12, pp. 121-161.

[518] MONTEIRO FERNANDES, *Direito do...*, *cit.*, p. 195.

o empregador não pode "*baixar a categoria do trabalhador, salvo nos casos previstos neste Código.*"[519]

II – Em princípio, o trabalhador deverá ser colocado na *categoria* que corresponde à função que realmente exerce, ou seja, a *categoria* deverá ser definida de acordo com a actividade que é efectivamente desempenhada e para a qual o trabalhador foi contratado (artigo 151.º, n.º 1, do CT). Por isso, é usual dizer-se que esta determina aquela.

Porém, através dos números 2 a 5 do artigo 151.º e do artigo 152.º, ambos, do CT (artigos que correspondem, com alterações, aos n.ºˢ 2, 4 e 5 do artigo 22.º da LCT, números estes que foram introduzidos pelo artigo 6.º da Lei n.º 21/96, de 23 de Julho), o legislador veio consagrar um desvio ao princípio enunciado no n.º 1 do mesmo artigo, vindo, deste modo, ampliar o leque das actividades cometidas ao trabalhador, e, outrossim, apontar no caminho de uma certa *flexibilidade funcional*.[520-521]

---

[519] Artigo 313.º (*Mudança de categoria*) do CT: "1. O trabalhador só pode ser colocado em categoria inferior àquela para que foi contratado ou a que foi promovido quando tal mudança, imposta por necessidades prementes da empresa ou por estrita necessidade do trabalhador, seja por este aceite e autorizada pela Inspecção-Geral do Trabalho. 2. Salvo disposição em contrário, o trabalhador não adquire a categoria correspondente às funções que exerça temporariamente."

[520] A propósito desta temática e de todas aquelas que atravessavam e enformavam os números 2 a 6 do anterior artigo 22.º da LCT, *vide*, em especial, JORGE LEITE, "Flexibilidade Funcional", *Questões Laborais*, Ano IV (1997), n.ºˢ 9 e 10, pp. 05-37; AMADEU DIAS, "Polivalência Funcional (Alteração do Art. 22.º da Lei Geral do Trabalho)", *ibidem*, pp. 38-60; MARIA MANUELA MAIA DA SILVA, "Mobilidade Funcional (Reflexões para um Novo Entendimento da Mobilidade Funcional do Trabalhador, no Contexto da Relação de Trabalho. Um Estudo Comparativo)", *ibidem*, pp. 61-80; e B. G. LOBO XAVIER, "A Mobilidade Funcional e a Nova Redacção do Art. 22.º da LCT", *Revista de Direito e de Estudos Sociais*, Ano XXXIX (XII da 2.ª Série), n.ºˢ 1-2-3, pp. 51-130.

[521] Pegando, com a devida vénia, nas palavras de JORGE LEITE, "Flexibilidade...", *cit.*, p. 5, "*flexibilidade funcional, mobilidade funcional* e *polivalência* são as três expressões entre nós mais correntes para designar o poder do empregador de ampliar as actividades prestacionais do trabalhador a que se referem os n.ºˢ 2 a 6 do art. 22.º da LCT, aditados pela Lei 21/96, de 23-7 [reitere-se, actuais artigos 151.º, n.ºˢ 2 a 5, e 152.º do CT]. As duas primeiras estão mais próximas

A razão que, decerto, esteve na base da introdução desta *flexibilidade funcional* foi a constatação de que uma compreensão rígida da *categoria* (ou, se preferirmos, da actividade para a qual o trabalhador foi contratado), entendida como elemento absoluto de demarcação da situação jurídica do trabalhador na organização produtiva, entraria em rota de colisão com os interesses de ambas as partes de uma relação jurídico-laboral.[522]

III – Para além da possibilidade consagrada actualmente no CT (e que foi introduzida, embora com algumas alterações, e como vimos anteriormente, pela Lei n.º 21/96, de 23 de Julho), de o empregador atribuir ao trabalhador, a título permanente ou não, determinadas actividades acessórias, afins ou funcionalmente ligadas à actividade contratada (definidora da sua *categoria*), o legislador reconheceu, outrossim, a faculdade de, em circunstâncias anormais e excepcionais, o empregador exigir ao trabalhador que este realize, temporariamente, funções não compreendidas, de forma alguma, na actividade contratada (no objecto do contrato).

Esta última faculdade apelida-se, generalizadamente, de *ius variandi*,[523-524] e, ao contrário da propalada *flexibilidade funcional*,

---

entre si do que qualquer uma delas da terceira. Correspondendo a um *saber--fazer plural*, a polivalência (*polys*, do grego + *valentia*, plural neutro do latim *valen-tis*) é uma condição de mobilidade ou de flexibilidade funcional do trabalhador e, consequentemente, um limite do poder do empregador de variação da prestação de trabalho."

[522] Como nota B. G. LOBO XAVIER, "A Mobilidade...", *cit.*, p. 95, "a excessiva especialização profissional num mundo de rápida evolução tecnológica e quaisquer rigidificações jurídicas que se pretendam a este propósito fazer não provocam outros resultados senão os da perda de competitividade quer das empresas, vinculadas a estratificações obsoletas, quer dos trabalhadores, estiolados num «saber fazer» ultrapassado."

[523] Para maiores desenvolvimentos, *cfr.* CATARINA CARVALHO, "O Exercício do *Ius Variandi* no Âmbito das Relações Individuais de Trabalho e a Polivalência Funcional", *Juris et de Jure – Nos 20 Anos da Faculdade de Direito da UCP – Porto*, Porto, 1998, pp. 1031-1063.

[524] A nível jurisprudencial, muitas têm sido as decisões que versaram a temática do *ius variandi*. *Cfr.*, a título meramente exemplificativo, Ac. STJ de 05.06.1985, *ADSTA*, Ano XXV, n.º 289, p. 98; Ac. RP de 07.07.1986, *CJ*, 1986,

cujo exercício é encarado em termos de *normalidade empresarial*,[525] constitui uma faculdade excepcional[526] de exercício temporário de funções claramente não compreendidas no objecto do contrato de trabalho.[527]

IV, p. 261; Ac. STJ de 20.05.1988, *BMJ*, 377.º, p. 386; Ac. RP de 21.11.1988, *CJ*, 1988, V, p. 244; Ac. STJ de 25.03.1992, *BMJ*, 415.º, p. 428; Ac. RC de 06.01.1993, *BMJ*, 423.º, p. 607; Ac. STJ de 10.05.1995, *BMJ*, 447.º, p. 289. Veja-se, também, a panóplia de referências a decisões jurisprudenciais que é feita por ABÍLIO NETO, *Contrato de Trabalho...*, *cit.*, pp. 142-155. E, por último, a anotação que é feita ao Ac. STJ de 12.06.1991, por ANTÓNIO NUNES DE CARVALHO, *Revista de Direito e de Estudos Sociais*, Ano XXXIV (VII da 2.ª Série), n.ºs 1-2-3, pp. 125-132.

[525] B. G. LOBO XAVIER, *apud* CATARINA CARVALHO, "O Exercício do...", *cit.*, p. 1036.

[526] Em sentido contrário, *vide* MARIA DO ROSÁRIO PALMA RAMALHO, *Direito do Trabalho – Parte II...*, *cit.*, p. 388: "(...) ainda que tecnicamente se reconduza a uma vicissitude negocial, porque se traduz na alteração de um elemento essencial do contrato (o objecto), o *jus variandi* é um instrumento importante e de utilização corrente do contrato de trabalho (logo, não excepcional), que favorece a sua execução dinâmica e a sua adequação às necessidades do empregador, designadamente para substituição de outros trabalhadores." No sentido proposto, *vide* JÚLIO GOMES, *Direito do...*, *cit.*, p. 795.

[527] Segundo ALFREDO MONTOYA MELGAR, *apud* CATARINA CARVALHO, "O Exercício do...", *cit.*, p. 1031, o *ius variandi* traduz-se no "poder de [o empregador] alterar, unilateralmente, os limites da prestação laboral". Confrontadas, talvez, com uma definição tão ampla, alguma doutrina e jurisprudência nacionais têm utilizado o conceito de *ius variandi* para se referirem a deslocações geográficas ou a modificações temporárias do horário de trabalho (*vide*, neste sentido, PEDRO ROMANO MARTINEZ, *Direito do...*, *cit.*, p. 727, *in fine*, onde este autor refere que "No art. 314.º do CT atende-se tão-só «às funções não compreendidas na actividade contratada»[;] admite-se que haja outras mudanças não relacionadas com a actividade. Deste modo, pode haver alterações que respeitem, por exemplo ao local (*ius variandi* geográfico) ou ao tempo (*ius variandi* temporal) [que] também podem integrar a noção de *ius variandi*."). Contudo, como muito bem adverte CATARINA CARVALHO, "O Exercício do...", *cit.*, pp. 1045, *in fine*, e 1046, "o recurso a este conceito [*ius variandi* geográfico] (...) parece obsoleto, em virtude de este problema estar devidamente tratado no art. 24.º da LCT [actualmente, no artigo 315.º do CT] (...). [O] *ius variandi* tem exclusivamente a ver com a mobilidade funcional e alteração de funções e não com a modificação do local de trabalho. Não existe sequer uma lacuna neste âmbito, pois tal matéria vem exaustivamente regulada no art. 24.º da LCT; e, mesmo que

O regime do *ius variandi* consta, presentemente, do artigo 314.º do CT (na legislação laboral anterior constou, numa primeira fase, dos n.os 2 e 3 do artigo 22.º da LCT, e, após a entrada em vigor da Lei n.º 21/96, de 23 de Julho, não tendo sofrido qualquer alteração substancial, passou a constar dos n.os 7 e 8 desse mesmo artigo da LCT).

IV – O exercício do *ius variandi* é, portanto, legítimo e lícito desde que, cumulativamente, se verifiquem os seguintes requisitos:

   a) Não haja estipulação [contratual] *em contrário. (...)*
   b) A alteração de funções seja fundamentada no interesse da empresa. (...)
   c) Seja temporária a incumbência do exercício de funções estranhas às da categoria-função do trabalhador. (...)
   d) Da alteração temporária de funções não resulte diminuição na retribuição. (...)
   e) Da alteração temporária de funções não resulte modificação substancial da posição do trabalhador. (...)
   f) Da alteração temporária de funções resulte para o trabalhador o tratamento mais favorável [ou, melhor dizendo, as vantagens inerentes] *que, porventura, corresponda às funções temporariamente desempenhadas. (...)*
   g) O trabalhador seja informado das razões determinantes do exercício do jus variandi.[528]

---

existisse, nunca poderia ser preenchida por aplicação analógica do art. 22.º, visto que as razões justificativas das duas situações não são as mesmas (art. 10.º do C.C.)." Prossegue dizendo, a páginas 1046, *in fine*, e 1047, que "a jurisprudência tem também aplicado o *ius variandi* a modificações temporárias do horário de trabalho, o que parece igualmente errado, pelos motivos acima apontados, devendo os dois problemas (modificação de funções e modificação do horário de trabalho) ser analisados autonomamente, sendo, desde logo, necessário verificar se o horário de trabalho foi acordado individualmente pelas partes (art. 12.º, n.º 3, al. b), da Lei n.º 21/96, de 23/07 [actual n.º 1 do artigo 173.º do CT])."

[528] AMADEU DIAS, "Polivalência...", *cit.*, pp. 41 e 42. Estes são os requisitos tradicionais do *ius variandi*. Encontram-se, actualmente, enumerados nos n.os 1, 2, 3 e 4 do artigo 314.º do CT. No ordenamento jurídico-laboral anterior, à excepção do último, encontravam-se enumerados no artigo 22.º, n.os 7 e 8,

De entre esta série de requisitos, convém salientar alguns aspectos merecedores de particular atenção. O primeiro dos quais, previsto no n.º 2 do artigo 314.º do CT, diz respeito à possibilidade que as partes têm de estipular a restrição do exercício do *ius variandi*.[529] Se, dentro dos limites do objecto do contrato de trabalho, se fixarem os serviços que, no decurso da relação de trabalho, irão ser exigíveis ao trabalhador (independentemente de toda e qualquer circunstância futura), é inevitável que se diga que o exercício pleno do *ius variandi* é, nestas situações, ilegítimo e abusivo – mesmo que estejam verificados todos os demais requisitos.[530]

---

da LCT. Quanto ao último (dever de informar o trabalhador das razões determinantes do exercício do *ius variandi*), apesar de não estar expressamente referido no texto legal anterior (artigo 22.º da LCT), considerava-se que o mesmo era de cumprimento obrigatório, de forma a permitir ao trabalhador aquilatar da legitimidade da ordem. Neste sentido, *vide* CATARINA CARVALHO, "O Exercício do...", *cit.*, pp. 1047 e 1048; Ac. RL de 17.07.1985, *CJ*, 1985, IV, p. 192: "O «*jus variandi*» reveste carácter de excepção, pelo que o seu exercício está dependente da convergência dos requisitos legais, onde se inclui o acordo do trabalhador. Na falta desse acordo não há desobediência ilegítima a ordem da entidade patronal que envolva o exercício do «*jus variandi*»."; Ac. RP de 07.07.1986, *cit.*: "(...) III – A entidade patronal deve dar conhecimento ao seu trabalhador dessa transitoriedade, sob pena de se ter como legítima a recusa dele em exercer essas novas funções, já que, em princípio, deve permanecer inalterada a prestação laboral"; e Ac. STJ de 06.12.1989, *BMJ*, 392.º, p. 362: "(...) XIII – Não basta que a variação do trabalho seja transitória, é ainda necessário dar conhecimento dessa transitoriedade ao trabalhador, para este poder então avaliar da legitimidade da ordem. (...)".

[529] Ou, segundo a nossa modesta opinião, de fazer depender a legitimidade do exercício do mesmo de acordo expresso do trabalhador. A este propósito, *vide* Ac. STJ de 08.11.1995, *BMJ*, 451.º, p. 207: "(...) III – O exercício indevido do *jus variandi*, por ausência de alguns dos seus pressupostos, nomeadamente o acordo do trabalhador exigido por cláusula de contrato colectivo de trabalho vertical e a transitoriedade do exercício das novas tarefas, confere ao trabalhador o direito de [des]obediência às ordens dele emanadas, que, desse modo, afectam os seus direitos; tais ordens, com efeito, consideram-se ilegítimas."

[530] ABÍLIO NETO, *Contrato de Trabalho...*, *cit.*, p. 142 (n. 4.7.), ainda que ao abrigo do regime anterior, defendia mesmo que, "atento o princípio da liberdade de forma, consagrado no artigo 6.º [da LCT], a relevância da estipulação a que se refere o n.º 2 [após a Lei n.º 21/96, de 23 de Julho, n.º 7 do artigo 22.º da LCT] não depende de haver sido reduzida a escrito, sendo suficiente a mera contratação verbal."

A alteração temporária das funções deve, nos termos do Código, ser fundamentada no *interesse da empresa*, e não no interesse do empregador. O *ius variandi* só deverá ser exercido quando a organização produtiva em que se insere o trabalhador tiver nessa variação um interesse efectivo (*verbi gratia*, quando se depare com falta de trabalhadores; com alterações de mercado ou técnicas). Estão, assim, afastadas razões de conveniência pessoal do empregador, bem como razões de natureza vexatória ou discriminatória.

Em terceiro lugar, há que tomar em consideração que o exercício do *ius variandi* deve revestir, obrigatória e necessariamente, carácter temporário.[531] Dado que a lei não refere o que deve ser entendido por *temporário*, existem determinados autores que defendem que "(...) *seria preferível* [de iure constituendo][532] *a consagração legislativa de uma solução idêntica à prevista no art. 2103.º do Código Civil Italiano, o qual estabelece que um trabalhador que desempenhe há mais de três meses tarefas correspondentes a uma categoria superior adquire o direito a ser reclassificado nessa categoria.*"[533]

Só mais um breve apontamento que se prende com a proibição da "*modificação substancial*" da posição do trabalhador. Esta cláusula geral tem sido preenchida em ordem a diversos factores: à *posição hierárquica* do trabalhador; ao *prestígio* ou *dignidade profissional* desse mesmo trabalhador; ao seu *posicionamento no processo de trabalho*; à *tutela das suas potencialidades e perspectivas*

---

[531] Tal como é referido no Ac. STJ de 16.06.1993, *ADSTA*, Ano XXXII, n.º 383, p. 1202, "(...) embora a lei não estabeleça prazo, é a natureza temporária e precária o traço fundamental do *Jus variandi*."

[532] Refira-se, a este respeito, que a entrada em vigor do CT (reitere-se, no dia 01 de Dezembro de 2003), nada trouxe de novo. É certo que se veio introduzir um número sem correspondência na anterior legislação (n.º 4 do artigo 314.º do CT). Porém, de acordo com tal preceito, o empregador apenas deverá indicar o *tempo previsível* de duração do *ius variandi*, nada se estabelecendo no que concerne aos limites máximos que deveriam ser permitidos para tal faculdade excepcional de exercício temporário de funções claramente não compreendidas no objecto do contrato de trabalho.

[533] CATARINA CARVALHO, "O Exercício do...", *cit.*, p. 1043.

profissionais (perspectivas de evolução e de melhoria de qualificação); e, finalmente, à *afinidade entre a natureza da tarefa ordenada e a correspondente à sua categoria profissional*.[534]

V – Do exposto decorre que estaremos perante um exercício ilegítimo e abusivo do *ius variandi* sempre que determinada entidade empregadora utilizar esta figura em manifesta inobservância e em claro desrespeito pelos requisitos que, cumulativamente, são exigidos pelo artigo 314.º do CT.[535]

Contudo, se um trabalhador se vir confrontado com uma ordem – que considere ser ilegítima – exigindo-lhe o exercício de funções não compreendidas na actividade contratada (isto é, no objecto do seu contrato de trabalho), ele poderá ser colocado perante uma situação muito delicada e deveras melindrosa.

Senão vejamos. Não acatando a ordem, correrá o risco de ser despedido com base numa desobediência ilegítima (caso a ordem venha a ser declarada lícita pelo tribunal).[536] Se a acatar, a sua atitude poderá ser entendida com uma espécie de assentimento tácito.[537]

Assim, somos de opinião que, preliminar ou incidentalmente aos autos principais destinados a aferir acerca da legitimidade da

---

[534] CATARINA CARVALHO, "O Exercício do...", *cit.*, pp. 1049 e 1050.

[535] ABÍLIO NETO, *Contrato de Trabalho...*, *cit.*, p. 142 (n. 4.4), entende ainda que "o exercício ilegítimo do *jus variandi* é uma conclusão a que se chegará tendo em conta vários factores, como, entre outros, a necessidade, a urgência da realização da tarefa e a existência, ou não, de trabalhadores disponíveis com categorias que estejam mais próximas do serviço a prestar, a prática habitual da empresa em casos semelhantes e a análise das relações entre o trabalhador e a estrutura hierárquica da empresa."

[536] De acordo com o Ac. STJ de 06.12.1989, *cit.*, "(...) o ónus da prova da legitimidade dessas ordens, ou seja, da correcta actuação dos poderes conferidos pelo referido artigo 22.º, n.º 2 [após a entrada em vigor da Lei n.º 21/96, n.º 7, da LCT; actualmente, 314.º do CT], incumbe à entidade patronal (...)". No mesmo sentido, *cfr.* Ac. RP de 07.07.1986, *CJ*, 1986, IV, p. 261; e Ac. RP de 24.05.1993, *CJ*, 1993, III, p. 269.

[537] Propugnando que não basta o mero cumprimento da ordem para que se possa falar em acordo tácito, *vide* CATARINA CARVALHO, "O Exercício do...", *cit.*, p. 1047.

ordem que impõe o exercício de funções não compreendidas no objecto do contrato de trabalho, o trabalhador possa – e deva – recorrer a um *procedimento cautelar comum*, solicitando ao tribunal que decrete uma providência tendente à retoma da actividade e das funções correspondentes à categoria profissional para a qual foi contratado.[538]

2.6. Privação, total ou parcial, da retribuição

I – A *retribuição* constitui um dos elementos essenciais do contrato de trabalho (consoante é facilmente detectável na noção legal deste último, que nos é fornecida pelos artigos 10.º do CT e 1152.º do CC).[539] Trata-se da obrigação principal que se encontra

---

[538] A exemplo do que é defendido, no direito italiano, por Giovanni Arieta, *I Provvedimenti* ..., *cit.*, p. 159: "Non sembra possa nemmeno essere negata, nonostante talune incertezze giurisprudenziali, la tutela, in via cautelare atipica ex art. 700, del diritto alle mansioni ex art. 13 Legge n. 300/70 in tutte le ipotesi nelle quali il lavoratore sia adibito a mansioni inferiori a quelle per le quali è stato assunto o a quelle corrispondenti alla categoria che abbia successivamente acquisito." A nível jurisprudencial nacional, veja-se o Ac. RL de 13.04.2005 (Proc. n.º 10.306/2004-4), *www.dgsi.pt*.

[539] Significa esta asserção que a prestação de trabalho não pode, de forma alguma, ser gratuita – ao contrário do que sucede, por exemplo, com o *contrato de prestação de serviços* (artigo 1154.º do CC), que pode ter ou não retribuição. Aliás, a *retribuição* tem sido utilizada (a par de uma série de outros critérios, quais sejam, o *local de trabalho*, o *horário de trabalho*, o *resultado do trabalho*, a *propriedade dos instrumentos de trabalho*, a *existência de pessoal assalariado dependente do trabalhador*, entre outros) como um dos indícios ou critérios distintivos para aferir a existência de uma subordinação jurídica (típica do *contrato de trabalho*) ou de uma autonomia (característica da *prestação de* serviços). Note-se, a este propósito, que a doutrina tem vindo, ultimamente, a sustentar que, a par dos indícios ou critérios clássicos referidos anteriormente – ditos *negociais* – há que tomar em consideração, para a distinção entre os contratos de trabalho e de prestação de serviços outros critérios ou indícios. Vide, neste sentido, Pedro Romano Martinez, *Direito do...*, *cit.*, p. 313: "Para além de indícios negociais, pode ter relevância a verificação de indícios externos ao contrato. Em primeiro lugar, o facto de o prestador de serviço desenvolver a mesma ou idêntica actividade para diferentes beneficiários indicia uma independência, não enquadrável na subordinação da relação laboral. (...) O tipo de

a cargo do empregador, e surge como *contrapartida* do trabalho prestado pelo trabalhador (artigo 249.º, n.º 1, *in* fine, do CT).[540-541]

Estando ligada por esta relação de reciprocidade, a *retribuição* (ou *salário*)[542] a que o prestador de trabalho tem direito é encarada

---

imposto pago pelo prestador da actividade pode ser elucidativo. A inscrição na Repartição de Finanças como trabalhador dependente ou independente e a declaração de rendimentos indicia o tipo de relação jurídica em que o prestador de actividade se insere. A inscrição do prestador de actividade na Segurança Social como trabalhador independente ou dependente também constitui índice para a qualificação da relação jurídica como prestação de serviço ou contrato de trabalho, respectivamente. E se o beneficiário da actividade inclui o nome do prestador do trabalho nas folhas de Segurança Social é de presumir a existência de um contrato de trabalho. Por último, o facto de o prestador da actividade se encontrar sindicalizado pode indiciar que o contrato é de trabalho e não de prestação de serviço."

[540] Artigo 249.º, n.º 1, do CT: "Só se considera retribuição aquilo a que, nos termos do contrato, das normas que o regem ou dos usos, o trabalhador tem direito como contrapartida do seu trabalho."

[541] A propósito da *retribuição*, *vide*, entre outros, B. G. LOBO XAVIER, "Introdução ao Estudo da Retribuição no Direito do Trabalho Português", *Revista de Direito e de Estudos Sociais*, Ano I (2.ª Série), n.º 1, pp. 65-102; ABÍLIO NETO, *Código do Trabalho e Legislação Complementar Anotados*, 3.ª edição actualizada, Lisboa, Ediforum, 2006, pp. 392-445; MARIA DO ROSÁRIO PALMA RAMALHO, *Direito do Trabalho – Parte II...*, *cit.*, pp. 535-582; MONTEIRO FERNANDES, *Direito do...*, *cit.*, pp. 435-484; PEDRO ROMANO MARTINEZ, *Direito do...*, *cit.*, pp. 557-606; e JÚLIO GOMES, *Direito do...*, *cit.*, pp. 759-793.

[542] Pese embora não ser esta a sede mais apropriada para o fazer, queremos dar conta de que, no âmbito desta matéria, reinava, até à entrada em vigor do novo CT (honra lhe seja feita!), uma certa *imprecisão terminológica*. Com efeito, era vulgar ouvirmos falar, na maioria das ocasiões, indistintamente, de *retribuição*, *remuneração*, *salário*, *ordenado*, *vencimento*, e quejandos. De todos estes termos, talvez, o mais usual seja o de *salário*. Não esquecendo que, entre nós, *salário* já serviu para designar a retribuição do *assalariado*, isto é, do trabalhador manual (por oposição à retribuição do *empregado* – trabalhador predominantemente intelectual – que, por seu turno, era apelidada de *ordenado*), a doutrina, a jurisprudência e, até, o legislador, empregam e aplicam, indiferenciadamente, ao lado do conceito de retribuição o de *salário*. Sendo de aplicação muito corrente entre a literatura jurídica internacional, em Portugal existem, também, alguns autores que o preferem – *cfr.*, a título ilustrativo, e no que à sua protecção diz respeito, JOÃO LEAL AMADO, *A Protecção do Salário*, Separata do volume XXXIX do Suplemento ao Boletim da Faculdade de Direito da Universidade de Coimbra, Coimbra, 1993.

com dissemelhança de perspectivas quer por si, quer por parte da sua entidade empregadora. Para esta, a *retribuição* é concebida como um preço ou como um custo de produção; para aquele, ao invés, a retribuição é encarada como um meio de subsistência e de satisfação das suas necessidades pessoais e familiares.

Conforme refere MONTEIRO FERNANDES, "*a noção legal de retribuição, conforme se deduz do art. 249.º, será a seguinte: o conjunto dos valores (pecuniários ou não) que a entidade patronal está obrigada a pagar regular e periodicamente ao trabalhador em razão da actividade por ele desempenhada (ou, mais rigorosamente, da disponibilidade de força de trabalho por ele oferecida).*"[543]

II – Da noção legal fornecida *supra*, constata-se que a *retribuição* é um conjunto de valores, expressos ou não em dinheiro (artigo 267.º, n.º 1, do CT),[544] que, de acordo com o artigo 249.º, n.º 2, do CT, não se reconduz, única e exclusivamente, à *retribuição base* percebida periodicamente.[545]

Nela cabe, outrossim, o valor dos bens que, conjuntamente com uma parte pecuniária, são entregues pelo empregador em contrapartida do trabalho prestado. Estamos a aludir, *verbi gratia*, ao alojamento, à alimentação e, quando não forem inerentes à prestação de trabalho ou não forem impostas por regras de higiene e de segurança,[546] às peças de vestuário. Todavia, no que tange a estes

---

[543] MONTEIRO FERNANDES, *Direito do...*, cit., p. 456.

[544] Artigo 267.º, n.º 1, do CT: "A retribuição deve ser satisfeita em dinheiro ou, estando acordado, parcialmente em prestações de outra natureza."

[545] Em face do artigo 269.º, n.º 1, do CT, "A obrigação de satisfazer a retribuição vence-se por períodos certos e iguais, que, salvo estipulação ou usos diversos, são a semana, a quinzena ou o mês do calendário."

[546] Como se diz no preâmbulo do DL n.º 480/99, de 09 de Novembro (DL que aprovou o actual CPT), "(...) reflectindo as preocupações crescentes do ordenamento jurídico-laboral português e do próprio direito comunitário [e, acrescentamos nós, do próprio ordenamento jurídico-constitucional – artigo 59.º, n.º 1, alínea c), da CRP: "Todos os trabalhadores (...) têm direito (...) à prestação do trabalho em condições de higiene, segurança e saúde"] em matéria de higiene, segurança e saúde no trabalho, e tendo em conta a incidência preocupante de acidentes de trabalho e de doenças profissionais, com enormes

mesmos bens, há que atender sempre ao que vem preceituado no artigo 267.º, n.º 3, do CT.[547]

A *retribuição* compreende, de igual forma, todas as prestações, obrigatoriamente, efectuadas pela entidade empregadora.

> Ao lado da retribuição-base, generalizaram-se gratificações de diversa natureza, conhecidas pelas mais variadas designações: subsídio de férias, gratificação de Natal (ou também «décimo-terceiro mês»), gratificação de balanço, subsídio de Páscoa, prémio ou gratificação de assiduidade, etc.. Sob a aparência de liberalidades recompensatórias que o próprio termo «gratificação» sugere, trata--se realmente, na maioria dos casos, de prestações salariais suplementares, caracterizadas por uma periodicidade distinta da do salário-base. (...) Tais são as gratificações ordinárias a que se reporta o art. 261.º/2, e cuja integração no cômputo global da retribuição se fundamenta, quer na sua obrigatoriedade (legal ou convencional), quer na sua «importância» e no seu «carácter regular e permanente».[548]

Pelo contrário, por não revestirem este carácter de obrigatoriedade, são, desde logo, excluídas do conceito de *retribuição* as meras *liberalidades* (prémios ou recompensas atribuídos com

---

custos humanos e económicos, directos e indirectos, cria-se, *ex novo*, um procedimento [cautelar] especificado dirigido à protecção daqueles valores, o que se crê poder vir a constituir um importante instrumento de pedagogia individual e social de sensibilização de todos os intervenientes no mundo do trabalho, bem como um meio expedito e idóneo ao dispor dos trabalhadores para salvaguarda da respectiva saúde, quando não da própria vida, tudo sem prejuízo do dever de intervenção nesta matéria de quaisquer entidades competentes." Assim sendo, no Livro I (*Do Processo Civil*), Título III (*Processo*), Capítulo IV (*Dos procedimentos cautelares*), Secção II (*Procedimentos cautelares especificados*), Subsecção III, mais concretamente nos artigos 44.º a 46.º do CPT, disciplina-se o procedimento cautelar de *protecção da segurança, higiene e saúde no trabalho*.

[547] Artigo 267.º, n.º 3, do CT: "A parte da retribuição satisfeita em prestações não pecuniárias não pode exceder a parte paga em dinheiro, salvo se outra coisa for estabelecida em instrumento de regulamentação colectiva de trabalho."

[548] MONTEIRO FERNANDES, *Direito do...*, *cit.*, p. 468.

animus donandi).[549] Embora por razões diversas, resultam, igualmente, e por via de regra, excluídas as *ajudas de custo* e outros *abonos*,[550] e a *participação nos lucros*.[551]

III – O empregador pode efectuar o *pagamento* da retribuição por intermédio de *cheque bancário*, de *vale postal* ou de *depósito à ordem*, ainda que sem o consentimento do trabalhador, contanto que o montante da *retribuição*, em dinheiro, esteja à disposição destoutro na data do vencimento ou no dia útil imediatamente anterior, e contanto que as despesas comprovadamente efectuadas pelo trabalhador com a conversão dos títulos de crédito em dinheiro ou com o levantamento, por uma só vez, da retribuição, sejam suportadas pelo empregador.[552]

Note-se, de igual modo, que "*No acto do pagamento da retribuição, o empregador deve entregar ao trabalhador documento do*

---

[549] São as *gratificações extraordinárias* previstas no artigo 261.º, n.º 1, alíneas a) e b), do CT: "Não se consideram retribuição: a) As gratificações ou prestações extraordinárias concedidas pelo empregador como recompensa ou prémio pelos bons resultados obtidos pela empresa; b) As prestações decorrentes de factos relacionados com o desempenho ou mérito profissionais, bem como a assiduidade do trabalhador, cujo pagamento, nos períodos de referência respectivos, não esteja antecipadamente garantido."

[550] Isto porque, tal como explica ABÍLIO NETO, *Contrato de Trabalho...*, cit., pp. 263, *in fine*, e 264, "as ajudas de custo e outros abonos, referidos na 1.ª parte deste artigo [87.º da LCT – actual n.º 1 do artigo 260.º do CT], não são considerados como retribuição, porque e na medida em que representam o reembolso de despesas já feitas ou a fazer pelo trabalhador no cumprimento ou execução da prestação do trabalho. Daí que se esteja perante uma simples compensação de uma diminuição patrimonial, real ou presumida, sem que ao trabalhador advenha uma efectiva utilidade ou acréscimo de rendimento do trabalho." Porém, dissemos *por via de regra* dado que "se: a) as deslocações em serviço são frequentes; b) e as importâncias recebidas excedem as respectivas despesas normais, e c) finalmente, se esse excedente foi previsto no contrato ou deve considerar-se pelos usos como elemento integrante da remuneração [ou, melhor dizendo, da retribuição] – temos então que, *nessa parte*, entram para o cálculo da retribuição."

[551] Artigo 262.º do CT: "Não se considera retribuição a participação nos lucros da empresa, desde que ao trabalhador esteja assegurada pelo contrato uma retribuição certa, variável ou mista, adequada ao seu trabalho."

[552] Artigo 267.º, n.º 4, alíneas a) e b), do CT.

qual conste a identificação daquele e o nome completo deste, o número de inscrição na instituição de Segurança Social respectiva, a categoria profissional, o período a que respeita a retribuição, discriminando a retribuição base e as demais prestações, os descontos e deduções efectuados e o montante líquido a receber." [553]

A *retribuição*, sem prejuízo do disposto no n.º 4 do artigo 267.º do CT, deve ser satisfeita no lugar onde o trabalhador presta a sua actividade, salvo se outro for acordado (artigo 268.º, n.º 1, do CT). Se tal ocorrer, isto é, se tiver sido estipulado lugar diverso do da prestação de trabalho, o tempo que o trabalhador despender para receber a *retribuição*, considera-se tempo de trabalho (artigo 268.º, n.º 2, do CT).

Ainda no que à *retribuição* diz respeito, temos, incontornavelmente, de referir que, apesar de esta poder ser estipulada com base na *hora* ou no *dia* de trabalho, ela só se vencerá – isto é, só se tornará exigível – semanalmente, quinzenalmente ou, como entre nós é mais frequente acontecer, mensalmente.[554]

Toda a disciplina jurídica do *tempo do cumprimento da retribuição* assenta sobre o princípio ou regra da *pós-numeração*.[555] Não espanta, pois, que a entidade empregadora se veja munida de uma posição de privilégio relativamente ao trabalhador. Com efeito, *"(...) esta pode eximir-se ao cumprimento total ou parcial da retribuição se, no período correspondente, tiver faltado ou sido incompleta a disponibilidade da força de trabalho; mas o trabalhador já terá cumprido a sua parte quando, porventura, se verifique o não-pagamento da retribuição correspondente."*[556]

---

[553] Artigo 267.º, n.º 5, do CT.

[554] Diga-se, ainda a propósito deste elemento *tempo*, que, segundo o preceituado no n.º 2 do artigo 269.º do CT, "o cumprimento [da obrigação retributiva] deve efectuar-se nos dias úteis, durante o período de trabalho ou imediatamente a seguir a este."

[555] Ou, como menciona MONTEIRO FERNANDES, *Direito do...*, cit., p. 480, "(...) princípio da *anterioridade da prestação de trabalho em relação ao pagamento da retribuição*". No entanto, como salienta JOÃO LEAL AMADO, *A Protecção...*, cit., p. 80 (n. 38), podemos encontrar um afastamento desta regra no artigo 6.º, n.º 1, *in fine*, do DL n.º 874/76 (actual artigo 255.º, n.º 3, do CT), nos termos do qual a retribuição relativa ao período de férias deve ser paga (salvo acordo escrito em contrário) antes do início desse período.

[556] MONTEIRO FERNANDES, *Direito do...*, cit., p. 480.

IV – Ora, é precisamente sobre este ponto que vamos concentrar, por instantes, a nossa atenção. E se o empregador não paga, total ou parcialmente, a dívida de *retribuição*?

De acordo com o n.º 4 do artigo 269.º do CT, "*O empregador fica constituído em mora se o trabalhador, por facto que não lhe for imputável, não puder dispor do montante da retribuição na data do vencimento.*" Quais serão, portanto, as possíveis consequências derivadas da mora do empregador?

A resposta a esta questão passa, actualmente, e após a entrada em vigor da Lei n.º 35/2004, de 29 de Julho (RCT), pelo artigo 364.º, n.º 2, do CT, que confere ao trabalhador "*(...) a faculdade de suspender a prestação de trabalho ou de resolver o contrato decorridos, respectivamente, quinze ou sessenta dias após o não pagamento da retribuição, nos termos previstos em legislação especial*", isto é, nos termos previstos nos artigos 300.º e seguintes da RCT.[557]

Os artigos 300.º e seguintes da RCT correspondem, embora com alterações significativas, ao regime que se encontrava implementado pela LSA.[558] Com efeito, o trabalhador que não queira (ou não possa) suportar a mora da sua entidade empregadora, con-

---

[557] Atendendo ao que vem preceituado no artigo 21.º, n.º 2, alínea e), da lei que aprovou o CT (Lei n.º 99/2003, de 27 de Agosto) – "Com a entrada em vigor das normas regulamentares são revogados os seguintes diplomas: (...) e) Lei n.º 17/86, de 14 de Junho (Lei dos salários em atraso);" – até à data da entrada em vigor da RCT (de acordo com o artigo 3.º da Lei n.º 35/2004, de 29.07, "a presente lei entr[ou] em vigor 30 dias após a sua publicação") – a resposta a esta questão tinha, inelutavelmente, que passar pela LSA. A propósito desta última, *vide* SOVERAL MARTINS, *Legislação Anotada Sobre Salários em Atraso*, Coimbra, Centelha, 1986.

[558] Mais concretamente, pelo seu artigo 3.º, n.º 1 (com a redacção que lhe foi conferida pelo DL n.º 402/91, de 16 de Outubro), e que, relembre-se, estabelecia o seguinte: "Quando a falta de pagamento pontual da retribuição se prolongue por período superior a 30 dias sobre a data do vencimento da primeira retribuição não paga, podem os trabalhadores, isolada ou conjuntamente, rescindir o contrato com justa causa ou suspender a sua prestação de trabalho, após notificação à entidade patronal e à Inspecção-Geral do Trabalho, por carta registada com aviso de recepção, expedida com a antecedência mínima de 10 dias, de que exercem um ou outro desses direitos, com eficácia a partir da data da rescisão ou do início da suspensão."

tinua, em alternativa, a ter ao seu dispor a possibilidade de lançar mão da *suspensão da prestação de trabalho* (prevista, actualmente, nos artigos 303.º a 307.º da RCT)[559] ou da *resolução do contrato de trabalho* (artigo 308.º da RCT).[560]

Optando por esta última – *resolução do contrato de trabalho* –,[561] o trabalhador tem direito a uma *indemnização* calculada nos termos previstos no artigo 443.º do CT;[562] a *prestações de*

---

[559] Normas legais que correspondem, com algumas alterações, aos artigos 4.º, 5.º, 7.º e 10.º da LSA. Atente-se, a propósito do actual regime da *suspensão da prestação de trabalho*, aos ensinamentos de MARIA DO ROSÁRIO PALMA RAMALHO, *Direito do Trabalho – Parte II...*, cit., p. 577: "A suspensão do contrato de trabalho segue o regime previsto nos arts. 303.º a 307.º da RCT. O processo de declaração da situação de suspensão inicia-se com a certificação, pelo empregador, do atraso no pagamento da retribuição superior a quinze dias (art. 303.º), e passa pela comunicação da decisão de suspensão à Inspecção--Geral do Trabalho. Durante o tempo de suspensão, mantêm-se os direitos, deveres e garantias das partes que não pressuponham a efectiva realização do trabalho, continuam a vencer-se os juros de mora em relação à retribuição devida até à declaração de suspensão (art. 304.º) e o trabalhador tem o direito às prestações de desemprego nos termos previstos no respectivo regime jurídico (art. 306.º) [ver, a este propósito, os artigos 28.º, 29.º e 37.º do DL n.º 220/2006, de 03.11], bem como a desenvolver outra actividade durante o tempo de suspensão (art. 307.º). A suspensão do contrato de trabalho cessa nos termos do art. 305.º, com o pagamento das retribuições em dívida e mediante comunicação das partes nesse sentido à Inspecção-Geral do Trabalho, ou com a celebração de um acordo entre elas tendente à regularização das dívidas."

[560] Que corresponde à anterior *rescisão unilateral com justa causa* (artigo 6.º da LSA).

[561] O que, de acordo com o n.º 1 do artigo 308.º da RCT, só poderá ser efectivado "quando a falta de pagamento pontual da retribuição se prolongue por período de 60 dias sobre a data do [respectivo] vencimento (...)". Refira-se, a este propósito, que o prazo previsto na LSA (designadamente, no artigo 3.º, n.º 1), era de apenas 30 (trinta) dias sobre a data do vencimento da primeira retribuição não paga.

[562] *Ex vi* artigo 308.º, n.º 3, alínea a), da RCT. A indemnização – por todos os danos patrimoniais e não patrimoniais sofridos – será, portanto, fixada entre 15 (quinze) e 45 (quarenta e cinco) dias de retribuição base e diuturnidades por cada ano completo de antiguidade, devendo o valor de referência, no caso de fracção de ano, ser calculado de forma proporcional, não podendo, todavia, a sobredita indemnização, independentemente da antiguidade do trabalhador, ser inferior a 3 (três) meses de retribuição base e diuturnidades.

desemprego;[563] e a *prioridade na frequência de curso de reconversão profissional, subsidiado pelo serviço público competente na área da formação profissional*.[564]

No entanto, pese embora a existência de uma *regulamentação* específica acerca desta matéria de incumprimento contratual, o legislador laboral, através do artigo 441.º, n.º 2, alínea a),[565] e n.º 3, alínea c),[566] do CT, disciplina, outrossim, esta temática da *falta de pagamento pontual da retribuição*. Então, como se compatibilizam os dois regimes?[567]

No que concerne à falta *culposa* de pagamento pontual da retribuição (artigo 441.º, n.º 2, alínea a), do CT), quando o atraso no pagamento for superior a 60 (sessenta) dias (ou, antes de decorrido tal hiato temporal, quando o empregador, a pedido do trabalhador, declarar por escrito a previsão de não pagamento do montante da retribuição em falta até ao termo daquele prazo),[568] o trabalhador pode exercer o seu direito à resolução do contrato, devendo respeitar o prazo *supra* e não o prazo geral de 30 (trinta) dias, previsto no artigo 442.º, n.º 1, do CT (*lex specialis derogat legi generali*).[569]

Já quanto à falta *não culposa* de pagamento pontual da retribuição (artigo 441.º, n.º 3, alínea c), do CT),[570] a mesma confere,

---

[563] Artigo 308.º, n.º 3, alínea b), da RCT.

[564] Artigo 308.º, n.º 3, alínea c), da RCT.

[565] Artigo 441.º, n.º 2, alínea a), do CT: "Constituem justa causa de resolução do contrato pelo trabalhador (...) [a] falta culposa de pagamento pontual da retribuição."

[566] Artigo 441.º, n.º 3, alínea c), do CT: "Constitui ainda justa causa de resolução do contrato pelo trabalhador (...) [a] falta não culposa de pagamento pontual da retribuição."

[567] Esta necessidade de compatibilizar os dois regimes já se fazia sentir antes da entrada em vigor do CT e da RCT, então entre os artigos 35.º do RJCCT e o 3.º da LSA. Ver, a este propósito, PEDRO FURTADO MARTINS, *Cessação do Contrato de Trabalho*, 2.ª edição, s.l., Princípia, 2002, pp. 189-190.

[568] Artigo 308.º, n.º 2, da RCT.

[569] *Cfr.*, no mesmo sentido, MARIA DO ROSÁRIO PALMA RAMALHO, *Direito do Trabalho – Parte II...*, *cit.*, pp. 911, *in fine*, e 912.

[570] Situação que, a par das alíneas a) e b) do n.º 3 do artigo 441.º do CT, é qualificada pela doutrina como uma situação de *justa causa objectiva* de resolução, dado que, ao contrário da *justa causa subjectica* (alíneas a) a f) do

outrossim, o direito à resolução do contrato de trabalho, embora, dado o teor do n.º 1 do artigo 443.º do CT ("*A resolução do contrato com fundamento nos factos previstos no n.º 2 do artigo 441.º confere ao trabalhador o direito a uma indemnização (...)*"), o legislador não tenha estabelecido qualquer indemnização para este fundamento específico de cessação do contrato de trabalho por iniciativa do trabalhador.

Porém, tal como refere M.ª ROSÁRIO PALMA RAMALHO, "*Deve, contudo, ter-se presente o regime especial – e mais favorável ao trabalhador – que decorre do art. 308.º da RCT, no caso da situação de justa causa que se reporta ao não pagamento pontual da retribuição (...)*",[571] conferindo-se-lhe, portanto, o direito à indemnização que vem prevista no artigo 443.º do CT.

V – Uma outra hipótese que tem sido aventada para fazer face à situação da falta de pagamento pontual da retribuição, tem sido a do recurso à figura da *excepção do não cumprimento do contrato*.[572] Com efeito, a sua utilização tem sido preconizada por alguma da mais avalizada doutrina nacional.[573]

---

n.º 2 do artigo 441.º do CT), não se reporta a um comportamento culposo do empregador. Neste sentido, veja-se MARIA DO ROSÁRIO PALMA RAMALHO, *Direito do Trabalho – Parte II...*, *cit.*, pp. 908, *in fine*, e 909.

[571] MARIA DO ROSÁRIO PALMA RAMALHO, *Direito do Trabalho – Parte II...*, *cit.*, p. 915.

[572] A *exceptio non adimpleti contractus* é uma figura típica dos contratos sinalagmáticos, encontrando-se genericamente regulada no artigo 428.º do CC ("1. Se nos contratos bilaterais não houver prazos diferentes para o cumprimento das prestações, cada um dos contraentes tem a faculdade de recusar a sua prestação enquanto o outro não efectuar a que lhe cabe ou não oferecer o seu cumprimento simultâneo"). Para maiores desenvolvimentos, *cfr.* ADRIANO PAES DA SILVA VAZ SERRA, "Excepção de Contrato Não Cumprido (*Exceptio Non Adimpleti Contractus*)", *BMJ*, 67.º, pp. 17-184; JOSÉ JOÃO NUNES ABRANTES, *A Excepção de Não Cumprimento do Contrato no Direito Civil Português – Conceito e Fundamento*, Coimbra, 1986; ANTUNES VARELA, *Das Obrigações em Geral*, vol. I, 10.ª edição (4.ª reimpressão da edição de 2000), Coimbra, Almedina, 2006, pp. 398- -402; e MÁRIO JÚLIO DE ALMEIDA COSTA, *Direito das Obrigações*, 10.ª edição reelaborada, Coimbra, Almedina, 2006, pp. 362-367.

[573] JOSÉ JOÃO NUNES ABRANTES, "Salários em Atraso e Excepção de Não Cumprimento do Contrato", *Revista de Direito e de Estudos Sociais*, Ano XXXI

Acompanhando JOÃO LEAL AMADO,[574] "(...) *nada obsta a – antes tudo aponta para – que o trabalhador, verificada a falta de pagamento pontual do salário de Janeiro recuse, por seu turno, a sua prestação laboral em Fevereiro, até que tal pagamento seja efectuado – fazendo uso, justamente, da «exceptio», aliás no desempenho pleno da dupla função que a esta se costuma assinalar* [função de garantia e coercitiva]."

Para os defensores da utilização da *exceptio*, em sede laboral, esta figura será sempre admitida, não só por invocação do artigo 428.º do CC, mas também por ela se encontrar, desde a LSA,[575] e de forma expressa, consagrada no nosso ordenamento jurídico-laboral.

Na verdade, "(...) *esta introdução* [da figura da «exceptio» no ordenamento juslaboral pátrio] *(...) deu*[-se] *sob nome falso porque, na verdade, o chamado direito de suspensão da prestação de trabalho, previsto nos arts. 3.º e 4.º de tal diploma* [da LSA – actuais artigos 303.º a 307.º da RCT], *afasta-se de forma clara do típico instituto da suspensão do contrato (...),*[576] *em tudo se aproximando da excepção de não cumprimento: com efeito, a suspensão do contrato de trabalho «propriamente dita» constitui um expediente de protecção do devedor, exonerando-o de cumprir (...), e não um*

(IV da 2.ª Série), n.ºˢ 1 e 2, pp. 175-195; JOÃO LEAL AMADO, *A Protecção...*, cit., pp. 102-114; PEDRO ROMANO MARTINEZ, *Direito do...*, cit., pp. 763-767; e JÚLIO GOMES, *Direito do...*, cit., pp. 869-878. Em sentido contrário, ou seja, da inaplicabilidade da figura da *excepção do não cumprimento do contrato* ao contrato de trabalho, MARIA DO ROSÁRIO PALMA RAMALHO, *Direito do Trabalho – Parte II...*, cit., p. 575.

[574] JOÃO LEAL AMADO, *A Protecção...*, cit., p. 105.

[575] Tal como refere JOSÉ JOÃO NUNES ABRANTES, "Salários em...", cit., p. 195; e PEDRO ROMANO MARTINEZ, *Direito do...*, cit., p. 765: "O regime da excepção de não cumprimento no âmbito laboral – designada por «suspensão do contrato de trabalho» – consta dos arts. 303.º e ss. da LECT [abreviatura de Legislação Especial do Código do Trabalho – Lei n.º 35/2004, de 29.07 – que é por nós designada por RCT]."

[576] Anteriormente regulado pelo DL n.º 398/83, de 02 de Novembro (alterado, por seu turno, pelo DL n.º 64-B/89, de 27 de Fevereiro, e pelo DL n.º 210/92, de 02 de Outubro) – actualmente previsto nos artigos 330.º e seguintes do CT.

meio à disposição do credor para responder ao incumprimento do devedor, como sucede no art. 3.º da LSA."[577]

Porém, o modo pelo qual se veio disciplinar a *exceptio* não é, de maneira alguma, o mais atractivo para a esmagadora maioria dos trabalhadores. Desobrigando-se a entidade empregadora de pagar as retribuições vincendas (obrigando-a, tão-somente, e nos termos do preceituado no artigo 304.º, n.º 1, da RCT, a pagar as vencidas até ao início da suspensão e os respectivos juros de mora),[578] contribui-se, decisivamente, para o agravamento da situação económico-financeira do trabalhador e, por consequência, do seu agregado familiar.

Destarte, a grande preocupação do trabalhador é, em regra, a de manter o seu posto de trabalho (e a estabilidade do seu emprego), tentando fazer valer o seu direito à retribuição. Assim, deve concluir-se que *"(...) a tutela do direito ao salário pode e deve ser reforçada nesta sede, o que acontecerá se e quando o legislador, atendendo à função alimentar deste direito, regulamentar a «exceptio» de forma a que esta não acarrete qualquer perda de retribuição para os trabalhadores."*[579]

VI – Ou, adiantamos nós, e regressando ao terreno puramente adjectivo, fazendo uso da tutela cautelar. Partindo do raciocínio anteriormente expendido, ou seja, reconhecendo a *função alimentar da retribuição*, o trabalhador que pretenda manter o seu vínculo

---

[577] JOÃO LEAL AMADO, *A Protecção...*, cit., pp. 110 e 111.

[578] E conferindo, outrossim, ao trabalhador, a partir do início da suspensão da prestação do trabalho e enquanto esta durar, o direito a *prestações de desemprego* – artigo 306.º n.º 1 da RCT e artigos 28.º, 29.º e 37.º do DL n.º 220/2006, de 03.11. Refira-se, ainda a este propósito, que, de acordo com o n.º 2 do artigo 306.º da RCT, "As prestações de desemprego podem também ser atribuídas em relação ao período a que respeita a retribuição em mora, desde que tal seja requerido e o empregador declare, a pedido do trabalhador, no prazo de cinco dias, ou em caso de recusa, mediante declaração da Inspecção-Geral do Trabalho, o incumprimento da prestação no período em causa, não podendo, porém, o seu quantitativo ser superior a um subsídio por cada três retribuições mensais não recebidas."

[579] JOÃO LEAL AMADO, *A Protecção...*, cit., p. 113.

laboral deve ter a possibilidade de, preliminar ou incidentalmente a uma acção de condenação do empregador/inadimplente ao pagamento das retribuições em dívida (e, eventualmente, de uma indemnização pelos danos ocasionados pela mesma falta de pagamento), recorrer aos *procedimentos cautelares*.

Não se deve perder nunca de vista que, pelo facto de estar privado da sua retribuição, o trabalhador estará, decerto, a ser vítima de uma série de lesões graves e de difícil reparação.[580] Assim, se não pretender exercer o seu direito a resolver o contrato de trabalho,[581] o trabalhador deve ter a oportunidade de instaurar um *procedimento cautelar comum*, onde solicite a antecipação imediata das quantias retributivas em dívida e a intimação da entidade empregadora para que esta se abstenha de condutas que o privem da percepção da sua retribuição.

No que diz respeito à primeira *providência cautelar*, ela "(...) *exercerá função semelhante à que é atribuída ao arbitramento de reparação provisória emergente da responsabilidade civil, encontrando apoio directamente na norma do art. 381.º, n.º 1, do CPC, quando aqui se prevê, sem restrições atinentes à natureza do direito ou da relação jurídica de que deriva, a antecipação dos efeitos da sentença, verificadas que sejam determinadas circunstâncias.*"[582-583]

---

[580] Pensemos no caso – mais comum do que à primeira vista possa parecer – de um trabalhador que contraiu, junto da banca, vários empréstimos (*verbi gratia*, para aquisição de habitação, de automóvel, de electrodomésticos). Ora, vendo-se privado da sua *retribuição*, vê-se, do mesmo modo, privado da possibilidade de amortizar os empréstimos anteriormente contraídos, com o inerente leque de consequências nefastas que daí advém.

[581] Ou pelo facto de já não se encontrar em idade para arranjar outro emprego; ou pelo facto de ter começado a trabalhar há muito pouco tempo, tendo, portanto, direito a uma *indemnização de antiguidade* irrisória.

[582] ABRANTES GERALDES, *Temas da Reforma..., cit.*, vol. IV, p. 347 (n. 626).

[583] Indo um pouco mais além desta semelhança entre as funções da providência cautelar de pagamento imediato das quantias retributivas em dívida e do procedimento cautelar de *arbitramento de reparação provisória*, somos apologistas de que este procedimento cautelar pode ser aplicado, perfeitamente, no âmbito do direito processual do trabalho, mais concretamente nesta matéria de

VII – Tomando ainda em consideração o manifesto *carácter alimentar da retribuição*, arriscámo-nos a avançar com outra hipótese de aplicação da tutela cautelar atípica (como é óbvio, no que à *retribuição* concerne). Segundo o artigo 265.º, n.º 1, do CT,

---

retribuições em dívida. E isto mercê da aplicação conjugada dos artigos 403.º, n.º 4, do CPC (" *O disposto nos números anteriores* [1. Como dependência da acção de indemnização (...), podem os lesados (...) requerer o arbitramento de quantia certa, sob a forma de renda mensal, como reparação provisória do dano; 2. O juiz deferirá a providência requerida, desde que se verifique uma situação de necessidade em consequência dos danos sofridos e esteja indiciada a existência de obrigação de indemnizar a cargo do requerido; 3. A liquidação provisória, a imputar na liquidação definitiva do dano, será fixada equitativamente pelo tribunal] *é também aplicável aos casos em que a pretensão indemnizatória se funde em dano susceptível de pôr seriamente em causa o sustento ou habitação do lesado* [itálico nosso]") e do artigo 47.º do CPT. Acompanhando, em parte, C. M. FERREIRA DA SILVA, "Providências...", *cit.*, p. 73, somos de opinião que o *arbitramento de reparação provisória* pode ser utilizado naqueles casos "(...) em que, subsistindo a relação de trabalho, a remuneração ou parte significativa dela deixam de ser pontualmente pagas." Contudo, entendemos que este procedimento cautelar não é idóneo para obter o próprio pagamento antecipado das quantias retributivas em dívida. Este papel deve estar reservado, tão-só, para o nosso *procedimento cautelar comum*. Não podemos olvidar que o n.º 4 do artigo 403.º do CPC se refere, única e exclusivamente, a uma *"pretensão indemnizatória"*. Ora, aquilo que está em causa, no tocante aos próprios montantes retributivos em dívida, não é, seguramente, uma indemnização. Todavia, como já disséramos, defendemos que o trabalhador possa pedir, a par da antecipação imediata das quantias retributivas em dívida, uma indemnização por danos patrimoniais e não patrimoniais, entretanto, sofridos. Aqui sim. De modo a reparar provisoriamente esses danos, poderá o trabalhador, quando a sua situação já for tão aflitiva que lhe esteja a colocar em causa o sustento ou a habitação, requerer, sob a forma de renda mensal, o arbitramento de uma quantia. Refira-se, em último lugar, que, segundo o disposto no artigo 392.º, n.º 3, *in fine*, do CPC, nada impede a cumulação de providências cautelares a que caibam formas de procedimento diversas (pode, muito bem, ser o caso de uma cumulação entre uma providência cautelar inominada de antecipação de quantias retributivas, e de uma providência cautelar de arbitramento de uma dada quantia, sob a forma de renda mensal, como reparação provisória de um dano sofrido). *Vide*, a propósito do procedimento cautelar de *arbitramento de reparação provisória*, CÉLIA SOUSA PEREIRA, *Arbitramento de Reparação Provisória*, Coimbra, Almedina, 2003; e JOÃO CURA MARIANO, *A Providência Cautelar de Arbitramento de Reparação Provisória*, 2.ª edição, Coimbra, Almedina, 2006.

"compete ao julgador, tendo em conta a prática na empresa e os usos do sector ou locais, fixar a retribuição quando as partes o não fizerem e ela não resulte das normas de instrumento de regulamentação colectiva de trabalho aplicável ao contrato."

No contrato de trabalho é essencial que haja uma *retribuição*. Mas já não é essencial que esta seja logo determinada ou sequer determinável. Assim, a lei prevê a fixação judicial da retribuição. Porém, na maioria das situações, o trabalhador não pode ficar à espera de uma sentença final. Como forma de ver ser-lhe atribuído um montante retributivo, ainda que provisório, o trabalhador poderá recorrer a um *procedimento cautelar comum*.

VIII – Pese embora a doutrina e a jurisprudência nacionais ainda estarem pouco sensibilizadas para a possibilidade de aplicação, no que à matéria retributiva diz respeito, do *procedimento cautelar comum*,[584] esperamos que, muito em breve, e a exemplo do que se passa no direito italiano,[585] passe a figurar entre os meios de tutela dos créditos retributivos.

2.7. Ofensas aos direitos de personalidade do trabalhador

I – Como frisa C. A. MOTA PINTO,

> *(...) mesmo que, no domínio patrimonial lhe não pertençam por hipótese quaisquer direitos – o que é praticamente inconcebível – sempre a pessoa é titular de um certo número de direitos absolutos (...), que se impõem ao respeito de todos os outros, incidindo sobre os vários modos de ser físicos ou morais da sua personalidade.*

---

[584] Com a honrosa excepção, a nível doutrinal, de ALBINO MENDES BAPTISTA, *Código de...*, cit., p. 93; e de ABRANTES GERALDES, *Temas da Reforma...*, cit., vol. IV, p. 347. A nível jurisprudencial, vide Ac. RL de 13.03.1996, cit. (embora, por outra ordem de razões, o pedido formulado nesta *providência cautelar não especificada* tenha sido indeferido); e Ac. STJ de 11.04.2000 (Proc. n.º 2610/99-4), www.cidadevirtual.pt/stj/jurisp/HorarioTrabalho.html.

[585] Ver, para o efeito, a título puramente ilustrativo, MARINA RUDAN, "Provvedimenti d'Urgenza in Tema di Retribuzione", *Rivista Trimestrale di Diritto e Procedura Civile*, Anno XVI (1962), pp. 362-375; e GIOVANNI ARIETA, *I Provvedimenti...*, cit., pp. 148-153.

São os chamados direitos de personalidade (...). São direitos gerais (todos deles gozam), extrapatrimoniais (embora as suas violações possam originar uma reparação em dinheiro, não têm, em si mesmos, valor pecuniário) e absolutos. Incidem (...) sobre a vida da pessoa, a sua saúde física, a sua integridade física, a sua honra, a sua liberdade física e psicológica, o seu nome, a sua imagem, a reserva sobre a intimidade da sua vida privada. É este um círculo de direitos necessários; um conteúdo mínimo e imprescindível da esfera jurídica de cada pessoa.[586-587]

Em Portugal, a *tutela geral da personalidade*[588] encontra-se genericamente estabelecida no artigo 70.º do CC.[589] Com efeito, através do seu n.º 1, *"(...) pode, sem dúvida, inferir-se a existência de uma série de direitos (à vida, à integridade física, à liberdade,*

---

[586] C. A. Mota Pinto, *Teoria Geral do Direito Civil*, 4.ª edição por António Pinto Monteiro e Paulo Mota Pinto, s.l., Coimbra Editora, 2005, pp. 208, *in fine*, e 209.

[587] Para maiores desenvolvimentos acerca dos *direitos de personalidade*, vide, entre outros, Diogo Leite de Campos, "O Direito e os Direitos da Personalidade", *ROA*, Lisboa, Ano 53.º, 1993, pp. 201-224; Diogo Leite de Campos, *Lições de Direito de Personalidade*, Coimbra, 1995; A. M. M. Pinheiro Torres, *Acerca dos Direitos de Personalidade*, s.l., Editora Rei dos Livros, 2000; Rabindranath V. A. Capelo de Sousa, *O Direito Geral de Personalidade*, Coimbra, Coimbra Editora, 2000; e Pedro Pais de Vasconcelos, *Direito de Personalidade*, Coimbra, Almedina, 2006.

[588] A par da *tutela geral da personalidade* – ou, se preferirmos, de um *direito geral de personalidade* – aparecem-nos uma série de *direitos de personalidade especiais* (na terminologia de Heinrich Ewald Hörster, *A Parte Geral do Código Civil Português – Teoria Geral do Direito Civil*, 4.ª reimpressão da edição de 1992, Coimbra, Almedina, 2007, pp. 262-267), entre os quais, cumpre destacar o *direito ao nome* (artigo 72.º do CC); mas também, ao *pseudónimo* (artigo 74.º do CC); *à palavra escrita*, ou seja, às *cartas-missivas confidenciais* (artigos 75.º a 77.º do CC) e às *cartas-missivas não confidenciais* (artigo 78.º do CC); à *imagem* (artigo 79.º do CC); e à *reserva sobre a intimidade da vida privada* (artigo 80.º do CC).

[589] Artigo 70.º do CC: "1. A lei protege os indivíduos contra qualquer ofensa ilícita ou ameaça de ofensa à sua personalidade física ou moral. 2. Independentemente da responsabilidade civil a que haja lugar, a pessoa ameaçada ou ofendida pode requerer as providências adequadas às circunstâncias do caso, com o fim de evitar a consumação da ameaça ou atenuar os efeitos da ofensa já cometida."

à honra, ao bom nome, à saúde, até ao repouso essencial à existência física, etc.) (...)".[590]

Contudo, tal como é referido por LEITE DE CAMPOS,[591] poder-se-á perguntar "(...) *se os direitos da personalidade, naturais e originários, estão antes da lei (...). Entendo que sim: a lei, constitucional*[592] *e ordinária, deve consagrá-los e desenvolvê-los (...). Se não o fizer, será ou injusta, ou lacunosa. As suas lacunas serão preenchidas com a «ordem natural» dos direitos da personalidade (...).*"

II – No âmbito da legislação laboral anterior ao actual CT, havia uma notória e confrangedora ausência de uma consideração global dos problemas atinentes à *personalidade* – e à sua protecção –[593] o que fazia com que, recorrentemente, nos tivéssemos de prevalecer dos *direitos de personalidade* como uma espécie de "(...) *«cláusulas gerais» de controlo do ordenamento* [neste caso, jurídico-laboral] *e de preenchimento de lacunas.*"[594]

E isto porque "(...) *a estreita concepção do contrato de trabalho como um contrato regulador de uma relação de troca de uma prestação de trabalho por uma prestação remuneratória, dificilmente poder*[ia] *continuar imune ao efeito directo dos direitos e liberdades, pois, como é evidente, a prestação de trabalho e a prestação remuneratória não absorvem a personalidade do trabalhador.*"[595]

---

[590] PIRES DE LIMA e ANTUNES VARELA, *Código Civil Anotado*, vol. I, 4.ª edição revista e actualizada, com a colaboração de MANUEL HENRIQUE MESQUITA, Coimbra, Coimbra Editora, 1987, p. 104.

[591] DIOGO LEITE DE CAMPOS, "O Direito e os...", *cit.*, p. 224.

[592] "Em Portugal, foi a Constituição de 1976 que, ao enumerar os *direitos e deveres fundamentais dos cidadãos*, auxiliou a concretização do *conteúdo* da *tutela geral da personalidade* consignada na lei civil" – ANTUNES VARELA, "Alterações Legislativas do Direito ao Nome", *RLJ*, Ano 116.º, n.º 3710, p. 143.

[593] No que concerne à protecção da *personalidade* do trabalhador, havia apenas que fazer especial referência à alínea f) do n.º 1 do artigo 35.º do RJCCT (nos termos desta, as "ofensas à integridade física, liberdade, honra ou dignidade do trabalhador, puníveis por lei, praticadas pela entidade empregadora ou seus representantes legítimos" constituíam justa causa de rescisão do contrato pelo trabalhador).

[594] DIOGO LEITE DE CAMPOS, "O Direito e os...", *cit.*, p. 224.

[595] J. J. GOMES CANOTILHO, "Dizer a Norma nas Questões de Trabalho", *Questões Laborais*, Ano I (1994), n.º 2, pp. 73, *in fine*, e 74.

III – Se é certo que, na maioria das ocasiões, a actividade do trabalhador dependente é dirigida e organizada de forma detalhada e minuciosa pela sua entidade empregadora (mercê da *autoridade e direcção* de que esta dispõe), não deixa de ser menos acertado dizer que a *subordinação jurídica* do trabalhador não pode, nem deve, estender-se para lá da actividade laboral, isto é, para a sua vida privada e extra-profissional.

A constatação de que o modo de agir do trabalhador se encontra na disponibilidade do empregador,[596] não autoriza, de maneira alguma, a concluir que é a própria *pessoa* daquele que está na disposição deste. A empresa não pode converter-se numa espécie de terreno neutral, apto a garantir autênticas imunidades contra actuações lesivas, ilícitas ou delituosas.

Dentro da organização empresarial deve existir um *equilíbrio* entre o *poder de autoridade e de direcção* do empregador e os *direitos de personalidade* dos seus trabalhadores. Isto apesar de, por vezes, ser muito difícil traçar e perscrutar os limites dentro dos quais o *poder de direcção* se pode exercer legitimamente – e, por consequência, os limites a partir dos quais ele passa a ser intolerável.

Porém, não sejamos inocentes. É óbvio que a *subordinação jurídica* (e económica) limita de modo particularmente intenso a liberdade do trabalhador. A potenciação de um contacto directo, imediato e continuado entre as partes dá origem, inelutavelmente, a perigos assaz relevantes para a *esfera de personalidade* do trabalhador.

IV – Consciencializadas para a importância que assume esta temática dos *direitos de personalidade* dos trabalhadores têm estado a doutrina[597] e a legislação[598] estrangeiras.

---

[596] Traduzindo o exercício do chamado *poder conformativo da prestação* (*vide* nota de rodapé 427).

[597] A título meramente ilustrativo, *cfr.* CARLO SMURAGLIA, *La Persona del Prestatore nel Rapporto di Lavoro*, Milano, Giuffrè, 1967; J. M. DEL VALLE, "El Derecho a la Intimidad del Trabajador Durante la Relación de Trabajo", *Actualidad Laboral*, n.º 39, 1991, pp. 485-506; CARLOS MOLERO MANGLANO, "Inviolabilidad de la Persona del Trabajador (En Torno al Artículo 18)", *El Estatuto de los Trabajadores – Veinte Años Después (Revista Española de Derecho del Trabajo, n.º 100)*, Madrid, Civitas, 2000, pp. 543-553; RAQUEL SERRANO OLIVARES,

V – Em Portugal, a questão dos *direitos de personalidade*, e no que ao foro laboral diz respeito, tinha passado quase despercebida. Se exceptuássemos o já referido artigo 35.º, n.º 1, alínea f), do RJCCT,[599] e, em certa medida, os artigos 9.º, n.º 2, alínea i), do mesmo RJCCT,[600] e 40.º, n.º 2, da LCT,[601] pouco mais restava no tocante a esta matéria.

"El Derecho a la Intimidad como Derecho de Autonomía Personal en la Relación Laboral", *Revista Española de Derecho del Trabajo*, n.º 103, 2001, pp. 97-124.

[598] No que ao *direito à intimidade dos trabalhadores* diz respeito, têm assumido especial destaque os ordenamentos jurídicos italiano, francês e espanhol. A este propósito, J. M. DEL VALLE, "El Derecho a la Intimidad...", *cit.*, p. 489, refere que "(...) el Derecho Francés, aunque más completo que el nuestro [espanhol], no alcanza las cotas de perfección del ordenamiento italiano." E, no que toca a este último, este mesmo autor não se cansa de lhe tecer rasgados elogios, dizendo, a páginas 488, que "es modélico al respecto el SL. Italiano (Ley 300, de 20 de mayo de 1970), en el cual se diseña un régimen protector del derecho a la intimidad de los trabajadores que se asienta sobre los siguientes pilares: a) La prohibición general dirigida al empleador de indagar «sobre hechos no relevantes en orden a la valoración de la aptitud profesional del trabajador» (art. 8). b) La delimitación cuidadosa de las competencias del personal de vigilancia en la empresa reduciendo expresamente el destino de los guardias jurados particulares a la «tutela del patrimonio empresarial» (art. 2) y obligando a la publicidad de los nombres y funciones del personal adscrito a la vigilancia de la actividad laboral (art. 3). c) La regulación minuciosa de la instalación de medios audiovisuales y aparatos para el control de la realización del trabajo, fomentando la negociación empresario/trabajadores para facilitar su utilización cuando ello sea preciso (art. 4). d) La interdicción dirigida al empleador en cuanto a la comprobación del estado de enfermedad del trabajador (art. 5). e) Y finalmente la calificación penal de las conductas contrarias al derecho a la intimidad, consistentes en quebrantar lo dispuesto en los arts. 2,4,6 y 8 citados (art. 38)."

[599] *Vide* nota de rodapé 593.

[600] Artigo 9.º, n.º 2, alínea i), do RJCCT: "Constituirão, nomeadamente, justa causa de despedimento os seguintes comportamentos do trabalhador: (...) i) Prática, no âmbito da empresa, de violências físicas, de injúrias ou outras ofensas punidas por lei sobre trabalhadores da empresa, elementos dos corpos sociais ou sobre a entidade patronal individual não pertencente aos mesmos órgãos, seus delegados ou representantes; (...)".

[601] Artigo 40.º (*Disciplina, segurança, higiene e moralidade do trabalho*) da LCT: "1. O trabalho deve ser organizado e executado em condições de disciplina, segurança, higiene e moralidade. 2. A entidade patronal tem o dever de

Todavia, o novo CT veio romper, totalmente, com a tradição existente, estabelecendo na sua Subsecção II (nos artigos 15.º a 21.º) da Secção II (*Sujeitos*) do Capítulo I (*Disposições gerais*) do Título II (*Contrato de Trabalho*) do Livro I *(Parte Geral)*, uma série de *direitos de personalidade*, o que representa, no mínimo, um assinalável passo em frente do nosso ordenamento jurídico-laboral.[602-603-604]

---

aplicar sanções disciplinares, nomeadamente o despedimento, aos trabalhadores de ambos os sexos que pela sua conduta provoquem ou criem o risco de provocar a *desmoralização* [itálico nosso] dos companheiros, especialmente das mulheres e menores."

[602] O artigo 15.º do CT refere-se, como a sua própria epígrafe indicia, ao reconhecimento da *liberdade de expressão e de opinião* no âmbito da empresa (embora seja um artigo novo, ele inspira-se, claramente, no artigo 37.º da CRP); o artigo 16.º do CT, à *reserva da intimidade da vida privada* (inspirado no artigo 26.º da CRP e nos artigos 70.º e 80.º do CC); o artigo 17.º do CT, à *protecção de dados pessoais* (inspirado no artigo 35.º da CRP e na Lei de Protecção de Dados Pessoais face à Informática – Lei n.º 10/91, de 29 de Abril); o artigo 18.º do CT, à *integridade física e moral* (inspirado no artigo 25.º da CRP); o artigo 19.º do CT, às condições em que o empregador poderá exigir, para efeitos de admissão ou permanência no emprego, ao candidato a emprego ou ao trabalhador a realização ou apresentação de *testes e exames médicos* (inspirado no artigo 26.º da CRP e nos artigos 70.º e seguintes do CC); o artigo 20.º do CT, à utilização de *meios de vigilância a distância* (inspirado no artigo 70.º do CC); e, finalmente, o artigo 21.º do CT, à *confidencialidade de mensagens e de acesso a informação*. Ainda a propósito dos *direitos de personalidade*, vide, também, artigos 27.º a 29.º da RCT.

[603] Na sua própria *exposição de motivos* diz-se que o "(...) Código do Trabalho situa-se, pois, numa perspectiva personalista: as pessoas, em particular os trabalhadores, constituem o fundamento de todas as ponderações. Com efeito, o Código revela, independentemente da expressa consagração dos direitos da personalidade, uma preocupação em manter o equilíbrio entre as necessidades dos trabalhadores e as dos empregadores, tendo presente que sem aqueles não é possível a existência destes, e sem estes aqueles não existiriam. É esta comunhão de interesses que está presente em todo o texto."

[604] A nível doutrinal, vide JOSÉ JOÃO ABRANTES, "O Novo Código do Trabalho e os Direitos de Personalidade", *Estudos Sobre o Código do Trabalho*, s.l., Coimbra Editora, 2004; GUILHERME MACHADO DRAY, *Direitos de Personalidade – Anotações ao Código Civil e ao Código do Trabalho*, Coimbra, Almedina, 2006; e JÚLIO GOMES, *Direito do...*, cit., pp. 265-384.

Assim, se um determinado trabalhador for vítima de uma ameaça de violação clara dos seus *direitos de personalidade*, ou for vítima de uma ofensa cometida contra esses mesmos direitos, que instrumentos é que terá ao seu alcance para evitá-la ou atenuá-la, respectivamente?

Partindo do princípio de que não quererá lançar mão da *resolução com justa causa* do seu contrato de trabalho (que lhe conferiria, tão-somente, direito a uma indemnização calculada nos termos do artigo 443.º do CT) o trabalhador deverá recorrer à *protecção geral da personalidade* consignada no artigo 70.º, n.º 2, do CC.[605]

Segundo ANTUNES VARELA,[606] "*logo no texto do n.º 2 do artigo 70.º do Código Civil, ao definir a traços muito largos a protecção geral da personalidade, a lei aponta para três poderes característicos do direito subjectivo. Alude-se, em primeiro lugar, à responsabilidade civil (...). [Em] segundo lugar, (...) [às] providências destinadas a evitar a consumação da ameaça. (...) [E em] último lugar [às] providências que a pessoa ofendida na sua personalidade pode requerer com o fim de atenuar os efeitos da ofensa já cometida.*"

Deste modo, a ofensa ou a ameaça de ofensa à *personalidade física* ou *moral* de um trabalhador constitui, de imediato, o infractor na obrigação de indemnizar o lesado nos termos do artigo 483.º do CC, ou seja, por todos os danos que resultarem dessa violação.

Independentemente da responsabilidade civil a que haja lugar, possibilita-se ainda que a pessoa ameaçada ou ofendida na sua *personalidade física* ou *moral* requeira "*(...) as providências capazes de sustar a ameaça (...), destaca*[ndo]-*se os procedimentos cautelares previstos e regulados nos artigos 381.º e seguintes do Código de Processo Civil, que o artigo 2.º deste diploma considera como apanágio de todo o direito subjectivo (salvo disposição legal em contrário).*"[607]

---

[605] Esta posição é igualmente sufragada por ABRANTES GERALDES, *Temas da Reforma...*, *cit.*, vol. IV, p. 346 (n. 622).
[606] ANTUNES VARELA, "Alterações Legislativas do...", *cit.*, pp. 144 e 145.
[607] ANTUNES VARELA, "Alterações Legislativas do...", *cit.*, p. 145.

E, *"(...) ainda sem prejuízo do direito à indemnização pelos danos sofridos,* [menciona o artigo 70.º, n.º 2, do CC, em último lugar,] *as providências que a pessoa ofendida na sua personalidade (física ou moral) pode requerer com o fim de atenuar os efeitos da ofensa já cometida. Com este apelo, aponta a lei especialmente para as acções de condenação, destinadas a impedir que o agressor prossiga na violação já iniciada."*[608]

VI – Dada a essencialidade que revestem para a própria pessoa – constituindo o seu âmago – os *direitos de personalidade* são *inalienáveis* e *irrenunciáveis*, devendo, por isso, ser dotados de uma tutela bastante diversificada e, ao mesmo tempo, apta a impedir ou a atenuar os efeitos das lesões e das ofensas que contra aqueles são perpetradas.

Assim sendo, e a expensas dos ensinamentos de ANTUNES VARELA, é nossa opinião que, entre o leque alargado de hipóteses que compõem a apelidada *tutela geral da personalidade*,[609] deva figurar, com particular ênfase, o *procedimento cautelar comum* e as consequentes *providências cautelares* destinadas a sustar as ameaças aos *direitos de personalidade*. Para além destas, nada parece obstar, outrossim, à utilização do dito procedimento para aquelas situações em que se vise atenuar os efeitos de uma ofensa já cometida.[610]

---

[608] ANTUNES VARELA, "Alterações Legislativas do...", *cit.*, p. 145. ANTUNES VARELA aproveita, ainda, para referir que "para além das expressamente referidas no artigo 70.º, n.º 2, do Código Civil, outras formas de tutela da personalidade decorrem naturalmente do espírito da lei, ao incluir essa espécie de tutela entre os *direitos (subjectivos) de personalidade.*"

[609] No âmbito desta tutela, cumpre-nos chamar a atenção para o processo especial de jurisdição voluntária regulado na Secção XIV do Capítulo XVIII do Título IV do Livro III do CPC, mais concretamente, nos artigos 1474.º e 1475.º – *tutela da personalidade, do nome e da correspondência confidencial*. A propósito dos *processos de jurisdição voluntária*, vide, em especial, a obra póstuma de ALBERTO DOS REIS, *Processos Especiais*, vol. II – reimpressão, Coimbra, Coimbra Editora, 1982, pp. 397 e ss.; e ARTUR ANSELMO DE CASTRO, *Direito Processual Civil Declaratório*, vol. I, Coimbra, Almedina, 1981, pp. 146-157.

[610] ABRANTES GERALDES, *Temas da Reforma...*, *cit.*, vol. III, p. 89, diz-nos que, "de entre os direitos subjectivos, aqueles que encontram no procedimento cautelar comum um dos mais eficazes mecanismos de protecção são os direitos

E não se julgue que, no foro laboral, são raras, ou de difícil verificação, as situações que legitimam um trabalhador a lançar mão de um *procedimento cautelar comum* para protecção dos seus *direitos de personalidade*.

Fazendo uso do exemplo que é avançado por ABRANTES GERALDES, podemos apontar o caso de "*(...) introdução numa unidade empresarial de um cartão magnético para registo do número e do período temporal das idas dos trabalhadores às instalações sanitárias, medida que, além de representar uma intolerável intromissão na vida privada, é gravemente ofensiva da dignidade humana.*"[611]

Para além deste exemplo, podemos avançar com um outro que foi bastante veiculado e que dava conta da obrigatoriedade que incidia sobre as trabalhadoras de uma empresa têxtil (mais especificamente, de *lingerie*) de ser alvo, no termo do período normal de trabalho diário, de uma revista às suas peças de roupa interior. Com o nítido propósito de impedir o furto de peças de vestuário pelas suas funcionárias, esta empresa estava a contribuir, sobremaneira, para a violação de uma série de *direitos de personalidade* das suas trabalhadoras (mormente do *direito à honra* e do *direito à intimidade*).

Intromissões intoleráveis na esfera dos *direitos de personalidade* dos trabalhadores podem resultar, de igual modo, do uso abusivo de imagens captadas por câmaras de vídeo, ou de gravações sonoras de conversações telefónicas entre os trabalhadores e os clientes, entre os próprios trabalhadores, ou entre estes e familiares, quando nestas se abordem questões alheias à relação jurídico-laboral.

---

absolutos referentes à personalidade singular." Já antes, a páginas 44, este autor aproveita para mencionar que o "art.º 70.º do C.C., que tutela os direitos de personalidade e garante a existência de instrumentos de processo civil destinados a evitar a consumação da ameaça ou a atenuar os efeitos da ofensa já cometida, remete[-nos] para o procedimento cautelar comum dos arts. 381.º e segs. (para além do processo especial de jurisdição voluntária para tutela da personalidade regulado nos arts. 1474.º e segs. do C.P.C.)".

[611] ABRANTES GERALDES, *Temas da Reforma..., cit.*, vol. IV, p. 346 (n. 622).

Atente-se, ainda a este propósito, e de seguida, noutro curioso exemplo que, embora diga respeito ao *trabalho desportivo*, também configura uma ofensa aos *direitos de personalidade* dos trabalhadores (desportivos). A situação prende-se com a

> *(...) questão por vezes debatida da abstinência sexual a que muitas vezes os jogadores são sujeitos nos longos estágios que acompanham os grandes eventos futebolísticos entre selecções, designadamente Campeonatos da Europa ou do Mundo e Jogos Olímpicos.* [Nalguns casos] *deve entender-se estarmos dentro do campo das auto-limitações legítimas às liberdades fundamentais do indivíduo, aceitando-se, porém, que (...) o assunto seja mais polémico, já que, as mais das vezes, a decisão tomada é-o à revelia do jogador e contra a sua própria vontade, podendo consubstanciar, então, uma inaceitável violação dos direitos de personalidade do jogador.*[612]

2.8. Violação das normas sobre protecção da maternidade

I – Actualmente, o trabalho prestado por trabalhadoras *grávidas*, *puérperas* e *lactantes* encontra o seu regime nos artigos 33.º a 52.º do CT e 66.º a 113.º da RCT, estando o enquadramento das trabalhadoras na categoria de *grávida*, *puérpera* e *lactante*, sujeito à comunicação ao empregador do respectivo estado de *gravidez*, *puerpério* e de *amamentação*, comunicação essa que deve ser efectuada por escrito e devidamente comprovada por atestado médico (*ex vi* artigo 34.º, alíneas a), b) e c), do CT).[613]

---

[612] ANTÓNIO GONÇALVES PEREIRA, "O Contrato de Trabalho Desportivo e o Denominado «Treino Invisível»", *O Advogado (Suplemento de "O Primeiro de Janeiro" de 09 de Fevereiro de 2001)*, n.º 7, p. 14.

[613] De acordo com o artigo 34.º, alíneas a), b) e c), do CT, para efeitos de exercício dos direitos conferidos ao nível da protecção da maternidade, deve entender-se por *trabalhadora grávida*, "(...) toda a trabalhadora que informe o empregador do seu estado de gestação, por escrito, com apresentação de atestado médico"; por *trabalhadora puérpera* "(...) toda a trabalhadora parturiente e durante um período de cento e vinte dias imediatamente posteriores ao parto, que informe o empregador do seu estado, por escrito, com apresentação de atestado médico"; e por *trabalhadora lactante* "(...) toda a trabalhadora que amamenta o filho e informe o empregador do seu estado, por escrito, com apresentação de atestado médico".

II – No âmbito da *protecção da maternidade*[614], estão previstas uma série de normas que prevêem a *licença por maternidade* (artigos 35.º do CT e 68.º da RCT);[615] que permitem a *frequência de*

---

[614] Para maiores desenvolvimentos, *vide* CATARINA CARVALHO, "A Protecção da Maternidade e da Paternidade no Código do Trabalho", *Revista de Direito e de Estudos Sociais*, Ano XLV (2004), n.ºs 1-2-3, pp. 41-137; e JÚLIO GOMES, *Direito do...*, *cit.*, pp. 443-452.

[615] **Artigo 35.º do CT** (*Licença por maternidade*): "1 – A trabalhadora tem direito a uma licença por maternidade de 120 dias consecutivos, 90 dos quais necessariamente a seguir ao parto, podendo os restantes ser gozados, total ou parcialmente, antes ou depois do parto. 2 – No caso de nascimentos múltiplos, o período de licença previsto no número anterior é acrescido de 30 dias por cada gemelar além do primeiro. 3 – Nas situações de risco clínico para a trabalhadora ou para o nascituro, impeditivo do exercício de funções, independentemente do motivo que determine esse impedimento, caso não lhe seja garantido o exercício de funções ou local compatíveis com o seu estado, a trabalhadora goza do direito a licença, anterior ao parto, pelo período de tempo necessário para prevenir o risco, fixado por prescrição médica, sem prejuízo da licença por maternidade prevista no n.º 1. 4 – É obrigatório o gozo de, pelo menos, seis semanas de licença por maternidade a seguir ao parto. 5 – Em caso de internamento hospitalar da mãe ou da criança durante o período de licença a seguir ao parto, este período é suspenso, a pedido daquela, pelo tempo de duração do internamento. 6 – A licença prevista no n.º 1, com a duração mínima de 14 dias e máxima de 30 dias, é atribuída à trabalhadora em caso de aborto espontâneo, bem como nas situações previstas no artigo 142.º do Código Penal."; **Artigo 68.º da RCT** (*Licença por maternidade*): "1 – A trabalhadora pode optar por uma licença por maternidade superior em 25% à prevista no n.º 1 do artigo 35.º do Código do Trabalho, devendo o acréscimo ser gozado necessariamente a seguir ao parto, nos termos da legislação da segurança social. 2 – A trabalhadora deve informar o empregador até sete dias após o parto de qual a modalidade de licença por maternidade por que opta, presumindo-se, na falta de declaração, que a licença tem a duração de 120 dias. 3 – O regime previsto nos artigos anteriores aplica-se ao pai que goze a licença por paternidade nos casos previstos nos n.ºs 2 e 4 do artigo 36.º do Código do Trabalho. 4 – A trabalhadora grávida que pretenda gozar parte da licença por maternidade antes do parto, nos termos do n.º 1 do artigo 35.º do Código do Trabalho, deve informar o empregador e apresentar atestado médico que indique a data previsível do mesmo. 5 – A informação referida no número anterior deve ser prestada com a antecedência de 10 dias ou, em caso de urgência comprovada pelo médico, logo que possível. 6 – Em caso de internamento hospitalar da mãe ou da criança durante o período de licença a seguir ao parto, nos termos do n.º 5 do artigo 35.º do

consultas pré-natais, de *dispensa de trabalho para amamentação ou aleitação* (artigos 39.º do CT e 72.º e 73.º da RCT);[616] que permitem *faltas para assistência a filhos menores ou portadores de*

Código do Trabalho, a contagem deste período é suspensa pelo tempo de duração do internamento, mediante comunicação ao respectivo empregador, acompanhada de declaração emitida pelo estabelecimento hospitalar. 7 – O disposto nos n.ºs 4 e 5 aplica-se também, nos termos previstos no n.º 3 do artigo 35.º do Código do Trabalho, em situação de risco clínico para a trabalhadora ou para o nascituro, impeditivo do exercício de funções, que seja distinto de risco específico de exposição a agentes, processos ou condições de trabalho, se o mesmo não puder ser evitado com o exercício de outras tarefas compatíveis com o seu estado e categoria profissional ou se o empregador não o possibilitar."

[616] **Artigo 39.º do CT** (*Dispensas para consultas, amamentação e aleitação*): "1 – A trabalhadora grávida tem direito a dispensa de trabalho para se deslocar a consultas pré-natais, pelo tempo e número de vezes necessários e justificados. 2 – A mãe que, comprovadamente, amamente o filho tem direito a dispensa de trabalho para o efeito, durante todo o tempo que durar a amamentação. 3 – No caso de não haver lugar a amamentação, a mãe ou o pai têm direito, por decisão conjunta, à dispensa referida no número anterior para aleitação, até o filho perfazer um ano."; **Artigo 72.º da RCT** (*Dispensa para consultas pré-natais*): "1 – Para efeitos do n.º 1 do artigo 39.º do Código do Trabalho, a trabalhadora grávida deve, sempre que possível, comparecer às consultas pré-natais fora do horário de trabalho. 2 – Sempre que a consulta pré-natal só seja possível durante o horário de trabalho, o empregador pode exigir à trabalhadora a apresentação de prova desta circunstância e da realização da consulta ou declaração dos mesmos factos. 3 – Para efeito dos números anteriores, a preparação para o parto é equiparada a consulta pré-natal."; **Artigo 73.º da RCT** (*Dispensas para amamentação e aleitação*): "1 – Para efeitos do n.º 2 do artigo 39.º do Código do Trabalho, a trabalhadora comunica ao empregador, com a antecedência de 10 dias relativamente ao início da dispensa, que amamenta o filho, devendo apresentar atestado médico após o 1.º ano de vida do filho. 2 – A dispensa para aleitação, prevista no n.º 3 do artigo 39.º do Código do Trabalho, pode ser exercida pela mãe ou pelo pai trabalhador, ou por ambos, conforme decisão conjunta, devendo o beneficiário, em qualquer caso: a) Comunicar ao empregador que aleita o filho, com a antecedência de 10 dias relativamente ao início da dispensa; b) Apresentar documento de que conste a decisão conjunta; c) Declarar qual o período de dispensa gozado pelo outro progenitor, sendo caso disso; d) Provar que o outro progenitor informou o respectivo empregador da decisão conjunta. 3 – A dispensa diária para amamentação ou aleitação é gozada em dois períodos distintos, com a duração máxima de uma hora cada, salvo se outro regime for acordado com o empregador. 4 – No caso de

deficiência ou doença crónica (artigos 40.º e 42.º do CT e 74.º da RCT);[617] que permitem a *dispensa da trabalhadora em prestar trabalho nocturno*, devendo ser-lhe atribuído um horário de trabalho diurno compatível com o seu estado (artigos 47.º do CT e 83.º da RCT);[618] entre tantos outros.

---

nascimentos múltiplos, a dispensa referida no número anterior é acrescida de mais trinta minutos por cada gemelar além do primeiro. 5 – Se a mãe ou o pai trabalhar a tempo parcial, a dispensa diária para amamentação ou aleitação é reduzida na proporção do respectivo período normal de trabalho, não podendo ser inferior a 30 minutos. 6 – Na situação referida no número anterior, a dispensa diária é gozada em período não superior a uma hora e, sendo caso disso, num segundo período com a duração remanescente, salvo se outro regime for acordado com o empregador."

[617] **Artigo 40.º do CT** (*Faltas para assistência a menores*): "1 – Os trabalhadores têm direito a faltar ao trabalho, até um limite máximo de 30 dias por ano, para prestar assistência inadiável e imprescindível, em caso de doença ou acidente, a filhos, adoptados ou a enteados menores de 10 anos. 2 – Em caso de hospitalização, o direito a faltar estende-se pelo período em que aquela durar, se se tratar de menores de 10 anos, mas não pode ser exercido simultaneamente pelo pai e pela mãe ou equiparados. 3 – O disposto nos números anteriores é aplicável aos trabalhadores a quem tenha sido deferida a tutela, ou confiada a guarda da criança, por decisão judicial ou administrativa."; **Artigo 42.º do CT** (*Faltas para assistência a pessoa com deficiência ou doença crónica*): "O disposto no artigo 40.º aplica-se, independentemente da idade, caso o filho, adoptado ou filho do cônjuge que com este resida seja portador de deficiência ou doença crónica."; **Artigo 74.º da RCT** (*Faltas para assistência a filho menor, com deficiência ou doença crónica*): "1 – Para efeitos de justificação das faltas a que se referem os artigos 40.º e 42.º do Código do Trabalho, o empregador pode exigir ao trabalhador: a) Prova do carácter inadiável e imprescindível da assistência; b) Declaração de que o outro progenitor tem actividade profissional e não faltou pelo mesmo motivo ou está impossibilitado de prestar a assistência. 2 – Em caso de hospitalização, o empregador pode exigir declaração de internamento passada pelo estabelecimento hospitalar."

[618] **Artigo 47.º do CT** (*Trabalho no período nocturno*): "1 – A trabalhadora é dispensada de prestar trabalho entre as 20 horas de um dia e as 7 horas do dia seguinte: a) Durante um período de 112 dias antes e depois do parto, dos quais pelo menos metade antes da data presumível do parto; b) Durante o restante período de gravidez, se for apresentado atestado médico que certifique que tal é necessário para a sua saúde ou para a do nascituro; c) Durante todo o tempo que durar a amamentação, se for apresentado atestado médico que certifique que tal é necessário para a sua saúde ou para a da criança. 2 – À trabalhadora

III – Sem necessidade, ao que cremos, de muito mais desenvolvimentos, e sem prejuízo do que vem previsto, em matéria de ónus da prova, no n.º 3 do artigo 23.º do CT (aplicável por força da remissão operada pelo artigo 35.º da RCT),[619] a trabalhadora que não pretender exercer o seu direito a resolver com justa causa o seu contrato de trabalho,[620] deve ter a oportunidade de instaurar, preliminar ou in-

---

dispensada da prestação de trabalho nocturno deve ser atribuído, sempre que possível, um horário de trabalho diurno compatível. 3 – A trabalhadora é dispensada do trabalho sempre que não seja possível aplicar o disposto no número anterior."; **Artigo 83.º da RCT** (*Dispensa de trabalho nocturno*): "1 – Para efeitos do artigo 47.º do Código do Trabalho, a trabalhadora grávida, puérpera ou lactante que pretenda ser dispensada de prestar trabalho nocturno deve informar o empregador e apresentar atestado médico, nos casos em que este seja legalmente exigido, com a antecedência de 10 dias. 2 – Em situação de urgência comprovada pelo médico, a informação referida no número anterior pode ser feita independentemente do prazo. 3 – Sem prejuízo do disposto nos números anteriores, a dispensa da prestação de trabalho nocturno deve ser determinada por médico do trabalho sempre que este, no âmbito da vigilância da saúde dos trabalhadores, identificar qualquer risco para a trabalhadora grávida, puérpera ou lactante."

[619] Artigo 35.º da RCT (*Extensão da protecção em situações de discriminação*): "Em caso de invocação de qualquer prática discriminatória no acesso ao trabalho, à formação profissional e nas condições de trabalho, nomeadamente por motivo de licença por maternidade, dispensa para consultas pré-natais, protecção da segurança e saúde e de despedimento de trabalhadora grávida, puérpera ou lactante, licença parental ou faltas para assistência a menores, aplica-se o regime previsto no n.º 3 do artigo 23.º do Código do Trabalho [Artigo 23.º do CT (*Proibição de discriminação*): "1 – O empregador não pode praticar qualquer discriminação, directa ou indirecta, baseada, nomeadamente, na ascendência, idade, sexo, orientação sexual, estado civil, situação familiar, património genético, capacidade de trabalho reduzida, deficiência ou doença crónica, nacionalidade, origem étnica, religião, convicções políticas ou ideológicas e filiação sindical. 2 – Não constitui discriminação o comportamento baseado num dos factores indicados no número anterior, sempre que, em virtude da natureza das actividades profissionais em causa ou do contexto da sua execução, esse factor constitua um requisito justificável e determinante para o exercício da actividade profissional, devendo o objectivo ser legítimo e o requisito proporcional. 3 – Cabe a quem alegar a discriminação fundamentá-la, indicando o trabalhador ou trabalhadores em relação aos quais se considera discriminado, incumbindo ao empregador provar que as diferenças de condições de trabalho não assentam em nenhum dos factores indicados no n.º 1."] em matéria de ónus da prova."

[620] Com base na alínea b) do n.º 2 do artigo 441.º do CT.

cidentalmente à acção de que dependa, um *procedimento cautelar comum*,[621] onde solicite a intimação da sua entidade empregadora para que esta, de imediato, se abstenha de todas as condutas que violem a tutela da sua maternidade ou que adopte determinados comportamentos que permitam o exercício dos direitos inerentes a estoutra.

2.9. Violação das regras sobre liberdade sindical

I – A *liberdade sindical* encontra-se reconhecida no artigo 55.º da CRP, entre os direitos, liberdades e garantias dos trabalhadores, e, outrossim, no artigo 479.º do CT (a nível individual), sendo, no exercício da mesma, garantida aos trabalhadores, sem qualquer discriminação, a liberdade de constituição de associações sindicais a todos os níveis; a liberdade de inscrição em sindicato que, na área da sua actividade, represente a categoria respectiva, não podendo nenhum trabalhador ser obrigado a pagar quotizações para sindicato em que não esteja inscrito; a liberdade de organização e regulamentação interna das associações sindicais; e, no que mais de perto ora nos toca, o direito de exercício de actividade sindical na empresa.

De acordo com o artigo 453.º do CT é proibido e considerado nulo todo o acordo ou acto discriminatório que vise subordinar o emprego do trabalhador à condição de este se filiar ou não se filiar em determinada associação sindical ou de se retirar daquela em que esteja inscrito, e o acto que vise despedir, transferir ou, por qualquer modo, prejudicar um trabalhador devido ao exercício dos direitos relativos à participação em estruturas de representação colectiva ou pela sua filiação sindical ou não filiação sindical.

II – Para além da protecção especial que é conferida aos representantes dos trabalhadores,[622] o ordenamento jurídico-laboral

---

[621] Na esteira de raciocínio do que também é defendido por ABRANTES GERALDES, *Temas da Reforma...*, cit., vol. IV, p. 347.

[622] Prevista na Subsecção II da Secção I (*Princípios*) do Capítulo I (*Estruturas de representação colectiva dos trabalhadores*) do Subtítulo I (*Sujeitos*) do Título III (*Direito Colectivo*) do Livro I (*Parte Geral*) do Código do Trabalho,

nacional, contrariamente ao que sucede nos ordenamentos italiano (*cfr.* art. 28 do *Statuto dei Lavoratori*)[623] e espanhol (*cfr.* artículos 175 e segs. da *Ley de Procedimiento Laboral*),[624] não consagra quaisquer processos de natureza urgente tendentes à tutela da liberdade sindical e à repressão dos comportamentos ou das condutas anti-sindicais.[625-626]

---

mais concretamente, nos artigos 454.º (*Crédito de horas*), 455.º (*Faltas*), 456.º (*Protecção em caso de procedimento disciplinar e despedimento*) e 457.º (*Protecção em caso de transferência*). Refira-se, também a este propósito, os artigos 374.º, n.º 1, alínea c), e 375.º, ambos, do CT (respeitantes às sanções consideradas como abusivas e às consequências gerais da aplicação de tais sanções).

[623] Art. 28 Legge 20 maggio 1970, n. 300 – Statuto dei lavoratori – (*Repressione della condotta antisindacale*): "Qualora il datore di lavoro ponga in essere comportamenti diretti ad impedire o limitare l'esercizio della libertà e della attività sindacale nonché del diritto di sciopero, su ricorso degli organismi locali delle associazioni sindacali nazionali che vi abbiano interesse, il pretore del luogo ove è posto in essere il comportamento denunziato, nei due giorni successivi, convocate le parti ed assunte sommarie informazioni, qualora ritenga sussistente la violazione di cui al presente comma, ordina al datore di lavoro, con decreto motivato ed immediatamente esecutivo, la cessazione del comportamento illegittimo e la rimozione degli effetti. L'efficacia esecutiva del decreto non può essere revocata fino alla sentenza con cui il pretore in funzione di giudice del lavoro definisce il giudizio instaurato a norma del comma successivo. Contro il decreto che decide sul ricorso è ammessa, entro 15 giorni dalla comunicazione del decreto alle parti opposizione davanti al pretore in funzione di giudice del lavoro che decide con sentenza immediatamente esecutiva. Si osservano le disposizioni degli articoli 413 e seguenti del codice di procedura civile. Il datore di lavoro che non ottempera al decreto, di cui al primo comma, o alla sentenza pronunciata nel giudizio di opposizione è punito ai sensi dell'articolo 650 del codice penale. L'autorità giudiziaria ordina la pubblicazione della sentenza penale di condanna nei modi stabiliti dall'articolo 36 del codice penale. [...] [...]"

[624] Cfr., a propósito do *proceso sobre tutela de los derechos de libertad sindical*, ANGEL BLASCO PELLICER, *Las Medidas...*, cit., pp. 117-139; e MANUEL ALONSO OLEA/CÉSAR MIÑAMBRES PUIG/ROSA MARÍA ALONSO GARCÍA, *Derecho Procesal del Trabajo*, 11.ª edición, Madrid, Civitas, 2001, pp. 289-296.

[625] No que concerne a esta matéria, veja-se, a nível doutrinal, ELDO CHERICONI, *La Condotta Antisindacale*, Milano, Giuffrè, 1989; e YOLANDA VALDEOLIVAS GARCÍA, *Antisindicalidad y Relaciones de Trabajo (Un Estudio de la Conducta Antisindical en la Empresa)*, Madrid, Civitas, 1994.

[626] ELDO CHERICONI, *La Condotta...*, cit., pp. 28-32, enumera, com base em inúmeras decisões jurisprudenciais italianas, uma panóplia de situações que

configuram comportamentos ou condutas anti-sindicais – "1. È illegittimo sospendere l'attività produttiva per reazione ad uno sciopero articolato, dovendosi anche questa forma di sciopero, considerare legittima. (...) 2. È illegittima la serrata, attuata mentre è in atto uno sciopero o a seguito dello stesso, quando non sia dimostrato che essa sia stata determinata da motivi tecnici. (...) 3. È illegittimo sospendere un gruppo di operai, adducendo pretestuose motivazioni tecniche, a causa di uno sciopero articolato. (...) 4. È illegittima la serrata anche se la mancata programmazione della produzione in previsione dello sciopero, viene a creare l'impossibilità tecnica di far funzionare gli impianti. (...) 5. È illegittima la serrrata per i modi e i tempi in cui è stata attuata; annuncio allo scadere del giorno precedente a quello dello sciopero generale; effettuazione il giorno successivo a quello dello sciopero. (...) 6. È illegittima la serrata anche nel caso che essa si identifichi nel tempo della maggiore durata dello sciopero cessato anticipatamente. (...) 7. È illegittima la serrata posta in essere per il turno successivo a quello in cui si è svolto uno sciopero totale degli addetti alla preparazione di semilavoratori. Il datore di lavoro avrebbe potuto evitare tale sospensione dell'attività rallentando la produzione. (...) 8. È illegittima la serrata disposta a seguito di scioperi articolati, determinati dal rifiuto della direzione a ricevere i delegati della maestranze. Ai lavoratori compete il pagamento delle retribuzioni per i giorni di serrata. (...) 9. È illegittimo sospendere l'erogazione dell'energia elettrica a seguito di uno sciopero articolato. (...) 10. È illegittimo da parte del datore di lavoro, a causa di uno sciopero non preavvisato, sospendere l'erogazione dell'energia elettrica al momento della ripresa dell'attività lavorativa e rendersi irreperibile insieme agli altri dirigenti. (...) 11. È illegittima la sospensione dell'attività produttiva in un reparto per preteso esaurimento delle scorte, a causa di scioperi effettuati in altri reparti. (...) 12. È illegittimo mantenere sospesi alcuni lavoratori oltre il termine massimo di intervento della Cassa integrazione guadagni, senza che possa ritenersi imminente la loro riassunzione in servizio. (...) 13. È illegittima la serrata, con il mancato pagamento delle retribuzioni, anche se i lavoratori abbiano pacificamente invaso, dopo la chiusura, alcuni locali acessori dello stabilimento (portineria, mensa, spogliatoi). (...) 14. È illegittimo il rifiuto dell'imprenditore di ricevere e retribuire le prestazioni offerte dagli operai, in caso di sciopero attuato dagli impiegati. (...) 15. È illegittimo trattenere sul salario le ore relative ai «tempi di attesa», in seguito e a causa di sciopero a fischietto o a voce senza preavviso. (...) 16. È illegittima la sospensione dell'attività produttiva per alcune ore essendo stato preavvisato lo sciopero articolato e utilizzabile la prestazione di lavoro offerta. (...) 17. È illegittimo il rifiuto di utilizzare e retribuire le prestazioni dei dipendenti che, dopo aver partecipato ad uno sciopero di breve durata, si erano dichiarati disposti a riprendere

III – Como tal, o trabalhador ou o sindicato[627] que considere existir uma lesão grave e dificilmente reparável ao direito constitucionalmente consagrado de exercício da liberdade sindical no seio de uma determinada empresa, pode, salvo o devido respeito por opinião contrária, requerer contra o empregador/prevaricador um *pro-*

---

servizio nell'ultima mezz'ora del proprio turno di lavoro. (...) 18. È illegittima la sospensione limitata del lavoro, per effetto di sciopero a singhiozzo o a scacchiera, con la mancata retribuzione della maestranza rimasta inattiva. (...) 19. È illegittimo sospendere a tempo indeterminato il personale di un reparto per essersi rifiutato di compiere alcune operazioni; il rifiuto era stato preavvisato nel corso di una agitazione per la rivalutazione delle qualifiche. (...) 20. È illegittimo, all'indomani di uno sciopero, esonerare i lavoratori che hanno scioperato dall'effettuare lavoro straordinario. (...) 21. È illegittimo sospendere l'attività produttiva in un periodo per il quale lo sciopero articolato non è stato attuato né proclamato. (...) 22. È illegittima la riduzione dell'orario di lavoro settimanale in seguito e a causa di uno sciopero a singhiozzo e quando, per le modalità con cui il provvedimento viene preso, assuma natura di ritorsione. (...) 23. È illegittima la riduzione dell'orario di lavoro per pretesa carenza di commesse, a seguito di sciopero articolato. (...)".

[627] Artigo 5.º do CPT (*Legitimidade das associações sindicais e patronais*): "1 – As associações sindicais e patronais são partes legítimas como autoras nas acções relativas a direitos respeitantes aos interesses colectivos que representam. 2 – As associações sindicais podem exercer, ainda, o direito de acção, em representação e substituição de trabalhadores que o autorizem: a) Nas acções respeitantes a medidas tomadas pela entidade patronal contra trabalhadores que pertençam aos corpos gerentes da associação sindical ou nesta exerçam qualquer cargo; b) Nas acções respeitantes a medidas tomadas pela entidade patronal contra os seus associados que sejam representantes eleitos dos trabalhadores; c) Nas acções respeitantes à violação, com carácter de generalidade, de direitos individuais de idêntica natureza de trabalhadores seus associados. 3 – Para efeito do número anterior, presume-se a autorização do trabalhador a quem a associação sindical tenha comunicado por escrito a intenção de exercer o direito de acção em sua representação e substituição, com indicação do respectivo objecto, se o trabalhador nada declarar em contrário, por escrito, no prazo de 15 dias. 4 – Verificando-se o exercício do direito de acção nos termos do n.º 2, o trabalhador só pode intervir no processo como assistente. 5 – Nas acções em que estejam em causa interesses individuais dos trabalhadores ou das entidades patronais, as respectivas associações podem intervir como assistentes dos seus associados, desde que exista da parte dos interessados declaração escrita de aceitação da intervenção."

cedimento cautelar comum[628] tendente à intimação daqueloutro para pôr termo, de imediato, a todos os comportamentos e condutas anti-sindicais, possibilitando-se, sem quaisquer peias, o livre exercício da actividade sindical no seio da empresa, reservando-se para a acção de que o dito procedimento cautelar dependerá, a reposição do *statu quo ante* e a reparação das consequências derivadas da violação do direito *sub judice*, mormente a nível indemnizatório ou compensatório.

2.10. O empregador como requerente e o trabalhador como requerido

I – Uma última palavra, no que às hipóteses concretas de aplicação do *procedimento cautelar comum* ao foro laboral diz respeito, vai para a possibilidade, ainda que remota, que o empregador tem de ser ele a requerer um *procedimento cautelar comum* (invertendo, assim, os papéis comummente estabelecidos, assumindo, por conseguinte, a posição processual de requerente e, por seu turno, o trabalhador de requerido).

II – A posição aqui manifestada tem sido defendida na doutrina italiana, nos seguintes moldes:

> *La possibilità per il datore di lavoro di ricorrere alla tutela cautelare atipica dall'art. 700 c.p.c. è stata riconosciuta e chiaramente prospettata in una famosa sentenza della Corte Costituzionale* [Sent. 6 marzo 1974, n. 54, Pres. Bonifacio in *Giust. Civ.* 1974, III, p. 180 e ss.], *la quale (...) ha avuto modo di rilevare espressamente che «le leggi vigenti tutelano anche in via provvisoria gli interessi dei datori di lavoro contro atti dei lavoratori com provvedimenti di urgenza, quali ad esempio quelli previsti dagli artt. 703 e 700 c.p.c.». In effetti, non vi è alcun motivo per negare, in linea di principio, al datore di lavoro il ricorso ai provvedimenti d'urgenza, allo scopo di salvaguardare situazioni giuridiche soggettive, a contenuto non esclusivamente patrimoniale, che ricevono anch'esse diretto riconoscimento e garanzia dalla Costituzione (...).*[629]

---

[628] *Cfr.*, neste mesmo sentido, ABRANTES GERALDES, "A Reforma do Processo Civil e o Foro Laboral – Os Procedimentos Cautelares", *cit.*, p. 43, *in fine*.
[629] GIOVANNI ARIETA, *I Provvedimenti...*, *cit.*, pp. 161-162.

A situação mais comum, no âmbito do direito laboral italiano, para o recurso por parte das entidades empregadoras à tutela cautelar não especificada, tem sido a do exercício anómalo do *direito à greve* por parte dos trabalhadores, exercício esse que, portanto, motiva o pedido de suspensão de uma greve potencialmente lesiva da estrutura empresarial e do processo produtivo da requerente.

III – Refira-se, a este propósito, que, em Portugal, o recurso à greve[630] é decidido, via de regra, pelas associações sindicais (artigo 592.º, n.º 1, do CT), devendo dirigir-se um aviso prévio, por escrito ou através dos meios de comunicação social, ao empregador ou à associação de empregadores e ao Ministério responsável pela área laboral, com o prazo mínimo de cinco dias úteis (artigo 595.º, n.º 1, do CT).[631]

Porém, como a doutrina jurídico-laboral tem vindo a alertar, nem todas as greves são lícitas.[632] Com efeito, se a greve prosseguir fins ilícitos; se for desencadeada em claro desrespeito das normas jurídicas que a disciplinam; se, no seu exercício, se violarem princípios fundamentais de Direito, mormente os da proporcionalidade e da adequação; se implicar um deficiente cumprimento da actividade laboral; ou se for motivada não por questões laborais, mas sim, por exemplo, por questões políticas, tal greve é ilícita.[633]

---

[630] Direito previsto constitucionalmente no artigo 57.º, n.º 1, da CRP, e consagrado, outrossim, no artigo 591.º do CT.

[631] O prazo de aviso prévio é de 10 (dez) dias úteis, nos casos dos números 1 e 2 do artigo 598.º do CT (*ex vi* artigo 595.º, n.º 2, do CT, com a redacção que lhe foi conferida pelo artigo 1.º da Lei n.º 9/2006, de 20 de Março).

[632] Para maiores desenvolvimentos, veja-se ANTÓNIO MENEZES CORDEIRO, *Manual de Direito do Trabalho*, reimpressão, Coimbra, Almedina, 1994, pp. 404 e ss.; B. G. LOBO XAVIER, *Curso de...*, *cit.*, pp. 186-196; e PEDRO ROMANO MARTINEZ, *Direito do...*, *cit.*, pp. 1214 e ss..

[633] Segundo B. G. LOBO XAVIER, *Curso de...*, *cit.*, pp. 186, 187 e 188, "Não basta falar do direito à greve: há que saber qual a realidade juridicamente protegida. Crê-se que está fora de causa pretender que todas as formas de luta dos trabalhadores são legitimadas pela Constituição e pelas leis: de facto é lícita a *greve*. E de greve não se pode falar para referir certas formas conflituais que dela apenas têm o nome: com efeito, a compreensível manipulação filológica, que estende o conceito de greve a toda a conflitualidade laboral, aproveitando a carga ética e emocional respectiva, só pode fracassar no plano jurídico. Os termos

As consequências de tal ilicitude fazem, desde logo, incorrer o trabalhador no regime das faltas injustificadas (artigos 604.º, n.º 1, do CT), o que, nos termos do artigo 231.º, n.º 1, do CT, implica a

---

«greves de zelo» e «greves às avessas» espelham bem a tentativa de dar cobertura às mais antijurídicas condutas, que contrariam, na sua essência, a própria ideia de greve. Não são lícitas também, evidentemente, outras formas de luta laboral, como, por exemplo, as do sequestro do pessoal dirigente ou da administração ou a sabotagem (...). Mas, para além da ilicitude destas formas de luta, bem como das greves que no seu processo não obedecem às condições legais (v.g. *greves-surpresa*, isto é, sem aviso prévio) há formas de luta semanticamente qualificáveis como de greve, e que correspondem à noção já referida, mas que supomos não serem lícitas. Elas têm como característica a sua especial nocividade para as empresas e uma eliminação dos custos para os trabalhadores (retribuições perdidas) e para as suas organizações através da *manipulação dos deveres contratuais*. Os exemplos nesta matéria de formas conflituais, que de greve pouco mais têm que o nome, são inúmeros e suficientemente conhecidos: os profissionais de controlo ou de revisão desempenham as suas obrigações de presença nos lugares de trabalho e de todas as demais funções à excepção dos actos de controlo (...); os funcionários administrativos executam pontualmente as suas funções, deixando apenas de cumprir certas formalidades ou de tomar certas notações essenciais para a regularidade dos serviços (...); certos profissionais resolvem dar um cumprimento rígido aos regulamentos dos serviços, causando assim enormes atrasos (...). Em todos estes casos não há propriamente uma abstenção da prestação do trabalho, mas a sua execução em termos anormais; com base nessa mesma execução, os «grevistas» continuam a pretender o pagamento da retribuição correlativa à prestação de trabalho, ocasionando danos consideráveis emergentes do não-cumprimento selectivo de um dever acessório dessa prestação. E há ainda outras formas de luta a considerar neste plano: *greves de rendimento* (em que, como o seu nome indica, os trabalhadores baixam a produtividade do seu trabalho) e *greves às horas extraordinárias*, em que os trabalhadores se recusam a prestar trabalho suplementar mesmo quando ele seja exigível. Outros casos há mais sofisticados ainda, que levaram a doutrina francesa e italiana a designar esses processos de luta laboral como *greves abusivas*. Caracterizam-se por (...) serem levadas a efeito de modo particularmente lesivo para as empresas onde ocorrem, seguindo um plano de paralisação da produção com perdas mínimas de salários para os grevistas implicados no processo. Trata-se das chamadas *greves de trombose* ou de estrangulamento, em que a paralisação se limita a incidir em sectores estratégicos da empresa, conduzindo a uma quebra de produção, ou *greves rotativas*, em que a paralisação vai percorrendo sucessivamente os vários sectores da empresa (...), provocando essas paralisações limitadas e parciais a desorganização completa da produção, e ainda *greves intermitentes*, em que os sucessivos arranques e paragens desorganizam

perda da retribuição[634] e da antiguidade[635] correspondentes ao período da ausência, podendo fazê-lo incorrer, de igual modo, em responsabilidade disciplinar pela prática de infracções disciplinares, que, em última análise, pode constituir justa causa de despedimento (artigos 231.º, n.º 2, e 396.º, n.º 3, alínea g), do CT).

Isto já para não falar da potencial sujeição aos princípios gerais em matéria de responsabilidade civil[636] (desde que, obviamente, se encontrem preenchidos os pressupostos estabelecidos no artigo 483.º do CC). Ora, é precisamente como dependência de uma acção de indemnização fundada no exercício anormal, abusivo, atípico ou ilícito do direito à greve por parte do(s) trabalhador(es), que a sua entidade empregadora, dado estar a sofrer prejuízos que podem ser bastante avultados, pode instaurar um *procedimento cautelar comum* tendente a obstar todo e qualquer comportamento de paralisação da sua capacidade produtiva (desde que, como é óbvio, em desrespeito pela lei em matéria do direito à greve).

IV – Refira-se, ainda a respeito da possibilidade que as entidades empregadoras têm de lançar mão de um *procedimento cautelar comum*, a situação que nos é relatada no âmbito de um aresto da Relação de Lisboa,[637] e que, dada a sua importância e a sua, perdoe-se-nos a expressão, *raridade*, de seguida, de forma ainda que parcial, transcrevemos:

---

também a produção." PEDRO ROMANO MARTINEZ, *Direito do...*, cit., p. 1221, acrescenta ao elenco a chamada greve *self-service*, em que "(...) os trabalhadores grevistas interrompem o trabalho quando acharem oportuno e pelo tempo que entenderem. Trata-se de uma greve prolongada em que não se sabe quando se irá dar a paralisação do trabalho e, havendo paralisação, não se sabe quantos trabalhadores grevistas vão suspender a actividade, nem, principalmente, durante quanto tempo haverá paragem da laboração."

[634] O que, aliás, é um dos efeitos típicos da greve (*ex vi* artigo 597.º, n.º 1, do CT).

[635] O que contraria, de forma manifesta, o regime previsto para uma greve observante da lei, que, de acordo com o n.º 3 do artigo 597.º do CT, não pode prejudicar a antiguidade do trabalhador que a ela aderiu.

[636] *Ex vi* artigo 604.º, n.º 2, do CT.

[637] Ac. RL de 07.06.2006 (Proc. n.º 2.455/2006-4), *www.dgsi.pt*.

(...) "P..., S.A." instaurou no Tribunal do Trabalho de Lisboa a presente providência cautelar comum contra o Requerido Manuel..., alegando, em resumo e com interesse que de acordo com as condições remuneratórias do Requerido, foi-lhe atribuída uma viatura. (...) Esta viatura sempre foi propriedade da Requerente e isso sempre foi manifestado ao Requerido. Assim, e após a cessação do contrato de trabalho existente entre ambos, o Requerido estava obrigado a entregar a referida viatura à Requerente, o que, não obstante diversas interpelações feitas nesse sentido, o Requerido nunca fez, mantendo-se, assim, ilegítima e ilegalmente na respectiva posse. Por outro lado (...) o Requerido adquiriu bens para seu uso pessoal, referindo à Requerente que o fazia com dinheiro próprio. Todavia fê-lo com dinheiro da Requerente, adquirindo, nessas circunstâncias um computador portátil (...). Por outro lado, o Requerido mantém em sua posse licenças de programas informáticos que são propriedade da Requerente (...). Acresce que no computador que o Requerido mantém ilicitamente na sua posse, está instalado o programa de gestão integrada utilizado na Requerente e que contém informação confidencial de extrema relevância para esta, nomeadamente os dados relativos à carteira das empresas das quais a Requerente é representante, bem como dos seus clientes, informação que o Requerido copiou para o seu computador. (...) Quanto à pretensão (...) de apreensão judicial de diversos bens – veículo automóvel (...); um computador (...) e seu software; licenças relativas ao software utilizado (...) e uma licença de utilização do programa (...) – e sua subsequente entrega à Requerente, atendendo à mencionada função jurisdicional da providência e perante os fins que, com ela, se visa acautelar, não se nos afigura existirem razões válidas para se poder concluir, ab initio e sem mais, pela verificação da sua manifesta improcedência. Com efeito, pode, efectivamente, haver uma razão ou um fundamento válido (v.g. perigo de deterioração dos bens cuja apreensão vem requerida), naturalmente dependente de uma apreciação sumária ou perfunctória das provas apresentadas pela Requerente, justificativos da adopção de alguma ou algumas providências destinadas a afastar o perigo de insatisfação ou satisfação tardia pela demora na resolução do processo principal (...). Basta que se possa concluir, em termos de mera probabilidade e verosimilhança, que a Requerente é titular do direito que invoca sobre tais bens e que exista um fundado receio de que o Requerido, em relação aos mesmos, possa praticar ou esteja a praticar factos susceptíveis de causar lesão grave ou de difícil reparação do direito invocado, para se impor a adopção de medidas tendentes a afastar a ameaça que sobre ele impenda.*

EPÍLOGO

I – A investigação empreendida teve por objectivo principal chamar a atenção da comunidade jurídica para algumas das potencialidades e virtuosidades que uma figura jurídico-processual como o *procedimento cautelar comum* pode revestir no âmbito do direito processual do trabalho.

II – Importará, neste momento, relembrar alguns dos aspectos fulcrais que foram sendo analisados durante a exposição a que nos propusemos, exposição que, por sinal, e em jeito de comiseração, já vai algo longa.

O primeiro aspecto prende-se com o facto – a nosso ver, merecedor de forte aplauso – de o legislador processual laboral português ter incluído expressamente, no actual CPT, o *procedimento cautelar comum* – mantendo, embora, uma remissão genérica para o CPC.

O mesmo não acontece em ordenamentos jurídicos contíguos. Com efeito, a exemplo do que sucedia entre nós, estes ordenamentos, para fazerem uso da tutela cautelar atípica no direito do trabalho, têm que proceder a uma aplicação subsidiária das respectivas legislações processuais civis.

Isto, com o sério embaraço adveniente da dúvida de saber se a não previsão de um instituto de processo civil no processo do trabalho corresponde a uma omissão a preencher com recurso ao primeiro, ou se, pelo contrário, corresponde a uma omissão voluntária (e, portanto, a uma pretensão de não funcionamento desse instituto em processo laboral).

III – Após termos efectuado a imprescindível análise da tramitação processual civil do *procedimento cautelar comum* (*ex vi* n.º 1, parte inicial, do artigo 32.º do CPT), e constatado que o seu regime serve de base, em tudo o quanto neles se não encontrar especialmente regulado, aos *procedimentos cautelares especificados* (artigos 392.º, n.ºs 1 e 2, do CPC, e 33.º do CPT), verificamos que no direito processual laboral o *procedimento cautelar comum* encerra, em si mesmo, uma série de *especialidades*.

Especialidades essas que encontram a sua mais profunda razão de ser no princípio da *celeridade* (um dos grandes princípios do direito processual do trabalho). Não nos esqueçamos que, no campo do direito do trabalho, a *celeridade* assume uma relevância acrescida, decorrente das situações de precariedade e de subordinação económica que, as mais das vezes, afectam os trabalhadores.

IV – Não obstante o louvável pioneirismo do legislador processual laboral português, somos de opinião que ele não tem sido devidamente acompanhado. Por razões que nos ultrapassam, a jurisdição laboral tem sido chamada a intervir ainda muito poucas vezes no âmbito do decretamento ou da concessão de *providências cautelares atípicas* ou *indeterminadas*.

E não é por falta de oportunidades para tal. Na parte final desta investigação, com um carácter que se quis meramente exemplificativo, levantamos o véu de um sem número de hipóteses concretas de aplicação do *procedimento cautelar comum* ao foro laboral.

V – Augurando um futuro mais auspicioso para o *procedimento cautelar comum* no direito processual do trabalho, não queremos perder o ensejo de nos penitenciarmos pelo tratamento sumário de alguns dos temas versados. As limitações de tempo assim o impuseram. Fossem apenas essas as falhas deste trabalho.

BIBLIOGRAFIA

ABRANTES, JOSÉ JOÃO NUNES – *A Excepção de Não Cumprimento do Contrato no Direito Civil Português – Conceito e Fundamento*, Coimbra, 1986.

ABRANTES, JOSÉ JOÃO NUNES, "O Novo Código do Trabalho e os Direitos de Personalidade", *Estudos Sobre o Código do Trabalho*, s.l., Coimbra Editora, 2004.

ABRANTES, JOSÉ JOÃO NUNES – "Salários em Atraso e Excepção de Não Cumprimento do Contrato", *Revista de Direito e de Estudos Sociais*, Ano XXXI (IV da 2.ª Série), n.ºˢ 1 e 2, pp. 175-195.

ABREU, ERIDANO DE – "Das Providências Cautelares Não Especificadas", *O Direito*, 94.º, 1962, pp. 110-119.

ALMEIDA, AUGUSTO TINOCO DE – *Processo Disciplinar na Prática*, edição do autor, Coimbra, 1977.

ALMEIDA, LUÍS P. MOITINHO DE – *Código de Processo do Trabalho – Anotado*, 4.ª edição, s.l., Coimbra Editora, 1997.

ALMEIDA, LUÍS P. MOITINHO DE – *O Processo Cautelar de Apreensão de Veículos Automóveis*, 5.ª edição, s.l., Coimbra Editora, 1999.

ALMEIDA, LUÍS P. MOITINHO DE – *Providências Cautelares Não Especificadas*, Coimbra, Coimbra Editora, 1981.

ALONSO OLEA, MANUEL/MIÑAMBRES PUIG, CÉSAR/ALONSO GARCÍA, ROSA MARÍA – *Derecho Procesal del Trabajo*, 11.ª edición, Madrid, Civitas, 2001.

AMADO, JOÃO LEAL – *A Protecção do Salário*, Separata do volume XXXIX do Suplemento ao Boletim da Faculdade de Direito da Universidade de Coimbra, Coimbra, 1993.

AMADO, JOÃO LEAL – "Inamovibilidade: Uma Garantia Supletiva?", *Questões Laborais*, Ano I (1994), n.º 3, pp. 175-177.

AMADO, JOÃO LEAL – "Tratamento Mais Favorável e Art. 4.º/1, do Código do Trabalho: O Fim de um Princípio?", *Temas Laborais*, s.l., Coimbra Editora, 2005, pp. 11-22.

AMARAL, BRANCA DO – "Do Subsídio de Férias. A sua Generalização. A Estruturação do seu Regime", *Estudos Sociais e Corporativos*, Ano 1973 (II Série), n.º 35, pp. 67-80.

ANDRADE, MANUEL AUGUSTO DOMINGUES DE – *Noções Elementares de Processo Civil*, com a colaboração do Prof. ANTUNES VARELA, edição revista e actualizada pelo Dr. HERCULANO ESTEVES, Coimbra, Coimbra Editora, 1979.

ARANTES, TITO – "Emprego Abusivo de Providências Cautelares", *Revista dos Tribunais*, Ano 66.º, n.ᵒˢ 1568 e 1569, pp. 114-132.

ARIETA, GIOVANNI – "Funzione non Necessariamente Anticipatoria dei Provvedimenti ex Art. 700 C.P.C.", *Rivista di Diritto Processuale*, vol. XXXIX (II Serie), 1984, pp. 585-607.

ARIETA, GIOVVANI – *I Provvedimenti d´Urgenza – Ex Art. 700 C.P.C.*, Padova, Cedam, 1982.

BALENA, GIAMPIERO/BOVE, MAURO – *Le Riforme Più Recenti del Processo Civile*, s.l., Cacucci Editore, 2006.

BAPTISTA, ALBINO MENDES – *Código de Processo do Trabalho Anotado*, 2.ª edição (reimpressão), Lisboa, Quid Juris, 2002.

BAPTISTA, ALBINO MENDES – *Jurisprudência do Trabalho Anotada*, Lisboa, Lusolivro, 1994.

BAPTISTA, ALBINO MENDES – "O Conceito de «Prejuízo Sério» e a Transferência de Local de Trabalho nas Grandes Aglomerações Urbanas", *Prontuário de Direito de Trabalho*, Actualização n.º 54, pp. 27-32.

BAPTISTA, ALBINO MENDES – "Transferência do Local de Trabalho – Significado da Apresentação do Trabalhador no Novo Lugar", *Prontuário de Direito do Trabalho*, Actualização n.º 53, pp. 59-65.

BAPTISTA, ALBINO MENDES – "Transferência do Trabalhador para Outro Local de Trabalho, Aviso Prévio e Esclarecimento Sobre as Condições da Mudança", *Questões Laborais*, Ano VI (1999), n.º 14, pp. 196-212.

BAPTISTA, JOSÉ JOÃO – *Acção Executiva*, 5.ª edição, Lisboa, Universidade Lusíada, 1993.

BAPTISTA, JOSÉ JOÃO – *Dos Recursos (em Processo Civil)*, 5.ª edição, s.l., SPB Editores, s.d..

BAPTISTA, PEREIRA/ REGO, CARLOS LOPES DO/ FREITAS, LEBRE DE/ CORREIA, JOÃO/ /TELLES, ANTÓNIO/ SANTOS, CRISTINA SILVA – "Novo Processo Civil – Linhas Orientadoras da Nova Legislação Processual Civil", *Sub Judice*, n.º 4, 1992, pp. 37-47.

BASTOS, JACINTO FERNANDES RODRIGUES – *Notas ao Código de Processo Civil*, vol. II, 2.ª edição, Lisboa, edição do autor, 1971.

BASTOS, JACINTO FERNANDES RODRIGUES – *Notas ao Código de Processo Civil*, vol. II, 3.ª edição revista e actualizada, Lisboa, edição do autor, 2000.

BELEZA, MARIA DOS PRAZERES PIZARRO – "Impossibilidade de Alteração do Pedido ou da Causa de Pedir nos Procedimentos Cautelares", *Direito e Justiça*, vol. XI, tomo 1, 1997, pp. 337-350.

BELEZA, MARIA DOS PRAZERES PIZARRO – "Litigância de Má-Fé (Anotação ao Ac. RP de 03.06.1991)", *Revista de Direito e de Estudos Sociais*, Ano XXXVI (IX da 2.ª Série), n.º 4, pp. 429-436.

BLASCO PELLICER, ANGEL – *Las Medidas Cautelares en el Proceso Laboral*, Madrid, Civitas, 1996.

Bove, Mauro – *Lineamenti di Diritto Processuale Civile*, 2.ª edizione, Torino, Giappichelli, 2006.
Cabral, Paulino António – "A Justiça Humana", *Poesias (Séc. XVIII)*, texto integral da 1.ª edição, s.l., Imprensa Nacional Casa da Moeda, s.d..
Calamandrei, Piero – *Introduzione Allo Studio Sistematico dei Provvedimenti Cautelari*, Padova, Cedam, 1936.
Calderón Cuadrado, María Pía – *Las Medidas Cautelares Indeterminadas en el Proceso Civil*, Madrid, Civitas, 1992.
Campos, Diogo Leite de – *Lições de Direito de Personalidade*, Coimbra, 1995.
Campos, Diogo Leite de – "O Direito e os Direitos da Personalidade", *ROA*, Lisboa, Ano 53.º, 1993, pp. 201-224.
Canário, António Colaço – *A Reconvenção e a Compensação em Processo Civil*, Lisboa, AAFDL, 1983.
Canotilho, J. J. Gomes – "Dizer a Norma nas Questões de Trabalho", *Questões Laborais*, Ano I (1994), n.º 2, pp. 65-75.
Cardoso, Álvaro Lopes – *A Acção Executiva em Processo Laboral*, Coimbra, Almedina, 1990.
Cardoso, Eurico Lopes – *Manual da Acção Executiva*, Coimbra, Almedina, 1992.
Carlos, Adelino da Palma – "Procedimentos Cautelares Antecipadores", *O Direito*, 105.º, 1973, pp. 236-251.
Carvalho, António Nunes de – "Categoria Profissional. «Jus Variandi». Requisitos (Anotação ao Ac. STJ de 12.06.1991)", *Revista de Direito e de Estudos Sociais*, Ano XXXIV (VII da 2.ª Série), n.ºs 1-2-3, pp. 125-132.
Carvalho, António Nunes de – "Sobre o Dever de Ocupação Efectiva do Trabalhador", *Revista de Direito e de Estudos Sociais*, Ano XXXIII (VI da 2.ª Série), n.ºs 3-4, pp. 261-327.
Carvalho, Catarina – "A Protecção da Maternidade e da Paternidade no Código do Trabalho", *Revista de Direito e de Estudos Sociais*, Ano XLV (2004), n.ºs 1-2-3, pp. 41-137.
Carvalho, Catarina – "O Exercício do *Ius Variandi* no Âmbito das Relações Individuais de Trabalho e a Polivalência Funcional", *Juris et de Jure – Nos 20 Anos da Faculdade de Direito da UCP – Porto*, Porto, 1998, pp. 1031-1063.
Casanova, J. F. Salazar – "Celeridade e Eficácia no Processo Civil", *Direito Processual Civil – Estudos Sobre Temas de Processo Civil*, Coordenação de Rui Manuel de Freitas Rangel, 1.ª edição, Lisboa, SFN Editores, 2001, pp. 57-114.
Castro, Artur Anselmo de – *Direito Processual Civil Declaratório*, vol. I, Coimbra, Almedina, 1981.
Caupers, João – "A Pretexto do Acórdão do STA, de 15 de Outubro de 1998 (recurso 36.811)", *Justiça Administrativa*, n.º 17, Setembro/Outubro 1999, pp. 17-31.
Chericoni, Eldo – *La Condotta Antisindacale*, Milano, Giuffrè, 1989.

CORDEIRO, ANTÓNIO MENEZES – "Da Cessação do Contrato de Trabalho por Inadaptação do Trabalhador Perante a Constituição da República Portuguesa", *Revista de Direito e de Estudos Sociais*, Ano XXXIII (VI da 2.ª Série), n.ºs 3-4, pp. 369-421.

CORDEIRO, ANTÓNIO MENEZES – *Manual de Direito do Trabalho*, reimpressão, Coimbra, Almedina, 1994.

COSTA, AMÉRICO CAMPOS – "Levantamento das Providências Cautelares", *Scientia Iuridica*, Tomo VIII, 1959, pp. 450-459.

COSTA, MÁRIO JÚLIO DE ALMEIDA – *Direito das Obrigações*, 10.ª edição reelaborada, Coimbra, Almedina, 2006.

CRUZ, SEBASTIÃO – *Direito Romano (Ius Romanum)*, vol. I, 4.ª edição, Coimbra, 1984.

DIAS, AMADEU – "Polivalência Funcional (Alteração do Art. 22.º da Lei Geral do Trabalho)", *Questões Laborais*, Ano IV (1997), n.ºs 9 e 10, pp. 38-60.

DIAS, AMADEU – *Redução do Tempo de Trabalho, Adaptabilidade do Horário e Polivalência Funcional*, s.l., Coimbra Editora, 1997.

DINI, MARIO – *I Provvedimenti d'Urgenza – Nel Diritto Processuale Civile*, Milano, Giuffrè, 1961.

DRAY, GUILHERME MACHADO – *Direitos de Personalidade – Anotações ao Código Civil e ao Código do Trabalho*, Coimbra, Almedina, 2006.

DUARTE, JOSÉ ALBINO CAETANO – "Os Recursos em Processo Civil – Breves Apontamentos", *Direito Processual Civil – Estudos Sobre Temas de Processo Civil*, Coordenação de RUI MANUEL DE FREITAS RANGEL, 1.ª edição, Lisboa, SFN Editores, 2001, pp. 143-160.

ESTEVES, HERCULANO – *vide* ANDRADE, MANUEL A. DOMINGUES DE.

FERNANDES, ANTÓNIO LEMOS MONTEIRO – "A Categoria Profissional e o Objecto do Contrato de Trabalho", *Questões Laborais*, Ano V (1998), n.º 12, pp. 121-161.

FERNANDES, ANTÓNIO LEMOS MONTEIRO – "A Irrenunciabilidade do Direito a Férias: Algumas Questões", *Estudos de Direito do Trabalho*, Coimbra, Almedina, 1972, pp. 127-154.

FERNANDES, ANTÓNIO LEMOS MONTEIRO – "As Sanções Disciplinares e sua Graduação", *Estudos Sociais e Corporativos*, II Série (1973), n.º 36, pp. 23-54.

FERNANDES, ANTÓNIO LEMOS MONTEIRO – *Direito do Trabalho*, 13.ª edição, Coimbra, Almedina, 2006.

FERNANDES, ANTÓNIO LEMOS MONTEIRO – "O Princípio do Tratamento Mais Favorável ao Trabalhador: Sua Função", *Estudos Sociais e Corporativos*, Ano VI (1967), n.º 21, pp. 73-93.

FERNANDES, FRANCISCO LIBERAL – "Alteração Unilateral do Horário de Trabalho", *Questões Laborais*, Ano I (1994), n.º 3, pp. 159-166.

FERREIRA, FERNANDO AMÂNCIO – *Manual dos Recursos em Processo Civil*, 7.ª edição, Coimbra, Almedina, 2006.

FERREIRA, J. O. CARDONA – *Guia de Recursos em Processo Civil*, 3.ª edição, s.l., Coimbra Editora, 2005.

FREITAS, JOSÉ LEBRE DE – *A Acção Executiva – Depois da Reforma*, 4.ª edição, s.l., Coimbra Editora, 2004.
FREITAS, JOSÉ LEBRE DE – "As Novas Alterações ao Código de Processo Civil", *ROA*, Lisboa, Ano 60.º, 2000, pp. 615-645.
FREITAS, JOSÉ LEBRE DE – *Introdução ao Processo Civil – Conceito e Princípios Gerais*, 2.ª edição, s.l., Coimbra Editora, 2006.
FREITAS, JOSÉ LEBRE DE – "Repetição de Providência e Caso Julgado em Caso de Desistência do Pedido de Providência Cautelar", *ROA*, Lisboa, Ano 57.º, 1997, pp. 461-483.
FRONTERI, DYALMA – "Prime Applicazioni del Provvedimento Cautelare Innominato", *Giurisprudenza Italiana e la Legge*, vol. C, parte quarta, 1948, pp. 89-92.
GARCÍA MURCIA, JOAQUÍN – *Traslados y Desplazamientos en la Empresa*, Valencia, Tirant lo Blanch, 1996.
GERALDES, ANTÓNIO SANTOS ABRANTES – "A Reforma do Processo Civil e o Foro Laboral", *Prontuário de Direito do Trabalho*, Actualização n.º 48, pp. 49-101.
GERALDES, ANTÓNIO SANTOS ABRANTES – "A Reforma do Processo Civil e o Foro Laboral – Os Procedimentos Cautelares", *Prontuário de Direito do Trabalho*, Actualização n.º 51, pp. 25-51.
GERALDES, ANTÓNIO SANTOS ABRANTES – *Temas da Reforma do Processo Civil – Princípios Fundamentais; Fase Inicial do Processo Declarativo*, vol. I, 2.ª edição revista e ampliada (2.ª reimpressão da edição de 1998), Coimbra, Almedina, 2006.
GERALDES, ANTÓNIO SANTOS ABRANTES – *Temas da Reforma do Processo Civil – Procedimento Cautelar Comum*, vol. III, 3.ª edição (revista e actualizada), Coimbra, Almedina, 2004.
GERALDES, ANTÓNIO SANTOS ABRANTES – *Temas da Reforma do Processo Civil – Procedimentos Cautelares Especificados*, vol. IV, 3.ª edição, Coimbra, Almedina, 2006.
GIGLIO, WAGNER D. – *Direito Processual do Trabalho*, 11.ª edição, São Paulo, Editora Saraiva, 2000.
GOMES, CARLA AMADO – "À Espera de Ulisses – Breve Análise da Secção I do Capítulo VI do Anteprojecto de Código dos Tribunais Administrativos/II (As Medidas Cautelares)", *Revista do Ministério Público*, Ano 21.º, n.º 84, pp. 49-94.
GOMES, JÚLIO MANUEL VIEIRA – "Algumas Considerações sobre a Transferência do Trabalhador (Nomeadamente no que Concerne à Repartição do Ónus da Prova)", em colaboração com AGOSTINHO GUEDES, *Revista de Direito e de Estudos Sociais*, Ano XXXIII (VI da 2.ª Série), n.ᵒˢ 1-2, pp. 77-127.
GOMES, JÚLIO MANUEL VIEIRA – *Direito do Trabalho*, vol. I (*Relações Individuais de Trabalho*), s.l., Coimbra Editora, 2007.
GOUVEIA, MARIANA FRANÇA – *Regime Processual Experimental – Anotado*, Coimbra, Almedina, 2006.

GUANCHE MARRERO, ALBERTO – *El Derecho del Trabajador a la Ocupación Efectiva*, Madrid, Civitas, 1993.
GUEDES, AGOSTINHO – vide GOMES, JÚLIO.
HENRIQUES, SOFIA – *A Tutela Cautelar Não Especificada no Novo Contencioso Administrativo Português*, s.l., Coimbra Editora, 2006.
HÖRSTER, HEINRICH EWALD – *A Parte Geral do Código Civil Português – Teoria Geral do Direito Civil*, 4.ª reimpressão da edição de 1992, Coimbra, Almedina, 2007.
JÚNIOR, HUMBERTO THEODORO – "Medidas Cautelares Atípicas", *Revista Forense*, vol. 282, Ano 79, Rio de Janeiro, Companhia Editora Forense, 1983, pp. 01-10.
LAMEIRAS, LUÍS FILIPE BRITES – *Comentário ao Regime Processual Experimental*, Coimbra, Almedina, 2007.
LEITE, JORGE – "Direito de Exercício da Actividade Profissional no Âmbito do Contrato de Trabalho", *Revista do Ministério Público*, Ano 12.º, n.º 47, pp. 09-34.
LEITE, JORGE – "Flexibilidade Funcional", *Questões Laborais*, Ano IV (1997), n.ᵒˢ 9 e 10, pp. 05-37.
LIMA, JOAQUIM PIRES DE – "Considerações Acerca do Direito à Justiça em Prazo Razoável", *ROA*, Lisboa, Ano 50.º, 1990, pp. 671-701.
LIMA, JOAQUIM PIRES DE – "O Insucesso da Providência Cautelar e a Sanção Aplicável ao Requerente (A Propósito de uma Norma do Código de Processo Civil)", *ROA*, Lisboa, Ano 51.º, 1991, pp. 101-105.
LIMA, PIRES DE/VARELA, ANTUNES – *Código Civil Anotado*, vol. I, 4.ª edição revista e actualizada, com a colaboração de MANUEL HENRIQUE MESQUITA, Coimbra, Coimbra Editora, 1987.
LOPES, EDGAR TABORDA – "Motivação da Decisão de Facto: Uma Visão da Prática", *Direito Processual Civil – Estudos Sobre Temas de Processo Civil*, Coordenação de RUI MANUEL DE FREITAS RANGEL, 1.ª edição, Lisboa, SFN Editores, 2001, pp. 161-180.
LOPES, MANUEL BAPTISTA – *Dos Procedimentos Cautelares*, Coimbra, Almedina, 1965.
LUISO, FRANCESCO P./SASSANI, BRUNO – *La Riforma del Processo Civile – Commentario Breve Agli Articoli Riformati del Codice di Procedura Civile*, Milano, Giuffrè, 2006.
M. DEL VALLE, J. – "El Derecho a la Intimidad del Trabajador Durante la Relación de Trabajo", *Actualidad Laboral*, n.º 39, 1991, pp. 485-506.
MACEDO, PEDRO DE SOUSA – *Poder Disciplinar Patronal*, Coimbra, Almedina, 1990.
MACHADO, ANTÓNIO MONTALVÃO/PIMENTA, PAULO – *O Novo Processo Civil*, Porto, TSE Editores, 1997.
MAGALHÃES, BARBOSA DE – "Natureza Jurídica dos Processos Preventivos e seu Sistema no Código de Processo Civil", *ROA*, Lisboa, Ano 5.º, n.ᵒˢ 3 e 4, 1945, pp. 14-35.

MANDRIOLI, CRISANTO – "I Provvedimenti d'Urgenza: Deviazioni e Proposte", *Rivista di Diritto Processuale*, vol. XL (II Serie), 1985, pp. 657-679.

MANDRIOLI, CRISANTO – "Per una Nozione Strutturale dei Provvedimenti Anticipatori o Interinali", *Rivista di Diritto Processuale*, vol. XIX, 1964, pp. 551-581.

MARECOS, DIOGO VAZ – *Prática e Procedimentos do Processo Disciplinar*, Estoril, Princípia, 2007.

MARIANO, JOÃO CURA – *A Providência Cautelar de Arbitramento de Reparação Provisória*, 2.ª edição, Coimbra, Almedina, 2006.

MARTINEZ, PEDRO ROMANO – *Da Cessação do Contrato*, 2.ª edição, Coimbra, Almedina, 2006.

MARTINEZ, PEDRO ROMANO – *Direito do Trabalho*, 3.ª edição, Coimbra, Almedina, 2006.

MARTINS, JOSÉ DELGADO – "Os Procedimentos Cautelares no Direito Processual do Trabalho", *Direito Processual do Trabalho – Perspectivas*, Lisboa, Edições 1 de Outubro, 1981, pp. 123-128.

MARTINS, PEDRO FURTADO – *Cessação do Contrato de Trabalho*, 2.ª edição, s.l., Princípia, 2002.

MARTINS, SOVERAL – *Legislação Anotada Sobre Salários em Atraso*, Coimbra, Centelha, 1986.

MAZZAMUTO, SALVATORE – "Provvedimenti d'Urgenza e Reintegrazione nel Posto di Lavoro", *Rivista Trimestrale di Diritto e Procedura Civile*, Anno XXVII (1973), pp. 593-612.

MENDES, ARMINDO RIBEIRO – "Os Recursos no Código de Processo Civil Revisto", *Direito Processual Civil – Estudos Sobre Temas de Processo Civil*, Coordenação de RUI MANUEL DE FREITAS RANGEL, 1.ª edição, Lisboa, SFN Editores, 2001, pp. 31-56.

MENDES, ARMINDO RIBEIRO – *Recursos em Processo Civil*, 2.ª edição, Lisboa, Lex, 1994.

MESQUITA, JOSÉ ANTÓNIO – "Poder Disciplinar", *Direito do Trabalho (Suplemento ao Boletim do Ministério da Justiça)*, Lisboa, 1979, pp. 215-272.

MESQUITA, MANUEL HENRIQUE – *vide* LIMA, PIRES DE.

MIGUEL LORENZO, ANA MARIA DE – *La Extinción Causal del Contrato de Trabajo por Voluntad del Trabajador*, Primera Edición, Madrid, Civitas, 1993.

MOLERO MANGLANO, CARLOS – "Inviolabilidad de la Persona del Trabajador (En Torno al Artículo 18)", *El Estatuto de los Trabajadores – Veinte Años Después (Revista Española de Derecho del Trabajo, n.º 100)*, Madrid, Civitas, 2000, pp. 543-553.

MONTEIRO, ANTÓNIO PINTO – *vide* PINTO, CARLOS ALBERTO DA MOTA.

MONTEIRO, JOÃO ALBERTO DE FIGUEIREDO – "Crime de Desobediência – Não Acatamento de Decisão Judicial Proferida em Procedimento Cautelar", *Revista do Ministério Público*, Ano 6.º, n.º 22, pp. 133-143.

MOSETTO, FRANCO – "Su Alcuni Caratteri dei Provvedimenti Cautelari d'Urgenza", *Giurisprudenza Italiana e la Legge*, vol. CIX, parte prima, 1957, col.1, pp. 197-208.
NETO, ABÍLIO – *Código de Processo Civil Anotado*, 17.ª edição, Lisboa, Ediforum, 2003.
NETO, ABÍLIO – *Código de Processo do Trabalho Anotado*, 3.ª edição, Lisboa, Ediforum, 2002.
NETO, ABÍLIO – *Código do Trabalho e Legislação Complementar Anotados*, 3.ª edição actualizada, Lisboa, Ediforum, 2006.
NETO, ABÍLIO – *Contrato de Trabalho – Notas Práticas*, 14.ª edição, Lisboa, Ediforum, 1997.
NETO, ABÍLIO – *Processo Disciplinar e Despedimentos*, Lisboa, Ediforum, 2004.
NUNES, JOAQUIM PINTADO/AGUIAR, LUÍSA – *Guia Prático do Processo Disciplinar*, 2.ª edição, Coimbra, Almedina, 2000.
PEDRAZZOLI, MARCELO – "La Tutela Cautelare delle Situazioni Soggettive nel Rapporto di Lavoro", *Rivista Trimestrale di Diritto e Procedura Civile*, Anno XXVII (1973), pp. 1020-1101.
PERA, GIUSEPPE – "Sul Trasferimento del Lavoratore", *Il Foro Italiano*, vol. IC, parte quinta, 1976, pp. 65-69.
PEREIRA, ANTÓNIO GARCIA – "O Poder Disciplinar da Entidade Patronal – Seu Fundamento", *Temas Laborais*, Lisboa, Vega, 1988, pp. 11-90.
PEREIRA, ANTÓNIO GONÇALVES – "O Contrato de Trabalho Desportivo e o Denominado «Treino Invisível»", *O Advogado (Suplemento de "O Primeiro de Janeiro" de 09 de Fevereiro de 2001)*, n.º 7, pp. 13-14.
PEREIRA, CÉLIA SOUSA – *Arbitramento de Reparação Provisória*, Coimbra, Almedina, 2003.
PINTO, CARLOS ALBERTO DA MOTA – *Teoria Geral do Direito Civil*, 4.ª edição por ANTÓNIO PINTO MONTEIRO e PAULO MOTA PINTO, s.l., Coimbra Editora, 2005.
PINTO, PAULO MOTA – *vide* PINTO, CARLOS ALBERTO DA MOTA.
PINTO, RUI – *A Acção Executiva Depois da Reforma*, Lisboa, JVS, 2004.
PISANI, ANDREA PROTO – "Chiovenda e la Tutela Cautelare", *Rivista di Diritto Processuale*, vol. XLIII (II Serie), 1988, pp. 16-34.
PISANI, ANDREA PROTO – "Provvedimenti d´Urgenza", *Enciclopedia Giuridica*, XXV, 1991, pp. 01-29.
PLANAS PUCHADES, LUIS – "La Modificación Sustancial de las Condiciones de Trabajo", *Revista Española de Derecho del Trabajo*, 1983, n.º 13, pp. 93-124.
POLICARPO, JOSÉ FRANCISCO DE ALMEIDA/ FERNANDES, ANTÓNIO LEMOS MONTEIRO – "Fundamento do Poder Disciplinar", *Estudos Sociais e Corporativos*, Ano VI (1967), n.º 24, pp. 17-51.
RAMALHO, MARIA DO ROSÁRIO PALMA – *Direito do Trabalho – Parte I – Dogmática Geral*, Coimbra, Almedina, 2005.
RAMALHO, MARIA DO ROSÁRIO PALMA – *Direito do Trabalho – Parte II – Situações Laborais Individuais*, Coimbra, Almedina, 2006.

RAMALHO, MARIA DO ROSÁRIO PALMA – *Do Fundamento do Poder Disciplinar Laboral*, Coimbra, Almedina, 1993.

REGO, CARLOS FRANCISCO DE OLIVEIRA LOPES DO – *Comentários ao Código de Processo Civil*, vol. I, 2.ª edição, Coimbra, Almedina, 2004.

REIS, EURICO JOSÉ MARQUES DOS – "O Dever de Motivação da Decisão Quanto à Matéria de Facto: Realidades e Ficções", *Direito Processual Civil – Estudos Sobre Temas de Processo Civil*, Coordenação de RUI MANUEL DE FREITAS RANGEL, 1.ª edição, Lisboa, SFN Editores, 2001, pp. 115 a 141.

REIS, JOSÉ ALBERTO DOS – "A Figura do Processo Cautelar", *BMJ*, n.º 3, 1947, pp. 27-91.

REIS, JOSÉ ALBERTO DOS – "Providências Cautelares (Anotação ao Ac. STJ de 21.11.1947)", *RLJ*, Ano 81.º, n.º 2893, pp. 309-311.

REIS, JOSÉ ALBERTO DOS – *Código de Processo Civil Explicado*, Coimbra, Coimbra Editora, 1939.

REIS, JOSÉ ALBERTO DOS – *Processos Especiais*, vol. II – reimpressão, Coimbra, Coimbra Editora, 1982.

RIBEIRO, JOÃO SOARES – *Contra-Ordenações Laborais*, 2.ª edição, Coimbra, Almedina, 2003.

RIBEIRO, VÍTOR – "Trabalhadores e Justiça – Por Uma Afirmação Ética do Cidadão Trabalhador", *Revista do Ministério Público*, Ano 12.º, n.º 46, pp. 09-17.

RODRÍGUEZ-PIÑERO, MIGUEL – "Medidas Cautelares y Reforma del Proceso Civil", *Relaciones Laborales*, I, Madrid, La Ley, 2000, pp. 25-36.

ROJAS RODRIGUEZ, MARIO – "Concepto de las Medidas Precautorias en el Derecho Procesal Civil", *Revista de Derecho*, Ano XXVII, n.º 107, 1959, pp. 03-24.

ROQUE, MIGUEL PRATA – *Reflexões Sobre a Reforma da Tutela Cautelar Administrativa*, Coimbra, Almedina, 2005.

RUDAN, MARINA – "Provvedimenti d'Urgenza in Tema di Retribuzione", *Rivista Trimestrale di Diritto e Procedura Civile*, Anno XVI (1962), pp. 362-375.

SAMPAIO, JOSÉ MARIA GONÇALVES – *A Acção Executiva e a Problemática das Execuções Injustas*, Lisboa, Edições Cosmos, 1992.

SANTOS, BOAVENTURA SOUSA/MARQUES, MARIA MANUEL LEITÃO/PEDROSO, JOÃO//FERREIRA, PEDRO LOPES – *Os Tribunais nas Sociedades Contemporâneas – O Caso Português*, Porto, Edições Afrontamento, 1996.

SANTOS, J. DANIEL – *O Direito a Férias e ao Subsídio de Férias – Na Legislação Laboral e Jurisprudência*, Lisboa, Multinova, 1981.

SAPIENZA, CARMELO – *I Provvedimenti d'Urgenza – Ex Art. 700 Cod. Proc. Civ.*, Milano, Giuffrè, 1957.

SATTA, SALVATORE – "Ancora sui Provvedimenti d'Urgenza in Materia di Lavoro", *Massimario di Giurisprudenza del Lavoro*, VI Serie, Anno XLI (1968), n.º 5, pp. 420-421.

SATTA, SALVATORE – "Limiti di Applicazione del Provvedimento di Urgenza", *Il Foro Italiano*, vol. LXXVI, parte prima, 1953, pp. 132-133.

SATTA, SALVATORE – "Provvedimenti di Urgenza e Urgenza di Provvedimenti", *Massimario di Giurisprudenza del Lavoro*, VI Serie, Anno XXXV (1962), n.º 1, pp. 49-50.

SATTA, SALVATORE – "Provvedimento di Urgenza e Rapporto di Lavoro", *Massimario di Giurisprudenza del Lavoro*, VII Serie, Anno XLIV (1971), n.ᵒˢ 4-5, pp. 455-456.

SERRA, ADRIANO PAES DA SILVA VAZ – "Excepção de Contrato Não Cumprido (*Exceptio Non Adimpleti Contractus*)", *BMJ*, 67.º, pp. 17-184.

SERRANO OLIVARES, RAQUEL – "El Derecho a la Intimidad como Derecho de Autonomía Personal en la Relación Laboral", *Revista Española de Derecho del Trabajo*, n.º 103, 2001, pp. 97-124.

SILVA, CARLOS MANUEL FERREIRA DA – "Providências Antecipatórias no Processo de Trabalho Português", *Questões Laborais*, Ano VII (2000), n.º 15, pp. 57-83.

SILVA, JOÃO CALVÃO DA – *Cumprimento e Sanção Pecuniária Compulsória*, Separata do volume XXX do Suplemento ao Boletim da Faculdade de Direito da Universidade de Coimbra, Coimbra, 1995.

SILVA, JOÃO MOREIRA DA – *Direitos e Deveres dos Sujeitos da Relação Individual de Trabalho*, Coimbra, Almedina, 1983.

SILVA, JOSÉ MARIA RODRIGUES DA – *A Aplicação do Direito na Jurisdição do Trabalho (Doutrina e Jurisprudência)*, s.l., Coimbra Editora, 1991.

SILVA, MARIA MANUELA MAIA DA – "Mobilidade Funcional (Reflexões para um Novo Entendimento da Mobilidade Funcional do Trabalhador, no Contexto da Relação de Trabalho. Um Estudo Comparativo)", *Questões Laborais*, Ano IV (1997), n.ᵒˢ 9 e 10, pp. 61-80.

SILVA, PAULA COSTA E – *A Reforma da Acção Executiva*, 3.ª edição, s.l., Coimbra Editora, 2003.

SILVEIRA, JOSÉ DOS SANTOS – *Processos de Natureza Preventiva e Preparatória*, Coimbra, Atlântida Editora, 1966.

SMURAGLIA, CARLO – *La Persona del Prestatore nel Rapporto di Lavoro*, Milano, Giuffrè, 1967.

SOUSA, MIGUEL TEIXEIRA DE – *A Reforma da Acção Executiva*, Lisboa, Lex, 2004.

SOUSA, MIGUEL TEIXEIRA DE – "As Recentes Alterações na Legislação Processual Civil", *ROA*, Lisboa, Ano 61.º, 2001, pp. 49-99.

SOUSA, MIGUEL TEIXEIRA DE – *Estudos Sobre o Novo Processo Civil*, 2.ª edição, Lisboa, Lex, 1997.

SOUSA, RABINDRANATH V. A. CAPELO DE – *O Direito Geral de Personalidade*, Coimbra, Coimbra Editora, 2000.

TARZIA, GIUSEPPE – "Providências Cautelares Atípicas (Uma Análise Comparativa)", *Revista da Faculdade de Direito da Universidade de Lisboa*, vol. XL, n.ᵒˢ 1 e 2, 1999, pp. 241-260.

TARZIA, GIUSEPPE – "Rimedi Processuali Contro I Provvedimenti d'Urgenza", *Rivista di Diritto Processuale*, vol. XLI (II Serie), 1986, pp. 35-69.
TORRES, ANTÓNIO MARIA M. PINHEIRO – *Acerca dos Direitos de Personalidade*, s.l., Editora Rei dos Livros, 2000.
TULLINI, PATRIZIA – "Il Trasferimento del Lavoratore: La Nozione e I Profili Applicativi", *Lo Statuto dei Lavoratore: Vent'Anni Dopo*, Turim, 1990.
VALDEOLIVAS GARCÍA, YOLANDA – *Antisindicalidad y Relaciones de Trabajo (Un Estudio de la Conducta Antisindical en la Empresa)*, Madrid, Civitas, 1994.
VARELA, ANTUNES – "Alterações Legislativas do Direito ao Nome", *RLJ*, Ano 116.º, n.º 3710, pp. 140-146.
VARELA, ANTUNES – *Das Obrigações em Geral*, vol. I, 10.ª edição (4.ª reimpressão da edição de 2000), Coimbra, Almedina, 2006.
VARELA, ANTUNES – "Do Anteprojecto ao Projecto do Código de Processo Civil", *RLJ*, Ano 122.º, n.ºˢ 3787 e 3788, pp. 296-297 e 323-324.
VARELA, ANTUNES/BEZERRA, J. MIGUEL/NORA, SAMPAIO E – *Manual de Processo Civil*, 2.ª edição, reimpressão, Coimbra, Coimbra Editora, 2004.
VARELA, ANTUNES – vide ANDRADE, MANUEL AUGUSTO DOMINGUES DE.
VASCONCELOS, PEDRO PAIS DE – *Direito de Personalidade*, Coimbra, Almedina, 2006.
VENTURA, RAÚL – "Princípios Gerais de Direito Processual do Trabalho", *Curso de Direito Processual do Trabalho (Suplemento da Revista da Faculdade de Direito da Universidade de Lisboa)*, 1964, pp. 31-50.
XAVIER, BERNARDO DA GAMA LOBO – "A Determinação Qualitativa da Prestação de Trabalho", *Estudos Sociais e Corporativos*, Ano III (1964), n.º 10, pp. 09-45.
XAVIER, BERNARDO DA GAMA LOBO – "A Mobilidade Funcional e a Nova Redacção do Art. 22.º da LCT", *Revista de Direito e de Estudos Sociais*, Ano XXXIX (XII da 2.ª Série), n.ºˢ 1-2-3, pp. 51-130.
XAVIER, BERNARDO DA GAMA LOBO – *Curso de Direito do Trabalho*, 2.ª edição, s.l., Verbo, s.d..
XAVIER, BERNARDO DA GAMA LOBO – "Introdução ao Estudo da Retribuição no Direito do Trabalho Português", *Revista de Direito e de Estudos Sociais*, Ano I (2.ª Série), n.º 1, pp. 65-102.
XAVIER, BERNARDO DA GAMA LOBO – "O Lugar da Prestação do Trabalho", *Estudos Sociais e Corporativos*, Ano IX (1970), n.º 33, pp. 11-61.
XAVIER, BERNARDO DA GAMA LOBO – "Recusa da Prestação de Trabalho por Não Uso de Fato Apropriado. Suspensão. Despedimento Disciplinar (Anotação ao Ac. RP de 28.01.1991)", *Revista de Direito e de Estudos Sociais*, Ano XXXIII (VI da 2.ª Série), n.ºˢ 3-4, pp. 329-367.

ÍNDICE

ABREVIATURAS 11

SUMÁRIO 13

INTRODUÇÃO

1. Algumas considerações iniciais 15
2. Alguns aspectos introdutórios em torno dos procedimentos cautelares 19
   2.1. Breve referência histórica 19
   2.2. Características gerais dos procedimentos cautelares 24

I – O PROCEDIMENTO CAUTELAR COMUM

1. A sua génese; as influências e a evolução por si sofrida 31
   1.1. Razões que contribuíram para o seu aparecimento 31
   1.2. A influência da doutrina italiana e do art. 700º do CPC italiano – "provvedimenti d'urgenza" 33
   1.3. A evolução legislativa sofrida 41
      1.3.1. As "Providências Cautelares" (CPC de 1939) 41
      1.3.2. As "Providências Cautelares Não Especificadas" (CPC de 1961) 43
      1.3.3. O "Procedimento Cautelar Comum" (CPC actual) 45
2. Requisitos para o seu decretamento 46
   2.1. Probabilidade séria de existência do direito – o *fumus boni iuris* ... 48
   2.2. Fundado receio de lesão grave e dificilmente reparável – o *periculum in mora* 49
   2.3. Adequação da providência solicitada 52
   2.4. Prejuízo resultante da providência inferior ao dano que se pretende evitar 55
   2.5. Carácter subsidiário do procedimento cautelar comum 56
3. A sua inserção no direito processual do trabalho 58

II – TRAMITAÇÃO PROCESSUAL

1. O REGIME PROCESSUAL CIVIL – A SUA APLICAÇÃO AO FORO LABORAL 65
   1.1. Algumas considerações introdutórias 65
   1.2. Competência 71
   1.3. Petição/requerimento inicial 74
      1.3.1. Requisitos 74
      1.3.2. Prova 80
      1.3.3. Sanção pecuniária compulsória 83
   1.4. Despacho do juiz 84
      1.4.1. Despacho de indeferimento liminar 86
      1.4.2. Despacho de aperfeiçoamento 86
      1.4.3. Decisão acerca do contraditório do requerido 87
   1.5. Citação/notificação do requerido 90
   1.6. Oposição 93
   1.7. Audiência final 95
   1.8. Decisão 99
      1.8.1. Decisão sobre a matéria de facto 99
      1.8.2. Decisão final 100
           1.8.2.1. Indeferimento 102
           1.8.2.2. Deferimento 103
   1.9. Impugnação da decisão 106
      1.9.1. Recurso 107
      1.9.2. Oposição 109
   1.10. Caducidade da providência 111
   1.11. Algumas referências finais 119
      1.11.1. Repetição de providência 119
      1.11.2. Responsabilidade do requerente 120
      1.11.3. Garantia penal da providência 122

2. AS ESPECIALIDADES DO PROCESSO DO TRABALHO 123
   2.1. Breve referência a alguns ordenamentos jurídicos estrangeiros 123
   2.2. Especialidades previstas no CPT (artigo 32º do CPT) 126
      2.2.1. Designação imediata de dia para a audiência final 126
      2.2.2. Apresentação da oposição do requerido até ao início da audiência 127
      2.2.3. Obrigação de comparência pessoal das partes 129
      2.2.4. A falta de comparência não implica o adiamento da audiência 130
      2.2.5. Realização obrigatória de uma tentativa de conciliação ... 131
      2.2.6. A decisão é ditada para a acta e é sucintamente fundamentada 133
   2.3. Um caso particular – a prestação de caução 134

III – ALGUMAS HIPÓTESES CONCRETAS DE APLICAÇÃO AO FORO LABORAL

1. Notas prévias 137
2. Algumas hipóteses de aplicação 141
    2.1. Transferência ilegítima do trabalhador para outro local de trabalho 141
    2.2. Violação do direito do trabalhador à ocupação efectiva 153
    2.3. Aplicação de sanções disciplinares proibidas por lei e abusivas 160
    2.4. Alteração das coordenadas temporais da prestação de trabalho 175
        2.4.1. Mudança unilateral do horário de trabalho 176
        2.4.2. Violação das normas sobre períodos de descanso 180
        2.4.3. Violação das normas sobre gozo ou marcação de férias 185
    2.5. Exercício ilegítimo do *ius variandi* 191
    2.6. Privação, total ou parcial, da retribuição 199
    2.7. Ofensas aos direitos de personalidade do trabalhador 213
    2.8. Violação das normas sobre protecção da maternidade 222
    2.9. Violação das regras sobre liberdade sindical 227
    2.10. O empregador como requerente e o trabalhador como requerido 231

EPÍLOGO 237

BIBLIOGRAFIA 239

ÍNDICE 251